教育部2016年高校示范马克思主义学院和优秀教学科研团队建设重点选题
“思想政治理论课专题式教学设计与实践”项目资助（项目批准号：16JDSZK044）

【《思想道德修养与法律基础（2018年版）》】

翻转课堂与专题式教学研究与设计

《SIXIANG DAODE XIUYANG YU FALÜ JICHU (2018NIANBAN)》
FANZHUAN KETANG YU ZHUANTISHI JIAOXUE YANJIU YU SHEJI

主　　编 ◎ 高莉苹　金培玲
参编人员 ◎ 刘静琼　李　荣

四川大学出版社
SICHUAN UNIVERSITY PRESS

项目策划：杨　果
责任编辑：杨　果
责任校对：孙滨蓉
封面设计：璞信文化
责任印制：王　炜

图书在版编目（CIP）数据

《思想道德修养与法律基础（2018 年版）》翻转课堂与专题式教学研究与设计 / 高莉苹，金培玲主编．— 成都：四川大学出版社，2020.10
ISBN 978-7-5690-3874-3

Ⅰ．①思… Ⅱ．①高… ②金… Ⅲ．①思想修养－教学设计－教学研究－高等学校②法律－中国－教学设计－教学研究－高等学校 Ⅳ．①G641.6 ②D920.4

中国版本图书馆 CIP 数据核字（2020）第 182869 号

书名　《思想道德修养与法律基础（2018 年版）》翻转课堂与专题式教学研究与设计

主　　编	高莉苹　金培玲
出　　版	四川大学出版社
地　　址	成都市一环路南一段 24 号（610065）
发　　行	四川大学出版社
书　　号	ISBN 978-7-5690-3874-3
印前制作	四川胜翔数码印务设计有限公司
印　　刷	郫县犀浦印刷厂
成品尺寸	185mm×260mm
印　　张	15.25
字　　数	368 千字
版　　次	2021 年 4 月第 1 版
印　　次	2021 年 4 月第 1 次印刷
定　　价	69.00 元

◆ 读者邮购本书，请与本社发行科联系。
电话：(028)85408408/(028)85401670/
(028)86408023　邮政编码：610065
◆ 本社图书如有印装质量问题，请寄回出版社调换。
◆ 网址：http://press.scu.edu.cn

四川大学出版社
微信公众号

序　　言

《〈思想道德修养与法律基础（2018年版）〉翻转课堂与专题式教学研究与设计》是在习近平总书记关于学校思想政治理论课改革创新思想的指导下，结合新时代中国特色社会主义建设客观形势发生的重大变化，依据马克思主义理论研究和建设工程重点教材《思想道德修养与法律基础（2018年版）》（高等教育出版社）进行研究编写而成的教学辅助用书，是学习、研究最新版教材，努力转化教材体系形成的教学成果。

该书总体依照教材逻辑框架体系，按照教材章节核心内容，努力从教材核心内容、学生成长需求、教师教学体验进行统筹设计，以八个专题开展翻转课堂的形式重新进行编排。每一专题主要由教学概况、教学过程、教学后记、教学参考等板块构成，每一部分又包含较为丰富的设计、思考、编排的具体内容，较为充分地体现了“思想道德修养与法律基础”课教育教学目标要求，贴近大学生成长成才对思想道德与法律素养的需求，能为教师开展该门课程的线上线下混合式教学提供参考。

通观全书，个人认为有四个比较突出的特点：

第一，较为充分地体现了“思想道德修养与法律基础”课的课程目标。该书立足新时代，引导、激励学生作为时代新人以民族复兴为己任，以积极的姿态去迎接崭新的大学生活，为能成为中国特色社会主义事业的合格建设者和可靠接班人，成为走在时代前列的奋进者、开拓者、奉献者，不断提升思想道德修养与法律素质。

第二，积极回应大学生成长成才对思想道德与法律素养的迫切需求。该书以“认知时代方位，做好时代新人”为第一专题，旗帜鲜明地指出当代大学生的历史使命与成长目标，并通过后续专题对思想素质、道德素质和法律素质教育内容的依次展开，为大学生全面发展提供丰富的精神食粮。

第三，努力适应教师开展“思想道德修养与法律基础”课教育教学的现实需要。该书以教学辅助为出发点，围绕教学目标、教学重难点、教学方法与教学过程等课前准备进行研讨设计，以最新的时政材料、精心挑选的视频资源、丰富多样的案例分析、翔实的内容讲解与及时的课堂测试，特别是积极适应大数据的时代特征，将“翻转课堂”教学模式运用于思想政治理论课教学，契合了当前思想政治理论课的教学改革需要，为教师教学提供了积极有益的参考。

第四，较为充分地体现了时代变化、理论进展、实践要求对课程改革创新的引导作用。该书将新时代中国特色社会主义的发展与复杂多变的国际形势对思想政治理论课改革创新的要求与课程本身的内容紧密结合，将近年来思想道德修养与法律基础理论的丰富和发展与课程设计、教育教学紧密结合，将社会发展实践与学生培养目标紧密结合，体现出鲜明的时代性与前瞻性。

《思想道德修养与法律基础（2018 版）》翻转课堂与专题式教学研究与设计是编写组不辞辛劳、精益求精的成果，亦是教育部 2016 年度高校示范马克思主义学院和优秀教学科研团队建设项目“思想政治理论课专题式设计与实践”（16JDSZK044）的探索成果之一。2016—2018 年，我们集中力量编写了一套 5 门本科生思想政治理论课的教学设计与实践的辅导用书。2018 年最新版的思想政治理论课教材出版发行，我们又进行了新的思考与探索。这本教辅用书是我们在 2016 年版《〈思想道德修养与法律基础〉教学设计与研究》的基础上，结合课程内容的调整、教育教学理念、方法手段的变革，进行新的探索和思考的成果。本书编写历时一年多，凝结了编写组诸位教师的辛勤汗水，既继承反映了我院思想道德修养与法律基础教研室同仁们多年来教学改革创新工作持续探索所积累的经验与认识，也融入了新的历史条件下对该门课程教学的最新认识与体验，应该说，编写出版这样的探索成果，对于总结经验、丰富认识、改进教学、增进交流和提升教育教学质量具有一定的积极作用。

谨为序。

方立江

2020 年 9 月 24 日

课程纲要

课程名称：思想道德修养与法律基础

Ideological and Moral Cultivation and Legal Basis

授课对象：本科各专业一年级学生

开课学期：秋季学期

慕课平台：www. icourses. cn、www. xuetangx. com

课程资源：清华大学、南京大学国家精品在线开放课程等

一、课程介绍

本课程是一门融思想性、政治性、科学性、理论性、实践性于一体的思想政治理论课。它以马列主义、毛泽东思想、邓小平理论、“三个代表”重要思想、科学发展观和习近平新时代中国特色社会主义思想为指导，综合运用多学科知识，针对大学生成长过程中面临的思想道德和法律问题，开展马克思主义的世界观、人生观、价值观、道德观和法治观教育，引导大学生提高思想道德素质和法治素养，使其成长为全面发展的担当民族复兴大任的时代新人。

二、课程教学任务

“思想道德修养与法律基础”课是一门综合性较强的思想政治课程，主要包括思想教育、政治教育、道德教育、法治教育等方面的内容。课程教学的根本任务是：通过理论学习和实践体验，大学生能在了解自己所处的时代历史方位的基础上谋划人生，积极践行社会主义核心价值观，树立中国特色社会主义的共同理想，确立坚定的马克思主义信念，继承和弘扬爱国主义传统，树立正确的人生观和价值观，加强自身道德修养，培育各种道德素质，做到明大德、守公德、严私德，提高法治素养，自觉尊法学法守法用法，具备优秀的思想道德素质和法治素养；做担当民族复兴大任的时代新人，为实现中华民族伟大复兴的中国梦贡献自己的力量。

三、课程教学说明及基本要求

（一）教学说明

本教学设计以立足于新媒体视角下信息网络技术与教学相契合，以优质慕课、网络资源为依托，以智慧教学工具“雨课堂”为智能教学终端，开展专题式教学，大胆探索以“翻转课堂”为主的教学模式进行授课，形成第一课堂与第二课堂、理论教学与实践教学、课堂教学与网络教学相互支撑，打造线上线下混合式教学模式。与传统的授课方

式不同，翻转课堂要求学生在课前先通过线上自学教学视频，完成相关知识的学习；课中则在教师的指导下进行合作讨论、问题解决并总结反思和情感升华；课后完成相应任务实现能力提升。翻转课堂是一种混合式的教学方式，综合了线上和线下学习的优点，兼顾了内容学习和能力培养，十分适合本课程的教学。为了更好地配合翻转课堂的教学方式，本教学设计还十分强调“在做中学”“实践学习”“同伴互学”和“基于问题学习”的学习方式。根据以往的经验和研究成果，这种学习方式能够更好地激发学生内在的学习动力，引导学生主动参与课堂讨论，在交流中实现教学相长、共同提高。

为了更好实现本课程的教学目标，除了围绕本课程教材内容，即人生观、价值观、道德观、法治观以及理想信念的课堂教学，还注重联系学生生活与社会生活的实际，大力推广和充实富有实效的实践教学形式。校内实践教学课采取主题教育、社团活动、志愿者服务、校园采访、拍摄微电影、参与校园文化建设、校内调查、自制小课件等形式。校外实践教学可利用寒假通过设计主题活动方案，指导学生深入社区、乡镇、田间地头，开展各种形式的考察、调研、支教、普法等社会实践活动，了解社会真实情况，撰写调查报告；也可利用周末带领学生有计划地开展本土教学基地的现场实践教学。课内实践教学主要采取讨论、演讲、辩论、模拟教学、情境体验、案例分析、影视教学等形式。多种形式各异的体验活动能开阔学生视野，拉近学生与现实生活的距离，增强学生的社会责任感和社会适应能力。

• 体验新时代：通过社会调查，回顾近五年社会生活方方面面的变化，直观感悟时代的变化，领悟新时代的历史使命，拍摄以“我与新时代”为主题的微电影。

• 寻找人生真谛：通过观看微视频《青春中国》，追寻英雄人物和时代楷模的人生轨迹，分析典型案例，感受榜样的力量，找寻人生的真正价值。

• 价值理念追求：观看微视频《国家相册》第二季第 2 集《青春的接力》，2019 年是五四运动 100 周年，一百年来，一代又一代中国青年接续奋斗，每个时代有着不同的召唤，青春也有着不同的选择，五四精神、“两弹一星”精神、改革开放精神，一代代年轻人不懈接力。百年传承，今日到我，激荡未来，强国有我。请以“践行社会主义核心价值观，用青春书写新时代的荣光”为主题，准备 5 分钟左右的演讲稿（800～1000 字）。

• 道德与文明的观察与践行：通过分享道德模范的典型事例，从他们身上深切感受道德风范，从自身内省中提升道德修为，明大德、守公德、严私德，去领悟“国无德不兴，人无德不立”的深意；通过观察身边的“不文明行为”拍摄 10 分钟左右的道德情景剧。

• 法治与生活——我身边的法律：通过深入调查现实生活中公民的法律意识、法制观念及法律行为等，了解当前我国法治社会的现状，并撰写调查报告。

总之，通过案例分析、个人访谈、辩论、演讲、微电影、实地考察、问卷调查和服务体验等多种途径和形式展开教学，引导学生在实践教学中学习相关的知识，解决社会生活中的实际问题，培养学生运用所学的基本观点和基本立场解决实际问题的能力，提高学生的思想道德水平和法律实践能力。

（二）教学基本要求

通过课程教学，帮助大学生了解新时代对他们在思想、政治、道德、法治观念和心理素质等方面的要求，做一个“有理想、有道德、有文化、有纪律”的社会主义事业建设者和接班人。为此，在教学中要注重理论联系实际，融知识传授、能力培养、素质提高于一体。在教学安排上，一方面重视讲清、讲透马克思主义关于世界观、人生观、价值观、道德观和法治观等方面的基本原理、立场、观点和方法；另一方面运用多种方法、多种教学手段着力培养学生运用理论分析问题、解决问题的能力，从而实现其素质的全面提高。教学中，注重“参与式”“体验式”“启发式”“探究式”“讨论式”“案例式”分组学习教学法的应用，这种教学法的特色在于融案例分析、专题讨论、专题演讲、主题辩论、情景剧表演等多种教学方法融为一体，突出学生的参与性，其核心在于增强学生能动性，其组织形式创新在于实行“小组合作化”，通过角色分配促进学生的合作学习。本教学设计也体现出鲜明的实践性特点，通过社会实践，提高学生对自身发展和社会问题的认识能力和判断能力，锻炼、培育其自我发展、解决问题等方面的能力。因此，任课教师要遵循本课程纲要将习近平新时代中国特色社会主义思想融入相关教学内容中，精心组织，力求达到知识性、思想性、科学性、综合性、针对性和实践性的有机统一。

四、教学过程

教学准备：开课前需要任课教师对学生进行分组，鉴于公共课一般采取大班制，可按照每小组 8 人左右进行分组，分组方式既可利用“雨课堂”的分组功能随机分组，也可由教师指定人员分组。随着课程的推进和教师对学生的了解加深后可以适当进行组员调整，分组依据综合考量学生的性别、性格、成绩、特长、能力等因素，落实小组成员各自的角色和作用，尽快稳定各小组成员以便及时完成课堂评价。学生需要在中国大学 MOOC(www.icourses.cn)或学堂在线(www.xuetangx.com)平台注册并登入本课程，在该平台完成相关视频的学习、测试等学习任务；同时在手机上关注“雨课堂”App，进入班级，完成教师推送的学习任务。课上，学生必须带上手机，同步参与“雨课堂”推送的课堂活动。为了较好完成本课程的教学目标，要求学生认真完成教学过程各个环节，尤其要求学生具备团队荣誉感和协作精神，良性竞争，积极参与，踊跃发言，善于沟通和处理学习中的矛盾。

本课程的教学过程如下所示：

第一阶段：课前，教师确定本堂课的教学目标，根据教学内容分别确立知识目标和能力目标。设计好教学方案、教学课件，准备好教学视频和其他教学材料。

第二阶段：课前，针对知识学习的教学目标，教师录制并推送教学视频（视频内容为当周课涉及的概念、原理、观点等记忆和理解类的理论知识），学生以个体的形式在课外、线上完成视频学习。如果当周有探究活动或者在线习题也要相应完成。视频学习的主要任务是提前学习课堂相关理论知识，这对下一阶段的课堂学习十分重要。

第三阶段：课中，教师简单回顾课前教学视频（3～5 分钟），随后进行课堂知识测试，题型采用主观题或客观题用以检视、纠错、深化学生对知识的理解，也可督促学生课前学习。

第四阶段：课中，针对学生能力发展的教学目标，采取案例分析、辩论、汇报、角色扮演等形式多样的方式，学生以个体或小组的形式在课内、线下进行问题解决、合作探究，这一阶段的主要任务是深化理解知识，提升能力。

第五阶段：课中，在完成课堂测试和活动探究之后，教师需要对整个教学过程和内容进行总结、归纳和提升，帮助学生提炼出最核心的学习内容，以形成完整、系统的认识。教师最后布置课后任务及下次课前准备活动，开启下一个循环。

第六阶段：课后，学生以小组的形式在课外、线下自行进行问题解决，完成教师布置的课后任务，并为下次课堂汇报做好准备。

五、学习任务及评价

（一）学习任务及计分

为了鼓励、督促、激励学生全程积极主动地参与学习，每一个环节都要对学生的表现进行量化评价，既有个体评价，也有小组捆绑评价。鉴于我国学生从小学到大学都是接受传统的讲授式教学，在合作学习和自主学习方面经验不足，自主性不够强，缺乏独立思考、质疑精神和批判性思维的现状，教师首先需要帮助学生改变学习的观念和习惯，教给学生讨论和合作学习的技巧，有效支持、信任学生，循序渐进地和学生一起摸索。考虑到课程学习内容的连贯性及团队合作的可操作性，学生需认真学习每个视频、完成作业、参与活动，做到不迟到、不早退。无故旷课者，旷课一次扣去 10 分。

1. 学习教学视频。

学生在课前必须先自行学习课程平台上面的教学视频。其中教师录制的视频要求每名学生都要进行学习，其他视频可以作为辅助学习虽不做强行要求，但建议学生进行学习，能够加深对课程内容的掌握。根据课程平台后台数据统计，学生每看一个视频得 1 分，每少看一个规定的视频则扣分，以督促学生学习。

2. 在线课堂测验。

教师会不定期在教学平台发布课堂测验，考查学生关于视频的学习情况，主要为客观题（单选题、多选题、判断题、填空题）。学生以个体的形式限时完成，每题 1 分。

3. 课堂问题解决。

每次上课学生都需要完成当堂课的课堂测试。课堂问题主要考查学生课前是否认真学习视频，以及对视频的理解程度。其包括主观题和客观题两种，分为个人和小组两种方式完成。个人完成的问题根据具体题目分值给分，小组完成的问题满分为 10 分。对每周个人得分最高且用时最短的同学，可额外加 2 分。排最后的同学需要进行一个才艺表演，形式不限，以此激发学生积极参与课堂学习。对于需要小组合作完成的题目，教师可能会随机选取一名组员代表小组解答问题，该名学生的表现将决定整个小组其他成员的分数，用捆绑式的评价方式有助于带动学生的学习热情。

4. 课堂项目活动。

课堂时间除了解决理论知识，还有一部分时间用来进行与小组课堂探究活动。围绕案例分析、演讲、辩论等环节，学生需要提前在课前课外通过小组的形式搜集、整理资料，并做好相关准备，然后在课堂汇报，与老师和其他同学进行讨论。评价方式为教师和其他小组评价。届时教师和其他学生将根据具体的评分标准，对每个小组的表现进行打分，每次活动的满分为 10 分。

5. 课后学习任务。

每周上完课之后，教师会布置课后学习任务，以小组形式完成。如果要求下节课汇报的，学生则需要提前制作好 PPT 做好汇报准备，要求学生在当周课前晚 22：00 之前通过课程平台提交。该项任务的评价标准见上面的“课堂项目活动”部分。

6. 课题成果海报汇报。

小组把本学期的专题研究过程和结果制作成一张学术海报，在学校食堂门口处或学生活动中心展示，接受全校师生的投票评价，以小组形式完成。该项任务 20 分，得票平均分最高的小组获得满分 20 分，其他小组的分数依次换算。完成时间为第十六周。

7. 课题成果口头汇报。

小组需要把本学期的课题研究过程和结果制作成一份学术 PPT。在全班进行汇报。该项任务 20 分，评价方式为教师评价。届时将邀请 5 位教师根据具体的评分标准，对每个小组的表现进行打分。完成时间为第十六周。

8. 组员互评。

为了鼓励学生积极主动参与课堂活动，学期末，每名学生还要接受小组其他成员的打分，评价其一学期以来参与小组活动的情况，评分第一名获得满分 10 分。

（二）计分标准

上述学习任务都有相应的具体的评分标准，教师在每次布置任务的时候会提前向学生说明，并在评分的时候采用相应的标准。

（三）评价方式

本门课程分数为百分制，总分由四个部分组成：平时考核、期中考核、期终考核与社会实践考核。平时考核包括出勤率、课堂探究活动参与度、课前学习任务和作业的完成情况，侧重于了解和督促学生的过程参与，占课程总成绩的 30%；期中考核可采取撰写课程论文或开卷考试等形式，侧重于衡量教师中期教学效果和评定学生中期学习情况，占课程总成绩的 10%；期终考核可采取考试（机考）等形式，侧重于考核学生对有关思想道德修养和法律基础知识的了解和掌握程度，运用马克思主义世界观，用科学的观点分析、解决实际问题的能力，占课程总成绩的 30%；社会实践考核，包括实地考察、问卷调查、志愿服务等活动的参与和完成情况，侧重考查学生的思想道德素质和法治素养，占课程总成绩的 30%。上述学习任务中，以小组形式进行的活动，小组得分即为每名组员得分。以个人形式进行的活动，得分即为个人得分。

六、课程教学对学生知识和能力培养的要求

（一）知识要求

- 领会中国特色社会主义新时代的基本内涵，掌握新时代赋予当代大学生的使命。

• 掌握世界观、人生观、价值观理论；理解人生价值的评价标准、人生价值的实现条件；辩证看待人生矛盾，正确认识拜金主义、个人主义与享乐主义。

• 识记理想信念的含义与特征，领会理想信念对大学生成长成才的重要意义；深刻领悟马克思主义的理论品质。

• 理解中国精神是民族精神和时代精神的统一；识记爱国主义的基本内涵，领会爱国主义的时代要求。

• 领悟并识记社会主义核心价值观的 24 字基本内涵，认同这一核心价值观是当代中国发展进步的精神指引；明晰对社会主义核心价值观自信的历史底蕴、现实基础和道义力量。

• 掌握道德的基本理论，明确中华民族优良道德传统，发扬中国革命道德，掌握社会主义道德和公民基本道德规范的主要内容。

• 掌握社会主义法律的本质和作用，认识我国宪法确立的基本制度；懂得我国公民的基本权利和义务，了解以宪法为核心的中国特色社会主义法律体系的构成，以及社会主义法治理念思维的基本内容。

（二）能力要求

• 能够深刻认识当代大学生的历史使命，具备大学生涯和职业生涯的规划设计能力。

• 通过系统学习马克思主义关于人生问题的基本理论，能够领悟人生真谛、树立正确的人生观，积极进取的人生态度，懂得如何在实践中创造有价值的人生。

• 能够树立共产主义远大理想和中国特色社会主义信念，坚定对马克思主义的信仰，将个人理想和中国梦的实现结合起来，在实践中为实现中国梦注入青春能量。

• 能够弘扬中国精神，坚持改革创新，做新时代坚定的爱国者与改革创新的生力军。

• 能够勤学、修德、明辨、笃实，从自己做起、从身边做起、从小事做起，一点一滴积累，养成好思想、好品德，成为社会主义核心价值观的积极践行者。

• 能够将道德理论内化为自觉的意识、自主的要求、良好的道德品质，外化为良好的道德行为和习惯，不断提升守公德严私德的意识和能力。

• 能够运用法治思维方式，分析和解决家庭生活、职业生活、社会生活等领域的现实法律问题；不断增强维护法律尊严的自觉性和责任感。

• 养成运用马克思主义的立场、观点和方法，解决有关人生、理想、道德、法律等方面的理论问题和实际问题，增强识别和抵制错误思想侵袭的能力，确立远大的人生目标，培养高尚的思想道德情操，增强社会主义法制观念和法律意识。

七、课程教学思路、学时数、学分数及学时数具体分配

教学思路：本课程以习近平新时代中国特色社会主义思想为指导，以引导大学生努力成长为能够担当民族复兴大任的时代新人为着眼点，从新时代对青年大学生的新要求切入，以时代定位—人生选择—理想信念—中国精神—价值理念—道德觉悟—法治素养

为专题逐次展开担当新时代民族复兴大任对大学生思想道德素质和法治素养要求的分析探讨，教育和激励大学生有理想、有本领、有担当，勇做时代的弄潮儿，在实现中国梦的生动实践中放飞青春梦想，在为人民利益的不懈奋斗中书写人生华章。

学时数：课堂教学 45 学时，社会实践 9 学时，共计 54 学时。

学分数：3 学分，课堂教学 2 学分，社会实践 1 学分。

学时数具体分配见下表：

周次	专题	课时分配			课时合计	备注
		课堂教学		社会实践		
		理论教学	课堂实践			
5～6 周	专题一：认知时代方位　做好时代新人	3	2		5	
7～8 周	专题二：明辨青春之问　树立正确“三观”	4	2		6	
9～10 周	专题三：坚定理想信念　放飞青春梦想	4	2		6	
11～12 周	专题四：弘扬中国精神　做忠诚爱国者	4	2		6	
期中	社会实践			4	4	校外实践
13～14 周	专题五：坚定价值自信　践行核心价值	5	2		7	
15～16 周	专题六：注重道德传承　遵守道德规范	4	2		6	
17～18 周	专题七：树立法治理念　知法守法崇法 期末总结	6	3		9	
寒期社会实践				5	5	校外实践
课时总计		30	15	9	54	

八、教学资料：使用教材、教学视频及主要教学参考

（一）使用教材

《思想道德修养与法律基础（2018 年版）》，高等教育出版社，2018 年。

（二）教学视频

教学视频分为教师自己录制的视频和相关网络视频两部分。教师录制的视频与本课程相关性更强，更符合学生自身的特点，要求每名学生都必须认真学习并完成相关任务。网络视频为教师精心挑选的视频，大多来自知名网站或官方媒体（人民网、新华网、《人民日报》、央视新闻、学习强国等），制作精美，能够加深学生对课程内容的理解和升华，推荐学生辅助学习。

（三）主要教学参考

1. 习近平：《思政课是落实立德树人根本任务的关键课程》，求是网，2020 年 9 月 1 日。

2. 习近平：《用新时代中国特色社会主义思想铸魂育人　贯彻党的教育方针落实立德树人根本任务》，央视新闻，2019 年 3 月 18 日。

3.《关于深化新时代学校思想政治理论课改革创新的若干意见》，新华社，2019 年 8 月 14 日。

4.《关于加强新时代中小学思想政治理论课教师队伍建设的意见》，教育部，2019 年 9 月 18 日。

5.《新时代高校思想政治理论课教学工作基本要求》，教育部，2018 年 4 月 12 日。

6.《习近平总书记在全国高校思想政治工作会议上的重要讲话》，新华网，2016 年 12 月 7—8 日。

7. 毛维国、任凤琴：《思想道德修养与法律基础“慕课 N+4+3”教学模式导读》，人民日报出版社，2018 年版。

8. 沈壮海：《〈思想道德修养与法律基础（2018 年版）〉修订说明》，《思想理论教育导刊》，2018 年第 5 期，第 22～27 页。

9. 喻永均、姚红：《思想道德修养与法律基础辅学教程》，重庆大学出版社，2018 年版。

10. 中国人民大学马克思主义学院、北京高校思想政治理论课高精尖创新中心组：《“思想道德修养与法律基础”教学疑难深度解析》，中国人民大学出版社，2019 年版。

目　　录

“青”听“习”语

当代青年是同新时代共同前进的一代。我们面临的新时代，既是近代以来中华民族发展的最好时代，也是实现中华民族伟大复兴的最关键时代。广大青年既拥有广阔发展空间，也承载着伟大时代使命。青年是国家的希望、民族的未来。我衷心希望每一个青年都成为社会主义建设者和接班人，不辱时代使命，不负人民期望。

——《习近平在北京大学师生座谈会上的讲话》（2018 年 5 月 2 日）

青年是整个社会力量中最积极、最有生气的力量，国家的希望在青年，民族的未来在青年。今天，新时代中国青年处在中华民族发展的最好时期，既面临着难得的建功立业的人生际遇，也面临着“天将降大任于斯人”的时代使命。新时代中国青年要继续发扬五四精神，以实现中华民族伟大复兴为己任，不辜负党的期望、人民期待、民族重托，不辜负我们这个伟大时代。

——《习近平在纪念五四运动 100 周年大会上的讲话》（2019 年 4 月 30 日）

在新冠肺炎疫情防控斗争中，你们青年人同在一线英勇奋战的广大疫情防控人员一道，不畏艰险、冲锋在前、舍生忘死，彰显了青春的蓬勃力量，交出了合格答卷。广大青年用行动证明，新时代的中国青年是好样的，是堪当大任的！

——《习近平给北京大学援鄂医疗队全体“90 后”党员的回信》（2020 年 3 月 15 日）

专题一　认知时代方位　做好时代新人

第一部分　教学概况

一、教学目的与要求

在理解“新时代”的科学内涵的基础上，引导大学生将所处的人生发展的重要阶段与社会发展所处的新的历史方位结合起来，懂得在自己所处的时代条件下谋划人生、创造历史；通过对大学生活特点的了解，学生能尽快适应人生新阶段，珍惜历史机遇，胸怀实现中华民族伟大复兴的中国梦，肩负接续奋斗的光荣使命，坚定理想，增强本领，勇于担当，不断提升思想道德素质和法治素养，立志为新时代贡献青春力量；通过了解“思想道德修养与法律基础”课程的内容、性质、任务和意义，尽快掌握学习本课程的方法，增强学生对本课程学习的积极性和主动性。

二、教学重点与难点

1. 明确中国特色社会主义所处的新的历史方位，全面认识新时代的丰富内涵和历史机遇。

2. 阐明中国梦、新时代、个人梦三者之间的关系，明确当代大学生所肩负的历史使命和时代责任。

3. 教育学生以民族复兴为己任，激励学生自觉把个人的理想追求融入国家和民族的事业中，勇做走在时代前列的奋进者、开拓者，珍惜大学时光，做有理想、有本领、有担当的时代新人。

4. 了解学习本课程的意义，提升本课程的感染力和吸引力，激发学生学习本课程的兴趣和热情。

三、教学方法与手段

（一）教学方法

1. 讲授法：用科学理论全面而系统地阐释相关概念，将新媒体和艺术元素融入理论讲授中，使枯燥的理论变得富有趣味，从而增强理论的感染力和吸引力，真正做到深刻领会、精准把握新时代新思想的丰富内涵。

2. 讨论法：通过创设大学生普遍关注的社会现实问题引导大学生参与讨论，给学生表达观点的机会，更好地激发大学生对社会与人生问题的深入思考，培养学生的思维能力、口头表达能力，促进学生灵活地运用理论知识。

3. 案例分析法：案例分析教学法侧重于理论联系实际，通过对直观、生动地反映现实生活、社会问题的典型案例的剖析，尤其是将我们在抗击疫情中涌现的典型案例、人物故事转化为鲜活的思政教学素材融入课堂，让源于事实的理论解析更有说服力，学生能在案例本身的感知中明辨是非，培养学生独立的分析能力、判断能力及解决问题的能力。

（二）教学手段

1. 充分利用新媒体。运用智慧教学工具与课堂，让师生的教与学互动更加便捷、高效；通过发挥信息技术的正效应，积极探索线上线下融合发展的教学新模式，综合运用图像、音频、视频等信息技术，利用学堂在线、爱课程（中国大学 MOOC）等在线网络平台的国家精品课程，拓宽线上学习资源。

2. 教学中注重将多种教学方法和手段穿插、融入，避免纯理论说教、单一的教学媒介和手段教学。当需要讲透原理时，采用讲授法；当需要悟透原理时，采用案例分析法、情境教学法；当需要践行原理时，采用合作探究法。真正让理论入脑、入耳、入心，加深学生对相关原理的理解和学习的兴趣，满足学生成长发展的需求和期待，努力使“原理”有“知”更有“味”，不断增强思政课的思想性、理论性、亲和力和针对性。

四、课前准备

1. 录制 5 分钟的“中国特色社会主义进入新时代的意义”的课前教学视频供学生观看学习。

2. 录制 3 分钟的“中国特色社会主义新时代的内涵”的课前教学视频供学生观看学习。

3. 通过观看通俗理论电视节目《厉害了，我们的新时代（第一集新时代什么样）》并结合微课视频，思考新时代是一个什么样的时代，新时代给我们当代大学生带来了什么，作为新时代大学生应该用怎样的态度去面对新时代。

4. 录制 8 分钟的阐释“做好时代新人的要求”的课前教学视频供学生提前观看自学，并思考如何做好自己的职业规划。

5. 录制 5 分钟的说明“本课程的逻辑结构”的课前教学视频供学生提前观看学习，并思考学习本课程的意义。

五、课时安排

理论教学 4 个课时，课堂探究活动及实践教学 2 个课时。

六、课堂主题

主题一：我们处在什么时代？
主题二：如何做好时代新人？
主题三：学好本课程的意义。

第二部分　教学过程

主题一：我们处在什么时代？

【课堂导问】
- 大学对你意味着什么？
- 新时代给我们带来了哪些发展机遇？
- 如何才能实现自己的梦想？
- 我们的个人梦和中国梦有什么联系？

一、大学阶段面临的人生课题

【课堂视频回顾】
用 PPT 展示并回顾《中国进入新时代》的微视频。
（视频来源：人民日报微视频，https://www.thepaper.cn/newsDetail_forward_1833183）

【课堂探究活动一　寄语赏析】

2020 年大学校长毕业寄语

寄语一：主宰命运的是坚韧的意志和坚定的信念。无论命运的考验以怎样的方式敲响人生之门，永不服输就必定迎来最终的胜利乐章！

——清华大学校长邱勇

寄语二：艰难困苦，玉汝于成，人生的道路不会永远是坦途，疫情不常有，困难却常在，直面困难需要勇气，挑战困难离不开坚韧，但跨越了困难便是成长与历练。

——南京大学校长吕建

寄语三：同学们成长于砥砺奋进的新时代，既生逢其时，更重任在肩。修养浩然之气、保持浩然之气、弘扬浩然之气，是你们不负重托、无惧风雨、披荆斩棘的精神支柱和动力源泉。

——山东大学校长樊丽明

寄语四：希望你们能够拥有压不弯的脊梁，不畏惧一切艰难险阻、勇克难关、勇斗风险，在劈波斩浪中开拓前进，在披荆斩棘中开辟天地，勇做带领时代的奋进者、开拓者。

——上海财经大学校长蒋传海

寄语五：疫情之后，变局之中，机遇之际，更需要我们以阳光的心态点亮未来，更需要我们以坚定的步伐走向时代，更需要我们以无畏的担当矢志报国，永远向阳而生，行且益坚!

——西南财经大学校长卓志

（本案例改编自《大学校长的暖心毕业寄语，哪个戳中了你?》，光明网，2020 年 6 月 28 日）

【设问思考】大学校长的毕业寄语带给我们什么样的感悟？当今中国进入了什么时代？这个时代对大学生意味着什么？当代大学生又将面临什么样的人生课题？

【讨论交流】大家分组讨论，畅所欲言。

【教师总结】2020 年各高校迎来了特别的毕业典礼。疫情下的毕业季，大学校长的“最后一课”更显语重心长，温暖又饱含人生哲理，并且不同的寄语都凸显着共同的时代主题——责任、担当与奋斗。时间之河川流不息，今天的中国正步入一个崭新的时代，这将为我们每个中国人带来新的历史际遇。作为当代青年也将面对和回答时代交给我们的问卷。我们所处的新时代，是中国特色社会主义新时代，同时也是大学生成长成才、成就事业、不容辜负的好时代。当代大学生应珍惜历史机遇，胸怀实现中华民族伟大复兴的中国梦，肩负接续奋斗的光荣使命，坚定理想，增强本领，勇于担当，提升思想道德素质和法治素养，立志为新时代贡献青春力量。大学生是国家宝贵的人才资源，是民族的希望、祖国的未来，肩负着人民的重托、历史的重任。而大学阶段，是一个人人生发展的重要时期，也是世界观、人生观、价值观形成的关键时期。怎样处理好理想与现实、个人与集体、竞争与合作、权利与义务、自由与纪律、友谊与爱情、学习与工作等方面的关系，做什么样的人、怎样做人、怎样的生活才有意义、怎样的人生追求才有价值等，这一系列的人生课题，都需要大学生去观察、思索、选择、实践。但许多大学生步入大学校园，常常会感到迷茫与彷徨，也有部分大学生因为没能考上理想的大学而沮丧和失落，这些都是许多大学生所面对的共同困惑。

【课堂探究活动二　人物故事感悟】

大学启示录

有一位叫另维的美丽的大学生，她曾经在华盛顿大学度过了人生最彷徨、最难熬的日子，并有感而发写了一篇大学新生的学习状态与困惑的文章——《学校里的西雅图》：我一直珍藏的哈佛大学的拒绝信里有这样一句话——重要的不是你在哪所大学，而是你在那所大学里做什么。18 岁时，我以为它的译文是："虽然没考上哈佛，你还是要好好学功课！"后来的三年，当我看过许多起落浮沉，当我与形形色色的人相识交好，我渐渐明白，"做什么"包含但远不仅限于读书，它更是一种活法。而大学四年，就是在用最好的时光和自由，去选择、寻找属于自己的活法。同样的课程，我看见有人把我预习功课的时间拿去飞来飞去，成为飞机制造公司代理商，变得极其贫穷然后极其富裕；同一栋寝室，我看见有人把我写小说的时间拿去雕琢简历和实习，进入最好的公司，变成世人口中的精英；同一幢图书馆，我看见有人把我学第二专业的时间拿去钻研一个知识点，我本科未毕业，同龄的她已成为最好大学的硕博研究生；我看见有人在睡觉、在奔跑，有人在遥远的峡谷，在艰苦的创业工作室冲我招手，他们全都有自己的焦虑，也全都快乐着。没有人能兼得鱼翅熊掌，我必须抓起一些，放弃一些。而我是一个怎样的人，我将成为怎样的人，都在这许许多多的抓起放弃间，一点一点有了答案。原来，重要的真的不是那一纸文凭，而是我在这四年间的每分每秒，做了什么，没做什么；认识了谁，离开了谁。我总是在想，当我离开这里，我将带走什么——一个由自己亲手打造的，需要自己承担责任和后果的，崭新的自己。

（本案例改编自《大学生活让你懂得什么道理?》，知乎，2017 年 11 月 12 日）

【设问思考】另维的故事告诉我们大学对我们意味着什么？大学生活应该怎么度过？

【讨论交流】大家分组讨论，畅所欲言。

【教师总结】大学是一个平台，是人生发展的重要时期，不仅意味着读书，还意味着怎样处理好理想与现实、个人与集体、自由与纪律等方面的关系，做什么样的人、怎样做人、怎样的生活才有意义、怎样的人生追求才有价值等，这一系列的人生课题，都需要大学生去观察、思索、选择、实践。当前社会价值观日益多元化，社会上流传着一些"读大学无用"的言语。其实我们所争议的不在于"读大学是否有用"，而在于"如何读大学才有用"和"当代大学生应该具备何种素质"。

2013 年的五四青年节，习近平总书记在同各界优秀青年座谈时回忆那段"知青岁月"说："我到农村插队后，给自己定了一个座右铭，先从修身开始。一物不知，深以为耻，便求知若渴。"2013 年 9 月 7 日，国家主席习近平在哈萨克斯坦纳扎尔巴耶夫大学作重要演讲时说到"看着同学们朝气蓬勃的精神面貌，我不由想起了我的大学时代"，并用"那是一个令人难忘的青春记忆"来描绘自己的大学。反观当前我们身边那种浑浑噩噩、混时度日、死读书的大学生活自然枯燥乏味，因此，值得我们思考的问题是"大学应该怎么过"。青年时代是人们学习知识、陶冶情操、增长本领的黄金时期。而大学四年是大家由象牙塔步入社会的转型阶段，是锤炼专业技能、塑造价值观的黄金时期。如何有意义地度过大学时光？近几年，习近平总书记在多次会议和参观国内外各大学时，都谈到了对大学生培养的重点和方向，主要有以下四点期盼：

第一，心怀梦想，树立正确价值观。"先成人，后成才。"习近平总书记多次强调大学生要用理想和社会主义核心价值观装备自己，用正确的思维方式和价值取向去引领学习生活和实践。2014 年 5 月 4 日，习近平总书记在北京大学师生座谈会上的讲话中勉励青年大学生“有信念、有梦想、有奋斗、有奉献的人生，才是有意义的人生。当代青年建功立业的舞台空前广阔、梦想成真的前景空前光明，希望大家努力在实现中国梦的伟大实践中创造自己的精彩人生”。

第二，好读书，读好书——保持读书的好习惯。习近平总书记在中央党校 2009 年春季学期第二批进修班暨专题研讨班开学典礼上的讲话中谈道，要“真正把读书学习当成一种生活态度、一种工作责任、一种精神追求，自觉养成读书学习的习惯，真正使读书学习成为工作、生活的重要组成部分，使一切有益的知识和文化入脑入心”。2013 年五四青年节，习近平总书记来到中国航天科技集团公司中国空间技术研究院，参加“实现中国梦、青春勇担当”主题团日活动，同各界优秀青年代表说青春、论志向、谈梦想，用他的亲身经历，激励青年练就过硬本领。回忆自己插队时读书的情形，“我到农村插队后，给自己定了一个座右铭，先从修身开始。一物不知，深以为耻，便求知若渴。上山放羊，我揣着书，把羊拴到山坡上，就开始看书。锄地到田头，开始休息一会儿时，我就拿出新华字典记一个字的多种含义，一点一滴积累。我并不觉得农村 7 年时光被荒废了，很多知识的基础是那时候打下来的。现在条件这么好，大家更要把学习、把自身的本领搞好”。习近平总书记结合自身的学习工作经历，总结出读书应该发扬的三种劲头；一是发扬挤劲。争取每天挤出一定时间读书，特别要善于把各种零碎时间利用起来。二是要发扬钻劲。书读百遍，其义自见。功夫下到一定程度，就能达到出神入化的境界。三是要发扬韧劲。读书最可贵的是终身坚持，无论处于哪个年龄段都需要孜孜不倦地读书。

第三，注重实践，在平凡中做出不平凡。2013 年 5 月 16 日，习近平总书记在天津考察时勉励青年大学生“志存高远、脚踏实地，转变择业观念，坚持从实际出发，勇于到基层一线和艰苦地方去，把人生的路一步步走稳走实，善于在平凡岗位上创造不平凡的业绩”。在大学时期的习近平，就明白知行合一的重要性，在清华大学读书期间，习近平利用暑假时间参加社会实践，随同父亲一起下乡。在学习理论知识的同时，将所学知识在实践中进一步深化内省。2014 年 5 月 4 日，习近平总书记在北京大学师生座谈会上的讲话中劝诫青年“青年有着大好机遇，关键是要迈稳步子、夯实根基、久久为功。心浮气躁，朝三暮四，学一门丢一门，干一行弃一行，无论为学还是创业，都是最忌讳的”。2013 年 5 月，习近平总书记同各界优秀青年代表座谈时的讲话中勉励“广大青年要牢记‘空谈误国、实干兴邦’，立足本职、埋头苦干，从自身做起，从点滴做起，用勤劳的双手、一流的业绩成就属于自己的人生精彩。要不怕困难、攻坚克难，勇于到条件艰苦的基层、国家建设的一线、项目攻关的前沿，经受锻炼，增长才干。要勇于创业、敢闯敢干，努力在改革开放中闯新路、创新业，不断开辟事业发展新天地”。

第四，走出去，结交良师益友。习近平主席曾多次走进国外高校发表演讲，在阐述双边关系、未来发展等问题的同时，对青年在国际友好事业中发挥力量寄予厚望。新时代的大学生，应按照习近平总书记指引的方向，为实现中国梦释放青春激情、艰苦奋斗、勤学笃行，成长为德智体美全面发展的社会主义建设者和接班人。国家的前途、民族的命运、人民的幸福，是当代中国青年必须和必将承担的重任。一代青年有一代青年的历史际遇。我们的国家正在走向繁荣富强，我们的民族正在走向伟大复兴，我们的人民正在走向更加幸福美好的生活。步入人生新阶段，确立新目标，开启新征程，都需要青年大学生对新时代有深入的了解和真切的感悟。

二、全面解读新时代

【课堂视频回顾】

用 PPT 展示并回顾“全面解读新时代”的课前教学视频的讲授内容。

（一）提出背景

新时代是我们理解当前所处历史方位的关键词。党的十九大报告提出了中国发展新的历史方位——中国特色社会主义进入了新时代。党的十九大报告立足于党的十八大以来的新实践新成就，谋划了到 21 世纪中叶的奋斗目标。进入新时代，是从党和国家事业发展的全局视野、从改革开放近 40 年历程和党的十八大以来 5 年取得的历史性成就和历史性变革的方位上所作出的科学判断，是党和国家发展历史方位的精辟概括。

（二）历史意义

中国特色社会主义已经进入新时代，是党的十九大作出的一个重大判断。这一重大判断，明确了我国发展新的历史方位，指明了中国特色社会主义具有的新的时代特征和被赋予的新的使命责任，凸显出当代中国在新的时代条件下的崭新面貌和鲜明品质。深刻认识这一重大判断的科学性，对于准确把握当代中国的历史方位，以坚定自信的姿态开启新时代中国特色社会主义建设的伟大征程具有重要意义。这不仅在中华民族发展史上具有重大意义，在世界社会主义发展史上、人类社会发展史上也具有重大意义。习近平总书记强调，新时代是中国特色社会主义新时代，而不是别的什么新时代。用新时代界定当前我国发展新的历史方位，有利于进一步统一思想、凝聚力量，在新的起点上把中国特色社会主义事业推向前进。

（三）科学依据

党的十八大以来，党和国家事业取得历史性成就，发生历史性变革。这些历史性成就和历史性变革对中国特色社会主义事业的发展产生了全局性和根本性的影响。“中国特色社会主义进入了新时代”的重大判断是以马克思主义时代观为理论指导，以党的十八大以来全方位的、开创性的成就和深层次、根本性变革为现实根据，是我们党在科学把握时代趋势和国际局势重大变化，科学把握世情国情党情深刻变化的基础上作出的，有着充分的时代依据、理论依据和现实依据，实现了马克思主义同中国实际相结合的历史性飞跃。马克思在《〈政治经济学批判〉序言》中指出：“我们判断这样一个变革时代也不能以它的意识为根据；相反，这个意识必须从物质生活的矛盾中，从社会生产力和生产关系之间的现存冲突中去解释。”历史唯物主义认为，社会主要矛盾是时代变革的基本动力和显著标识，是构成时代划分的根本尺度。在中国特色社会主义进入新时代的进程中，社会主要矛盾的转化既是最重要的特征，也是最重要的标志。当前我国社会的主要矛盾已经转化为人民日益增长的美好生活需要和不平衡不充分的发展之间的矛盾。从马克思到毛泽东、邓小平，不同的时代划分尺度是相互贯通、有机统一的，它们共同构成了马克思主义的时代划分标准。中国特色社会主义进入新时代，是新时期运用马克思主义时代划分标准关照现实的结果。

（四）根本标志

中国特色社会主义进入新时代，意味着近代以来久经磨难的中华民族迎来了从站起来、富起来到强起来的伟大飞跃，迎来了实现中华民族伟大复兴的光明前景；意味着科学社会主义在21世纪的中国焕发出强大生机活力，在世界上高高举起了中国特色社会主义伟大旗帜；意味着中国特色社会主义道路、理论、制度、文化不断发展，拓展了发展中国家走向现代化的途径，给世界上那些既希望加快发展又希望保持自身独立性的国家和民族提供了全新选择，为解决人类问题贡献了中国智慧和中国方案。

（五）核心内涵

中国特色社会主义进入新时代，既不是凭空产生的，更不是一个简单的新概念表述，而是经济社会发展到一定阶段发生的必然历史飞跃，具有丰富厚重的思想内涵、实践内涵和历史内涵。这个新时代，是承前启后、继往开来、在新的历史条件下继续夺取中国特色社会主义伟大胜利的时代，是决胜全面建成小康社会、进而全面建设社会主义现代化强国的时代，是全国各族人民团结奋斗、不断创造美好生活、逐步实现全体人民共同富裕的时代，是全体中华儿女勠力同心、奋力实现中华民族伟大复兴中国梦的时代，是我国日益走近世界舞台中央、不断为人类作出更大贡献的时代。

三、中国特色社会主义新时代与中国梦的关系

【课堂视频回顾】

用PPT展示并回顾“中国特色社会主义新时代与中国梦的关系”的课前教学视频的讲授内容。

新时代是中华民族实现伟大复兴中国梦的时代。中华民族的伟大复兴，是近代以来中华民族最伟大的梦想。实现中华民族伟大复兴的中国梦，是党的十八大以来以习近平同志为核心的党中央提出的具有强大号召力和感召力的奋斗目标。党的十九大擘画了实现中国梦的路线图和时间表，吹响了中国特色社会主义新时代实现中国梦的集结号，进一步彰显了以习近平同志为核心的党中央巨大的政治勇气和强烈的责任担当。中国梦点明了我们现在所处的历史新方位，这个新方位具体而言就是新时代，是全国各族人民团结奋斗、不断创造美好生活、实现共同富裕的时代，也是为人类作出更大贡献的时代。中国梦既是历史的、现实的，也是未来的。它凝结着无数仁人志士的不懈努力。今天，在习近平新时代中国特色社会主义思想的指引下，中华民族的追梦之路更清晰、筑梦之基更坚实、圆梦之策更精准。站在新时代的起点，我们比历史上任何时期都更接近中华民族伟大复兴的目标，比历史上任何时期都更有信心、有能力实现这个目标。中国梦是国家的、民族的，也是每一个中国人的。只有每个人都为美好梦想而奋斗，才能汇聚起实现中国梦的磅礴力量。中国梦内涵丰富，意蕴深远，凸显了以人为本、家国天下的情怀。习近平总书记深刻指出，中国梦的本质和基本内涵就是“国家富强、民族振兴、人

民幸福”。国家、民族、个人三者在实现中国梦的进程中相互依赖、相互依存。当代大学生是民族复兴伟大进程的见证者和参与者，也是社会主义事业的生力军。为实现中华民族伟大复兴的中国梦而奋斗，是我们人生难得的际遇。每个青年都应该珍惜这个伟大时代，做新时代的奋斗者。

四、中华民族伟大复兴的中国梦与青春梦的关系

新时代是每一个青年人实现青春梦想的时代。当代大学生是中华民族伟大复兴进程的见证者和参与者，也是社会主义事业的生力军。新时代为大学生成长成才、勤学报国提供了广阔的舞台和无限的机遇，中华民族伟大复兴的中国梦终将在广大青年的接力奋斗中变为现实。新时代属于每一个人，每一个人都是新时代的见证者、开创者、建设者，新时代青年要做中国特色社会主义的合格建设者和可靠接班人，要勇于担当时代的重任，树立坚定的理想信念，确立正确的价值观，更要具有崇高的精神品质、丰富的知识学养和积极主动的实践精神，乘着新时代的东风在实现个人梦中实现中国梦。

【课堂测试】

中国特色社会主义进入新时代，这个新时代是（　　）。

A. 我国日益走进世界舞台中央、不断为人类作出更大贡献的时代

B. 承前启后、继往开来、在新的历史条件下继续夺取中国特色社会主义伟大胜利的时代

C. 决胜全面建成小康社会、进而全面建设社会主义现代化强国的时代

D. 全国各族人民团结奋斗、不断创造美好生活、逐步实现全体人民共同富裕的时代

【答案及解析】

本题答案为 ABCD。它们都是中国特色社会主义新时代的时代内涵。“我国日益走近世界舞台中央、不断为人类作出更大贡献的时代”这句话是讲新时代的中国处于什么样的国际地位、要对人类社会作出什么样的贡献的问题。“承前启后、继往开来、在新的历史条件下继续夺取中国特色社会主义伟大胜利的时代”这句话是讲新时代的中国要举什么样的旗、走什么样的路的问题。“决胜全面建成小康社会、进而全面建设社会主义现代化强国的时代”这句话是讲新时代要完成什么样的历史任务、进行什么样的战略安排的问题。“全国各族人民团结奋斗、不断创造美好生活、逐步实现全体人民共同富裕的时代”这句话是讲新时代要坚持什么样的发展思想、达到什么样的发展目的的问题。

【课堂探究活动三　案例分析】

新时代新机遇

坐在教室第一排的阿依苏丽坦·艾麦尔尼亚孜脑中放电影般想到自己和乡邻。她反问自己：“那些父辈曾经以为不可能的事，不都已经实现了吗？现在的南疆，学生享受从幼儿园到高中 15 年免费教育，农民搬进了崭新的抗震安居房，全民每年一次免费健

康体检，贫困人口逐年减少……我们不能辜负新时代新机遇。”

电视里的长辈在这个维吾尔族女孩眼中愈加亲切起来。阿依苏丽坦的命运是被“内地高中班”改变的。在浙江金华汤溪高级中学，来自新疆和田的学生被老师无微不至地照顾着，四年高中学费、食宿费全免，每顿7个荤素菜搭配的“小灶”餐，让阿依苏丽坦一年胖了10公斤。

后来，阿依苏丽坦被石河子大学阿拉伯语专业录取。以北京大学为组长单位的9所大学对口支援该校。“一带一路”倡议让石河子大学积极开拓学生在丝路沿线国家高校的学习机会。

大二时，阿依苏丽坦到对口支援的对外经济贸易大学插班学习一年；大三时，她和13名同学远赴埃及法鲁斯大学留学10个月。“她能够真切地感受到，年轻人的机会越来越多，她们可以更好地挑战自己！”

（本案例改编自《我们不能辜负新时代新机遇》，中青在线，2017年10月23日）

【设问思考】新时代给我带来了什么？作为新时代大学生应该用怎样的态度去面对新时代？

【讨论交流】大家分组讨论，畅所欲言。

【教师总结】新时代为大学生成长成才、勤学报国提供了广阔的舞台和无限的机遇。我们很幸运成长于新时代，我们不能等待、彷徨、蹉跎时光，而应更好地去珍惜新时代给予我们的好际遇。2018年5月2日，习近平总书记在北京大学师生座谈会上激励青年：“广大青年应该在奋斗中释放青春激情、追逐青春理想，以青春之我、奋斗之我，为民族复兴铺路架桥，为祖国建设添砖加瓦。”并进一步指出：“新时代青年要乘新时代春风，在祖国的万里长空放飞青春梦想，以社会主义建设者和接班人的使命担当，为全面建成小康社会、全面建设社会主义现代化强国而努力奋斗，让中华民族伟大复兴在我们的奋斗中梦想成真！”这既是对新时代青年的殷切希望和谆谆教诲，更是对新时代青年提出的严格要求和明确目标。

【课堂探究活动四　案例分析】

青春奋斗故事

案例一：最美大学生西部志愿者

西北农林科技大学的王冰洁作为当代的研究生也有自己的梦想。年幼时，她希望当一名劫富济贫的女侠；后来，她又希望做一名用相机去记录每个感动瞬间的旅行家。直到上了大学，另一个梦想在她的心中生根、发芽，那便是她的西部梦。大一的时候，她参加了一个叫爱心站的社团，这个社团最主要的活动就是为西部的孩子捐款捐物以及暑假去西部支教。这时，她开始了解西部，了解那里环境的艰苦，了解到孩子们求学的艰难。后来，看了一本书，叫作《把梦留住》，写的就是西部支教纪实。书中一个个平静而又悲壮的故事深深打动了她，那一双双充满渴盼的眼神经常在她的梦中出现。去西部支教，成为她心中最大的一个渴望，直到现在，从未改变。前段日子，她了解到在读研究生前可以志愿服务西部，支教或者基层管理一到三年。听到这个消息，她内心的那个梦想又开始生长。她目前的打算是明年报名去西部，到祖国需要的地方，用心、用情、用爱将“西部之梦”托起，将“中国梦”传递，做最美的西部志愿者。满腔热血化作志愿服务动力，追寻人生真谛，支撑执着梦想，她将用心感悟，用心生活，用心服务，纯粹而不矫揉，宁静而不寂寞，在西部的广袤天地里实现自我价值，造就属于自己的不平凡的人生。

（本案例改编自《我的中国梦：放飞梦想》，西北农林科技大学新闻网，2013年6月4日）

案例二：北京大学女生奋力拼搏入选“海军陆战队”

宋玺出生于一个军人家庭，父亲是38军的一名军人，耳濡目染之下，宋玺的军人梦从小就在心中扎下了根。2013年，刚刚成为北京大学大一新生的宋玺就将想入伍当海军的消息告诉父母，父母以其年幼不能照顾自己为由打断了她的想法。大二时，面对海军来到学校招兵，宋玺又提出了自己想入伍的想法。可想法一提出，便又遭到了亲友和同学们的反对：报国有很多种途径，可以学业有成后再更好地服务国家和军队。参军的梦想虽然一波三折，但宋玺仍然没有放弃。大四时，宋玺将报名参加海军的手续都办得差不多时，才将消息告诉家人和同学，毅然踏进了海军军营。为了能在新兵分配时如愿分配到自己向往的海军陆战队，宋玺给自己制订了苛刻的训练计划。五公里越野、攀爬铁丝网、实弹射击，每项训练内容，她都不断给自己加压，双手磨出了血泡，很快就变成了老茧。成功的背后，是她比常人付出了更多的泪水与汗水。年底，基地组织实战化考核，宋玺以全优的成绩进入海军陆战队，成为海军陆战队某旅女子侦察队队员，也是中国海军第二十五批护航编队唯一的一名女子特战队员。2018年5月2日，习近平总书记在北京大学考察时宋玺向他汇报了自己的成长体会，总书记为她的经历点赞。

（本案例改编自《去亚丁湾护航的北大美女学霸退伍了，她做的这件事网友都说太帅了!》，中青在线，2017年12月8日）

【设问思考】中国梦和我们大学生的个人梦有何联系？

【讨论交流】大家分组讨论，畅所欲言。

【教师总结】通过上述两个案例，我们看到了中国梦和我们大学生个人的梦想紧密相连。中国梦是国家的梦、民族的梦，也包括广大青年在内的每个中国人的梦。每个人都有理想和追求，都有自己的梦想。历史告诉我们，每个人的前途命运都与国家和民族的前途命运紧密相连。只有国家好、民族好，大家才会好。实现中华民族伟大复兴是一项光荣而艰巨的事业，需要一代又一代中国人共同为之努力。中国梦让大学生感受到了一分同心奋进的深沉力量，更加懂得了当代青年所肩负的历史责任。当代大学生是民族复兴伟大进程的见证者和参与者，也是社会主义事业的生力军。实现中华民族伟大复兴的中国梦，是中国青年运动的时代主题，需要一代又一代有志青年接续奋斗。广大青年最富有朝气、最富有梦想，是全社会最富活力、最具创造性的群体，是未来的领导者和建设者，应勇敢肩负起时代赋予的重任，志存高远，脚踏实地，巧妙地把自己的个人梦和中国梦相结合，努力在实现中华民族伟大复兴的中国梦的生动实践中放飞青春梦想。2014年5月4日，习近平总书记在北京大学师生座谈会上殷切嘱托广大青年：“有信念、有梦想、有奋斗、有奉献的人生，才是有意义的人生。当代青年建功立业的舞台空前广阔、梦想成真的前景空前光明，希望大家努力在实现中国梦的伟大实践中创造自己的精彩人生。”2013年5月2日，习近平总书记在给北京大学考古文博学院2009级本科团支部全体同学的回信中勉励大家：“‘得其大者可以兼其小。’只有把人生理想融入国家和民族的事业中，才能最终成就一番事业。希望你们珍惜韶华、奋发有为，勇做走在时代前面的奋进者、开拓者、奉献者，努力使自己成为祖国建设的有用之才、栋梁之材，为实现中国梦奉献智慧和力量。”希望大家谨记习近平总书记的谆谆教诲，争做知行合一的新时代青年，将个人奋斗与中国梦结合起来。

【课后思考】通过社会调查，回顾近五年社会生活方方面面的变化，直观感悟时代的变化，领悟新时代的历史使命，并拍摄10分钟的以“我与新时代”为主题的微电影。

主题二：如何做好时代新人？

【课堂导问】

· 大学生应当做什么样的时代新人？

· 大学生如何做好时代新人，担当时代使命？

一、做有理想、有本领、有担当的时代新人

【课堂视频回顾】

用PPT展示并回顾“做有理想、有本领、有担当的时代新人”的课前教学视频的讲授内容。

（一）要有崇高的理想信念，牢记使命，自信自励

苏轼说：“古之立大事者，不惟有超世之才，亦必有坚忍不拔之志。”王守仁说：“志不立，天下无可成之事。”可见，立志对一个人的一生具有十分重要的意义。“功崇惟志，业广惟勤。”理想指引人生方向，信念决定事业成败。如果没有理想信念，就会导致精神上“缺钙”。青年的理想信念关乎国家未来。青年理想远大、信念坚定，是一个国家、一个民族无坚不摧的前进动力。青年志存高远，就能激发奋进潜力，青春岁月就不会像无舵之舟那样漂泊不定。正所谓“立志而圣则圣矣，立志而贤则贤矣”。青年的人生目标会有不同，职业选择也有差异，但只有把自己的小我融入祖国的大我、人民的大我之中，与时代同步伐、与人民共命运，才能更好实现人生价值、升华人生境界。反之，离开了祖国需要、人民利益，任何孤芳自赏都会陷入越走越窄的狭小天地。新时代中国青年要树立对马克思主义的信仰、对中国特色社会主义的信念、对中华民族伟大复兴中国梦的信心，到人民群众中去，到新时代新天地中去，让理想信念在创业奋斗中升华，让青春在创新创造中闪光！中国梦是全国各族人民的共同理想，也是青年一代应该牢固树立的远大理想。中国特色社会主义是我们党带领人民历经千辛万苦找到的实现中国梦的正确道路，也是广大青年应该牢固确立的人生信念。大学生要志存高远，树立远大志向和追求，要有作为中华儿女的骄傲和自豪，爱党、爱国、爱社会主义；要保持对理想信念的激情和执着，将实现“两个一百年”奋斗目标、实现中华民族伟大复兴中

国梦的历史使命内化为担当的自觉，外化为实际的行动，从容自信、坚定自励。青年学生要始终坚定信仰信念，牢固树立为共产主义远大理想和中国特色社会主义共同理想而奋斗的信念和信心。

（二）要有高强的本领才干，勤奋学习，全面发展

青年是苦练本领、增长才干的黄金时期。不断增强的本领才干，是青春焕发光彩的重要源泉。要有本领，就是勤奋学习，练就过硬本领，不断增强才干。新时代大学生素质和本领的强弱，直接影响着民族复兴的进程。“青春虚度无所成，白首衔悲亦何及。”当今时代，知识更新不断加快，社会分工日益细化，新技术、新模式、新业态层出不穷。这既为青年施展才华、竞展风采提供了广阔舞台，也对青年的能力素质提出了更高的新要求。但不论是成就自己的人生理想，还是担当时代的神圣使命，青年都要珍惜韶华、不负青春，努力学习掌握科学知识，提高内在素质，锤炼过硬本领，使自己的思维视野、思想观念、认识水平跟上越来越快的时代发展脚步。青年正处于学习的黄金时期，应该把学习作为首要任务，作为一种责任、一种精神追求、一种生活方式，树立梦想从学习开始、事业靠本领成就的观念，让勤奋学习成为青春远航的动力，让增长本领成为青春搏击的能量。大学生既要惜时如金、孜孜不倦，下一番心无旁骛、静谧自怡的功夫，又要突出主干、择其精要，做到又博又专、愈博愈专；既要打牢扎实基础，又要及时更新知识；既要刻苦钻研理论知识，又要积极掌握实践技能；既要向书本学，又要向实践学、向群众学；既要向传统学，又要向现实学，努力成为兼收并蓄、融会贯通、本领高强、全面发展的优秀人才。“人才有高下，知物由学。”梦想从学习开始，事业靠本领成就。广大青年要自觉加强学习，不断增强本领。人生的黄金时期在青年。青年时期学识基础是否厚实，影响甚至决定其一生。广大青年要如饥似渴、孜孜不倦地学习，既要多读有字之书，也要多读无字之书，注重学习人生经验和社会知识。“纸上得来终觉浅，绝知此事要躬行。”所有知识如果要转化为能力，都必须躬身实践。要坚持知行合一，注重在实践中学真知、悟真谛，加强磨炼、增长本领。

（三）要有天下兴亡、匹夫有责的担当精神，讲求奉献，实干进取

青春至美是担当，青年的担当是决定人生价值的最大砝码，是影响时代发展进程的重要力量。使命重在勇于担当，青年学生将要参与实现新时代伟大目标的全过程，是现在的生力军，是未来的主力军。大学生的担当精神体现为奉献祖国、奉献人民、尽心尽力、勇于担责，讲求奉献，实干进取，自觉树立国家意识、民族意识、责任意识，把个人的前途命运和国家、民族的前途命运紧紧地联系在一起，在尽责集体、服务社会、贡献国家中实现人生理想和人生价值；应坚持实践第一、知行合一，求真务实、有为善为，勇于面对实际生活中的各种挫折考验。青年一代有理想、有本领、有担当，国家就有前途，民族就有希望。青年学生要珍惜韶华，不负厚望，树立起时不我待的紧迫感、舍我其谁的使命感，勇做走在时代前列的奋进者、开拓者、奉献者，以执着的信念、优良的品德、丰富的知识、过硬的本领，切实担负这一历史重任。2020 年伊始，一场突如其来的新型冠状病毒肺炎来袭，一场疫情防控的阻击战正式打响。2020 年 3 月 6 日，国务院新闻办公室在湖北武汉召开新闻发布会，会上中央指导组成员、国务院副秘书长

介绍：根据统计，支援湖北的医护人员中，有近三分之一也就是 1.2 万人为“90 后”“00 后”，这些年轻的医生护士用行动证明了自己的责任、担当和价值。昨天还是父母眼中的孩子，今天已然成为新时代的脊梁，成为我们国家的骄傲和希望。在这个没有硝烟的战场上，这届中国青年不畏艰险、冲锋在前、舍生忘死，彰显了青春的蓬勃力量，交出了合格答卷。2020 年 3 月 16 日，习近平总书记在给北京大学援鄂医疗队全体“90 后”党员的回信中点赞广大青年：“在新冠肺炎疫情防控斗争中，你们青年人同在一线英勇奋战的广大疫情防控人员一道，不畏艰险、冲锋在前、舍生忘死，彰显了青春的蓬勃力量，交出了合格答卷。广大青年用行动证明，新时代的中国青年是好样的，是堪当大任的！”并进一步勉励大家：“青年一代有理想、有本领、有担当，国家就有前途，民族就有希望。希望你们努力在为人民服务中茁壮成长、在艰苦奋斗中砥砺意志品质、在实践中增长工作本领，继续在救死扶伤的岗位上拼搏奋战，带动广大青年不惧风雨、勇挑重担，让青春在党和人民最需要的地方绽放绚丽之花。”最美的青春在抗疫一线绽放，在这次抗击疫情的斗争中，这届青年挺身而出，成为战“疫”的主力军，为这场疫情防控阻击战注入强大的新生力量，充分展现了新时代中国青年勇敢、独立、坚强的青春形象，诠释了新时代青年的昂扬风貌和担当精神，勇敢肩负起了时代赋予的使命。

【课堂测试一】

我们所处的新时代，是中国特色社会主义新时代，也是大学生成才成长、成就事业、不容辜负的好时代。新时代的大学生朝气蓬勃、好学上进、视野宽广、开放自信，是可爱、可信、可为的一代。坚定理想信念，志存高远，脚踏实地，勇做时代的弄潮儿，大学生才能真正成为担当民族复兴大任的时代新人，承担起自己的历史使命和时代责任。作为新时代的大学生，我们要（　　）。

A. 有崇高的理想信念，牢记使命，自信自励

B. 有高强的本领才干，勤奋学习，全面发展

C. 有天下兴亡、匹夫有责的担当精神，讲求奉献，实干进取

D. 有信念、有梦想、有奋斗、有奉献

【答案及解析】本题答案为 ABCD。新时代新使命对时代新人提出了更高的标准和更严格的要求。新时代的青年既生逢其时，也重任在肩，既是追梦者，也是圆梦人。追梦需要激情和理想，圆梦需要奋斗和奉献，更需要求真学问、练真本领。每个人都应担当起历史赋予的重任，在实现中国梦的伟大实践中释放青春激情、追逐青春理想，有责任、有担当、有奋斗、有奉献，以青春之我、奋斗之我，为民族复兴铺路架桥，为祖国建设添砖加瓦。

【课堂探究活动一　“知心话”感悟】

习近平总书记的青春寄语

当代青年是同新时代共同前进的一代。习近平总书记一直很关心青年的成长。“做青年朋友的知心人、青年工作的热心人、青年群众的引路人”，习近平总书记是这么倡导的，也是这么垂范的。党的十八大以来，习近平总书记在祖国各地考察时多次到高校和师生交流，走进青年中间，和青年亲切谈心，给优秀的学生个人及群体复信，为青年鼓劲，谈人

才、谈教育、谈科技创新，关心青年价值观的形成和确立。他曾在不同场合多次语重心长地寄语青年，鼓励青年奋斗逐梦，为“两个一百年”奋斗目标不懈努力。每每走进青年中间，习近平总书记都寄望大家把个人理想融入民族复兴伟大理想和中国特色社会主义思想，“要坚定理想信念，志存高远，脚踏实地，勇做时代的弄潮儿，在实现中国梦的生动实践中放飞青春梦想，在为人民利益的不懈奋斗中书写人生华章”！从坚定信仰到树立信心，从为人修身到求学择业，从身心健康到创新奋斗……习近平总书记深入研究当代青年成长成才的特点和规律，用青年人听得懂、听得进的话语，同大家谈心，给大家启迪，引导大家树立正确的世界观、人生观、价值观，为新形势下党的青年工作指明了方向。

（本案例改编自《习近平的“青年观”》，《人民日报》，2018 年 6 月 27 日）

【设问思考】习总书记的“青年观”有何深意，当代青年如何不辜负总书记的期望做好时代新人？

【讨论交流】大家分组讨论，畅所欲言。

【教师总结】习总书记的“青年观”全面系统、内涵丰富，从共产党执政规律、社会主义建设规律、人类社会发展规律出发，站在战略高度和时代前沿，把握世界大势和历史经验，对如何认识青年、青年如何成长成才、如何教育引领青年、如何发挥青年作用等问题作出了科学回答，体现了理论和实践的高度统一、历史和现实的有机统一、世界眼光和中国视角的协调并重，是引领当代青年发展的行动指南和推动青年事业进步的根本遵循。习近平总书记以亲身经历激励青年，在广大青年心中，习近平总书记不仅是学习的榜样、亲切的朋友，更是人生路上指引方向的导师。青年是国家的希望、民族的未来。青年兴则国家兴，青年强则国家强，青年一代有理想、有本领、有担当，国家就有前途，民族就有希望。当代大学生建功立业的舞台空前广阔，梦想成真的前景空前光明，每个人都有机会在实现中国梦的伟大实践中创造属于自己的精彩人生。当务之急大家要根据自己的专业发展和未来择业需要做好职业规划，要在感悟时代、紧跟时代中珍惜韶华，自觉按照党和人民的要求锤炼自己、提高自己，做到志存高远、德才并重、情理兼修、勇于开拓，成为走在时代前列的奋进者、开拓者、奉献者。

【课堂探究活动二　感悟五四精神】

五四精神传承有我

“2019 五四百年记忆”：观看微视频《薪火相传　不负韶华》。2019 年是五四运动 100 周年，也是中华人民共和国成立 70 周年。回顾中国青年百年奋斗史，“爱国、进步、民主、科学”的理念早已深刻融入中国青年的血液中，他们满怀对祖国和人民的赤子之心，积极投身党领导的革命、建设、改革伟大事业。在实现民族复兴梦想的伟大征程中，青年不懈追求的梦想始终与振兴中华的责任紧密相连，在革命战争时期，青年一代满怀革命理想，为争取民族独立、人民解放冲锋陷阵、抛洒热血；在社会主义建设时期，青年一代响应党的号召，在新中国的广阔天地忘我劳动、艰苦创业；在改革开放时期，青年一代发出了团结起来、振兴中华的时代强音，为祖国的繁荣富强开拓奋进、锐意创新。“五四精神”始终与时代发展的实践相结合，一代代年轻人不懈接力，成为中国人民追求国家富强、谋求民族复兴的不竭动力和精神力量。百年传承，今日到我，激荡未来，强国有我，一代人有一代人的长征，一代人有一代人的担当。

“2020 青春抗疫故事”：2020 年伊始，一场突如其来的新型冠状病毒肺炎来袭，一场疫情防控的阻击战打响了。疫情发生后，面对党和人民的召唤，在这场疫情防控阻击战中，这群“90 后”“00 后”把个人成长与人民利益、国家安全、社会发展紧密联系在一起，他们的基因里刻写着责任与担当，血液里涌动着家国情怀，他们不畏艰险、冲锋一线，成为战“疫”的主力军！有的作为医护人员奔赴一线，有的作为志愿者坚守后方。2020 年 3 月 6 日，国务院新闻办公室在湖北武汉召开新闻发布会，会上中央指导组成员、国务院副秘书长介绍：根据统计，支援湖北的医护人员中“90 后”“00 后”就有 1.2 万余人，占整个队伍的 1/3。在这个没有硝烟的战场上这届中国青年不畏艰险、冲锋在前、舍生忘死，展现出勇敢、独立、坚强的青春形象。让我们从中看到了新时代青年的昂扬风貌和担当精神，看到了一代新人正在茁壮成长，他们用青春梦想铸就了精彩人生。习近平总书记在给北京大学援鄂医疗队全体“90 后”党员的回信中说到你们青年人彰显了青春的蓬勃力量，交出了合格答卷，让青春在党和人民最需要的地方绽放绚丽之花。新时代的新青年，用青春作战斗，用血性作担当，用忠诚作信仰，用年轻的肩膀扛起社会责任，为这场牵动全国的疫情防控阻击战注入强大的新生力量。

（本案例改编自《习近平给北京大学援鄂医疗队全体“90 后”党员的回信》，新华网，2020 年 3 月 16 日）

【设问思考】作为新时代青年如何传承“五四”薪火，担当起中华民族伟大复兴的大任？

【讨论交流】大家分组讨论，畅所欲言。

【教师总结】五四运动充分展示了中国青年的朝气与力量。每一个时代有每一个时代青年的使命和责任。没有一代又一代青年的前赴后继、艰苦卓绝的接续奋斗，就没有今天的中国特色社会主义新时代的伟大成就，也不会有实现中华民族伟大复兴的明天。今天，在实现中华民族伟大复兴的新征程上，新时代中国青年正处在中华民族发展的最好时期，既面临着难得的建功立业的人生际遇，也面临着“天将降大任于斯人”的时代使命，尤其在民族面临危难之际，更需要其义无反顾、挺身而出。新时代中国青年要继续发扬五四精神，以实现中华民族伟大复兴为己任，不辜负党的期望、人民期待、民族重托，不辜负我们这个伟大时代，就要坚定理想信念，勇于为实现中华民族伟大复兴而奋斗。立足新时代，习近平总书记对新时代中国青年提出要求，指明了接续奋斗的方向。2019 年 4 月 30 日，习近平总书记在纪念五四运动 100 周年大会上的讲话中对新时代青年提出六点要求：“第一，新时代中国青年要树立远大理想……新时代中国青年要树立对马克思主义的信仰、对中国特色社会主义的信念、对中华民族伟大复兴中国梦的信心，到人民群众中去，到新时代新天地中去，让理想信念在创业奋斗中升华，让青春在创新创造中闪光”；“第二，新时代中国青年要热爱伟大祖国……新时代中国青年要听党话、跟党走，胸怀忧国忧民之心、爱国爱民之情，不断奉献祖国、奉献人民，以一生的真情投入、一辈子的顽强奋斗来体现爱国主义情怀，让爱国主义的伟大旗帜始终在心中高高飘扬”；“第三，新时代中国青年要担当时代责任……新时代中国青年要珍惜这个时代、担负时代使命，在担当中历练，在尽责中成长，让青春在新时代改革开放的广阔天地中绽放，让人生在实现中国梦的奋进追逐中展现出勇敢奔跑的英姿，努力成为德智体美劳全面发展的社会主义建设者和接班人”；“第四，新时代中国青年是要勇于砥砺奋斗……新时代中国青年要勇做走在时代前列的奋进者、开拓者、奉献者，毫不畏惧面对一切艰难险阻，在劈波斩浪中开拓前进，在披荆斩棘中开辟天地，在攻坚克难中创造业绩，用青春和汗水创造出让世界刮目相看的新奇迹”；“第五，新时代中国青年要练就过硬本领……新时代中国青年要增强学习紧迫感，如饥似渴、孜孜不倦学习，努力学习马克思主义立场观点方法，努力掌握科学文化知识和专业技能，努力提高人文素养，在学习中增长知识、锤炼品格，在工作中增长才干、练就本领，以真才实学服务人民，以创新创造贡献国家”；“第六，新时代中国青年要锤炼品德修为……新时代中国青年要自觉树立和践行社会主义核心价值观，善于从中华民族传统美德中汲取道德滋养，从英雄人物和时代楷模的身上感受道德风范，从自身内省中提升道德修为，明大德、守公德、严私德，自觉抵制拜金主义、享乐主义、极端个人主义、历史虚无主义等错误思想，追求更有高度、更有境界、更有品位的人生，让清风正气、蓬勃朝气遍布全社会”。只有一代又一代青年永久奋斗，不断延续和承接历史所赋予的时代使命和担当，才能肩负起国家的希望和民族的未来。

二、提升思想道德素质与法治素养

【课堂视频回顾】

用 PPT 展示并回顾“提升思想道德素质与法治素养”的微课视频教学讲授内容。

（一）提升思想道德素质

思想道德素质是人们的思想观念、政治立场、价值取向、道德情操和行为习惯等方面品质和能力的综合体现，反映着一个人的思想境界和道德风貌，是促进个体健康成长、社会发展进步的重要保障。

（二）提升法治素养

法治素养是指人们通过学习法律知识、理解法律本质、运用法治思维、依法维护权利与依法履行义务的素质、修养和能力，对于保证人们尊崇法治、遵守法律具有重要的意义。再多再好的法律，只有转化为人们内心的自觉才能真正为人们遵行。坚持和发展中国特色社会主义，既要发挥思想道德的引领和教化作用，又要发挥法律的规范和强制作用。

（三）具备良好的思想道德素质和法治素养

思想道德素质和法治素养是思想政治素质、道德素质和法治素养的有机融合，是新时代大学生必须具备的基本素质。思想道德修养和法律都是调节人们思想行为、协调人际关系、维护社会秩序的重要手段。思想道德和法律虽然在调节领域、调节方式、调节目标等方面存在很大不同，但二者都是上层建筑的重要组成部分，共同服务于一定的经济基础。在我国，中国特色社会主义思想道德建设和中国特色社会主义法治建设紧密联系、相互促进，为中国特色社会主义事业提供坚实的思想基础、精神支撑和法治保障。

良好的思想道德素养和法治素养，是在学习中升华、内省中完善、自律中养成、实践中锤炼的结果，同时也是大学生把握发展机遇、创造人生精彩的基础条件和宝贵资源。

【课堂测试二】

1. 新时代大学生必须具备的基本素质包括（　　　）。

A. 思想政治素质　　B. 道德素质　　C. 法治素养　　D. 心理素质

【答案及解析】

本题答案为ABC，思想道德素质和法治素养是思想政治素质、道德素质和法治素养的有机融合，是新时代大学生必须具备的基本素质。在我国，中国特色社会主义思想道德建设和中国特色社会主义法治建设紧密联系、相互促进，为中国特色社会主义事业提供坚实的思想基础、精神支撑和法治保障。

2. 良好的思想道德素质和法治素养是在（　　　）的结果。

A. 实践中锤炼　　B. 自律中养成　　C. 学习中升华　　D. 内省中完善

【答案及解析】

本题答案为ABCD，一个人良好的思想道德素质和法治素养不是与生俱来的，更不是自发形成的，需要在后天的实践中不断学习、锤炼、自律、内省的过程中逐渐养成。

【课堂探究活动三　案例分析】

案例一："失德"求职被拒

我国的一个留学生在德国留学时，每天都要乘坐地铁，慢慢地他发现德国的地铁没有检票口，他在一次乘车时没有买票，结果没有任何人找他麻烦，他暗自庆幸。于是在后来的日子里，他又有几次没有买票。毕业后他以各科全A的成绩去德国各大公司求职均被拒绝，他只好降低自己的求职条件，可是仍不被聘用。在一次求职失败后，他愤怒地质问拒聘自己的人事主管自己成绩优异而不被录用的原因，在他一再的追问下，对方只好说出："非常遗憾，由于您的社会信用上记录着您曾乘坐地铁没有买票，因此我们不能聘用您。"

（本案例改编自《"诚信身份证"是不诚信者的紧箍咒》，中国文明网，2014年6月3日）

案例二："有德"主动签约

2019年3月4日，河南济源一大三女生靳金梓在前往济源第二人民医院应聘的归途中路遇一名骑三轮车突然摔倒的老人，随即上前救助。她利用自身专业知识对老人进行简单救治直至救护车赶到将老人拉走才离开，有围观群众将女大学生的救人视频上传到社交平台上迅速引发600多万人围观。济源第二人民医院领导在看到相关视频后，对她救人的行为表示赞赏，最后经过该院领导班子研究最终一致认为"这位大学生有品格，有担当，责任感强，通过这件事体现出了新时期大学生的精神面貌，可以说是当代大学生的优秀代表，是我们需要的人才。作为医护工作者，也需要这种品格"，对靳金梓破格录用。《人民日报》以"求职归途中救人女大学生被医院直接录取：有好品德何愁工作没有作为"为题对大学生救人事件进行点评，并对医院的破格录取行为发表微博评论："这个破格录取，好！因救人被医院直接录取，如此破格，恰是崇'格'：崇品德、重人格。从事治病救人的工作，不能缺少专业知识，也不缺少宅心仁厚。赠人玫瑰手有余香，勇于救人获得回报，这是善良的力量。弘扬善举，让存善心者获得良好反馈，做好事便能蔚然成风。”

（本案例改编自《这个破格录取，好！河南大三女生求职归途中救人，获单位免试录取》，河南都市频道，2019年3月7日）

案例三：留美学生许可馨事件

2020年1月24日，武汉封城之后，留美女学生许可馨发表了一篇微博：“如果我有医生朋友在武汉一线，我会希望她们临阵脱逃。”这之后她继而变本加厉，在抗疫勇士李文亮因感染肺炎命悬一线正全力抢救、人们纷纷不约而同守在电脑前手机旁为李文亮祈福的时候，许可馨又一次在网上出言不逊，公然挑衅14亿中国人的耐性。根据网友截图的证据显示，从2020年1月底新冠疫情开始肆虐时，她就一直在网络发布大量诋毁医护人员、贬损同胞的恶劣言论，多次发表辱华言论，怒骂国人“贱骨头”，自称“恨国党”。其语言之粗俗、态度之恶劣简直让人匪夷所思，叹为观止！许可馨因自身素质低劣、品德恶劣将自己推上风口浪尖。2020年5月8日，在北京师范大学举行的2020年教育教学大讨论开幕式上，教育部副部长孙尧在讲话时说：“这次疫情中出现了以许可馨为代表的这类学生，我很希望这个学生毕业的学校，在反思这件事的过程中，能够找到一些自身的短板，并能够改进。”一位教育部副部长直接点名批评一个学生和这个学生所在的学校，这很少见。随后中国药科大学通过官方微博回应此事。许可馨在祖国适逢灾难之时，公然嘲笑中国社会的公平正义，嘲笑中国人民对祖国无比热爱的真挚感情，是对社会道德的羞辱和撕裂，是对国家尊严的践踏和挑衅！

（本案例改编自《对部分网友投诉“许可馨Nova-”微博言论的回应》，中国药科大学官方微博，2020年3月29日）

【设问思考】上述三个案例给我们什么启发？

【讨论交流】大家分组讨论，畅所欲言。

【教师总结】上述案例告诉我们德才兼备才是社会需要的人才。大学生在学习科学知识的同时，要注重加强思想道德修养。人无德不立，修德是做人之要、立身之本。青年的成长，不仅需要知识的积累、技能的提升，更需要道德雨露的滋养、良好品行的塑造。知识需要道德的引导，才能用在正确的途径上，无德之人，其才华越出众，危害就会越大，而这也正是很多单位用人标准是“德才兼备、以德为先”的原因。德有很多种，有事关国家、天下的“大德”，养大德者方可成大业；有事关群体、社会的“公德”；还有事关个人品行的“私德”。青年之修德，既要志存高远、胸怀天下，养成报效祖国、奉献社会、服务人民的“大德”；又要立足平实，学会劳动、学会勤俭，学会感恩、学会助人，学会谦让、学会宽容，学会自省、学会自律，还得从做好小事、管好小节开始，“见善则迁，有过则改”，踏踏实实修好“公德”“私德”。唯有明大德、守公德、严私德，青年的人生之路才不会走歪、走偏。2014年5月4日，习近平总书记在北京大学师生座谈会上的讲话中谈道：“道德之于个人、之于社会，都具有基础性意义，做人做事第一位的是崇德修身。这就是我们的用人标准为什么是德才兼备、以德为先，因为德是首要、是方向，一个人只有明大德、守公德、严私德，其才方能用得其所。”

早在2007年，习近平在任浙江省委书记时出版的《之江新语》一书中说道："人而无德，行之不远。没有良好的道德品质和思想修养，即使有丰富的知识、高深的学问，也难成大器。"这无不说明一个人如果没有高尚的道德品行，即便拥有过人的智慧和能力，也无法成为一个对社会、对人民有用的人。广大青年要把正确的道德认知、自觉的道德养成、积极的道德实践紧密结合起来，自觉树立和践行社会主义核心价值观，带头倡导良好社会风气；要加强思想道德修养，自觉弘扬爱国主义、集体主义、社会主义思想，积极倡导社会公德、职业道德、家庭美德；要牢记"从善如登，从恶如崩"的道理，始终保持积极的人生态度、良好的道德品质、健康的生活情趣。

案例四：女大学生的"恶作剧"触犯刑法

重庆某高校一女生宿舍被盗，丢失的东西包括小哲的MP4一部和笔记本电脑一台，价值人民币2800元；小洁的MP4一部，价值人民币315元；小兰的耳机1副，价值人民币8元。而同宿舍的小芸则未丢失任何东西。警方接案后，迅速展开调查。经调查得知，小芸父母均为国家干部，家庭条件优越。但因与室友相处不和，小芸便想"教训她们一下"。于是趁室友上课之机，盗得以上物品。

（本案例改编自《盗窃室友只为报复》，大律师网，2015年7月26日）

【设问思考】你如何看待案例中小芸的行为，对此有什么感想？

【讨论交流】大家分组讨论，畅所欲言。

【教师总结】案例中小芸为"教训"室友而偷盗电脑、MP4等物品的行为，不是简单的"搞恶作剧"，而是属于盗窃犯罪行为。《中华人民共和国刑法》第二百六十四条规定，盗窃公私财物，数额较大的（1000至3000元），处三年以下有期徒刑、拘役或者管制，并处或者单处罚金，赃物予以没收。这个案例反映出了当前大学生法律意识比较淡薄，要预防或减少犯罪事件的发生，就必须加强法制学习，努力提升法治素养。

【课后思考】讲述最打动你的抗疫青年故事，并思考如何做好时代新人？

主题三：学习本课程的意义

【课堂导问】

· 本课程的学习内容是什么，它与我们的专业课有何不同？

· 对大学生而言学习本课程有何重要意义？

· 新时代大学生如何才能学好本课程？

一、本课程内容的逻辑结构

【课堂视频回顾】

用PPT展示并回顾"本课程内容的逻辑结构"的课前教学视频的讲授内容。

（一）本课程的逻辑结构

全书共有绪论、六章和后记三个部分的内容，涵盖人生观、坚定理想信念、弘扬中国精神、践行社会主义核心价值观、道德观和法治观等方面的内容，集中进行三个方面的教育：第一是思想教育，包括世界观、人生观和价值观，对应教材绪论和第一、二、三章的内容，是全书内容的思想前提。第二是道德观教育，包括公共生活、职业生活和家庭生活三个方面，对应教材第四章和第五章中道德的相关内容，是全书内容的理论基础。第三是法治观教育，对应教材第六章中法律相关的内容，是全书内容的行为依据。全书的逻辑结构实现了世界观、人生观、价值观、道德观和法治观的有机统一，承前启后。

（二）本课程与专业课的不同

大家对“思想道德修养与法律基础”这门课程的感受是什么？它与专业课有何不同呢？中共中央办公厅和国务院办公厅印发的《关于深化新时代学校思想政治理论课改革创新的若干意见》中明确指出，本科阶段开设“马克思主义基本原理概论”“毛泽东思想和中国特色社会主义理论体系概论”“中国近现代史纲要”“思想道德修养与法律基础”“形势与政策”等必修课。思想政治理论课承担着对大学生进行系统的马克思主义理论教育的任务，是巩固马克思主义在高校意识形态领域指导地位、坚持社会主义办学方向的重要阵地，是全面贯彻党的教育方针、落实立德树人根本任务的主干渠道和核心课程，是加强和改进高校思想政治工作、实现高等教育内涵式发展的灵魂课程，深受党和政府的高度重视，因此大家不能对此抱有偏见，而要充满热情地投入我们课程的学习中来，相信大家一定会从中大有收获。

二、学习本课程的基本方法

【课堂视频回顾】

用 PPT 展示并回顾“学习本课程的基本方法”的课前教学视频的讲授内容。

（一）学习马克思主义理论有关知识

坚持以马克思主义的基本原理，马克思主义的立场、观点和方法为理论基础，这是构建本课程的理论基础和贯穿本课程的灵魂，也是学习本课程需要把握的重点。本课程针对大学生在面对纷繁复杂的社会现象时普遍关心的思想道德和法律问题，认识和解决人生和成长中的各种问题需要运用马克思基本原理进行了科学的分析和解答。大学生为什么要学习马克思主义理论，如何才能学好马克思主义理论？马克思主义是科学的理论，它揭示了事物的本质、内在联系及发展规律，是“伟大的认识工具”。青年大学生学习马克思主义，特别是马克思主义中国化的最新成果，不仅可以把握方向、明辨是非，还可以获得正确认识世界的思维方法，获得为人民服务的思想政治素质，获得不断奋斗前行的动力，获得伟大的人格魅力。在纪念马克思诞辰 200 周年的纪念大会上，习近平总书记深刻阐述了马克思主义的时代意义和现实意义，提醒大家“人类社会发生了翻天覆地的变化，但马克思主义所阐述的一般原理整个来说仍然是完全正确的”。那么，如何才能学好马克思主义呢？习近平总书记提出“把读马克思主义经典”当作“生活习惯”，只有认真学习马克思主义经典著作，系统掌握马克思主义基本原理，才能完整准确地理解中国特色社会主义理论体系，才能创造性地运用马克思主义立场观点方法去分析和解决我们面临的实际问题。然而“马克思主义经典著作卷帙浩繁”，作为初学者其学习自然是困难的，习近平总书记为大家支招儿：主要是靠自己挤时间学习，因此要突出重点，精选精学，而且要坚持学以致用、用以促学，原原本本学，熟读精思、学深悟透，熟练掌握马克思主义立场、观点、方法。

（二）掌握基本知识

本课程包含着丰富的人生哲学、伦理道德和法律知识。这些知识是人类在长期社会实践中形成的思想成果，是哲学社会科学的重要组成部分。学习本课程需要注意汲取和把握这些思想成果，加强自我修养，提高思想境界，培养法律素质。同时，要想学好本课程大家还要广泛涉猎丰富其他方面的知识，不断扩展知识领域，比如多注重人生经验和社会知识的积累。

（三）注重联系实际

理论联系实际是马克思主义一贯倡导的学风，也是“思想道德修养与法律基础”课程的主要教学原则和方法。只有与实际相结合，理论才会生动而具体。我们需要密切联系我国改革开放和社会主义现代化建设的实际，社会主义市场经济条件下思想道德建设、民主法制建设的实际，社会普遍关心的思想道德问题以及自身的学习和生活的实际，懂得运用马克思主义的立场、观点和方法有针对性地进行科学分析和解答，从而提高自己的思想道德修养。

（四）坚持学以致用

本课程具有鲜明的实践性，加强思想道德和法律修养是知、情、意、行辩证统一的过程，应注重把学习与践履结合起来，把学习规范和遵守规范结合起来，使知识转化为内在素质；将知与行结合，使理论知识内化于心、外化于行，转化为内在修为并长期坚守。“纸上得来终觉浅，绝知此事要躬行。”所有知识要转化为能力，都必须躬身实践。因此，大学生要坚持知行合一，注重在实践中学真知、悟真谛，加强磨炼、增长本领。

【课堂测试】

学习“思想道德修养与法律基础”课程，有助于大学生形成正确的道德认知，积极投身道德实践，做到（　　）。

A. 明大德　　B. 守公德　　C. 严私德　　D. 讲政德

【答案及解析】

本题答案为 ABC。学习“思想道德修养与法律基础”课程，有助于大学生形成正确的道德认知，积极投身道德实践，做到明大德、守公德、严私德，从而具备优秀的思想道德素质。

【课堂探究活动　课堂讨论】

【设问思考】大家认为学习本课程有什么意义呢？

【讨论交流】大家分组讨论，畅所欲言。

【教师总结】大学阶段是人生发展的重要时期，是世界观、人生观、价值观形成的重要阶段，在这个时期所形成的思想道德观念对一个人的影响尤为重要。“思想道德修养与法律基础”是大学生的必修课程，既具有鲜明的政治性和思想性，又具有较强的理论性和知识性。它以马克思主义为指导，以正确的世界观、人生观、价值观和道德观、法制观教育为主要内容，把社会主义核心价值观贯穿教学的全过程，体现了社会主义大学的本质特征，在培养社会主义事业的建设者和接班人方面以及对大学生思想的塑造上具有不可替代的作用。学习“思想道德修养与法律基础”课程，有助于大学生领悟人生真谛，坚定理想信念，践行社会主义核心价值观，做新时代的忠诚爱国者和改革创新的生力军；有助于大学生形成正确的道德认知，积极投身道德实践，做到明大德、守公德、严私德；有助于大学生全面把握社会主义法律的本质、运行和体系，理解中国特色社会主义法治体系和法治道路的精髓，增进法治意识，养成法治思维，更好地行使法律权利、履行法律义务，做到尊法学法守法用法，从而具备优秀的思想道德素质和法治素养。

【专题小结】

“思想道德修养与法律基础”是一门融思想性、政治性、科学性、理论性、实践性于一体的课程。作为大学生的第一门思想政治理论课程，本课程以马克思列宁主义、毛泽东思想和中国特色社会主义理论体系为指导，传承中华优秀文化，借鉴人类文明的有益创造成果，围绕当代大学生在成长成才过程中面对的思想、道德、法律等问题，进行马克思主义的世界观、人生观、价值观、道德观和法律观的教育教学，帮助大学生提高思想道德素质和法律素质，成长为德智体美劳全面发展的社会主义事业的合格建设者和接班人。

【布置任务】

请大家关注我即将推送的下次课的教学视频和学习任务。

【专题作业】

· 设计一份大学生涯和职业生涯的规划书。

第三部分　教学后记

【教学反思】

大学生在进入大学校园经过一个月军训的洗礼之后，真正开启大学学习生活的大门，这时他们对大学的新鲜感已经渐渐褪去，转而对大学生活产生了迷茫与彷徨。专题一是本课程的开篇之作，本专题教学需要帮助大学生认识并适应人生的新阶段，做好人生职业规划。立足新时代，引导、激励大学生作为时代新人应以民族复兴为己任，以积极的姿态去迎接崭新的大学生活，为能成为中国特色社会主义事业的合格建设者和可靠接班人，以及成为走在时代前列的奋进者、开拓者、奉献者而努力奋斗，这些都需要提升大学生的思想道德与法律素质。启发大学生深刻认识到今天是高校大学生的人生黄金时期，同“两个一百年”奋斗目标的实现完全吻合，能亲自参与这个伟大历史进程，实现几代中国人的夙愿，实乃人生之大幸。同时要教育引导大学生，一个重要任务就是用中国梦激扬青春梦，为大学生点亮理想的灯、照亮前行的路。要向大学生辨清楚实现中华民族伟大复兴是中华民族近代以来最伟大的梦想，需要一代又一代人接续奋斗；讲清楚中国梦是国家的梦、民族的梦，也是每个中国人的梦，当代学生建功立业的舞台空前广阔，梦想成真的前景无限光明。要激励学生自觉把个人的理想追求融入国家和民族的事业中，勇做走在时代前列的奋进者、开拓者，书写无愧于时代的青春之歌和精彩人生。同时，作为本课程的第一堂课，要让学生认识本课程的性质、特点以及学习本课程的方法与意义，使学生对本课程产生兴趣与期待。

【教学建议】

为更好地达成教学目标，需要探索符合时代发展特征和要求的教学模式，积极利用新媒体的正向作用，探索线上线下融合发展的教学新模式，将课堂讲授知识前移，引导学生提前理解思考。在教学设计环节，教师可以结合学生的专业特点采取有针对性的教学，如师范类专业的学生可以围绕“教师”这一角色进行主题教学设计，引导学生思考“教师是怎样一种职业”“一名普遍的人民教师能为中国梦贡献什么力量”“新时代的教师需要具备什么素养”“作为一名普通的教师如何实现人生价值”等问题来激发学生的兴趣、信心与斗志，并引导其积极做好人生职业规划。教学方式上应形式多样，避免单一化，教师通过课前的系列准备让学生在课堂中当主角，活跃课堂氛围，启发学生畅所欲言，倾听学生心声，了解学生困惑并及时引导，让学生体会到大学课堂不同于中学课堂，改变学生上课的被动状况，尽快适应大学生活；采取案例教学，通过直观、生动的案例深入浅出地阐述深奥理论，从而避免纯粹的说教，让学生产生反感情绪。

第四部分　教学参考

1. 习近平，《之江新语》，浙江人民出版社，2007 年。

2. 习近平，《国家主席习近平发表二〇一九年新年贺词》，《人民日报》，2018－12－31。

3. 习近平，《给北京大学考古文博学院 2009 级本科团支部全体同学的回信》，中国青年网，2013 年 5 月 2 日。

4. 习近平，《在全国高校思想政治工作会议上的讲话》，教育部政府门户网，2016 年 12 月 8 日。

5. 习近平，《在庆祝改革开放 40 周年大会上的讲话》，新华网，2018 年 12 月 18 日。

6. 习近平，《在北京大学师生座谈会上的讲话》，新华网，2018 年 5 月 2 日。

7. 习近平，《在纪念五四运动 100 周年大会上的讲话》，人民网，2019 年 4 月 30 日。

8. 习近平，《在全国抗击新冠肺炎疫情表彰大会上的讲话》，新华网，2020 年 9 月 8 日。

9. 夏中义，《人与自我》，广西师范大学出版社，2002 年。

10. 夏中义，《人与国家》，广西师范大学出版社，2002 年。

11. 夏中义，《人与世界》，广西师范大学出版社，2002 年。

12. 中共中央宣传部，《习近平新时代中国特色社会主义思想三十讲》，学习出版社，2018 年。

13. 钟宪章，《奋斗新时代》，国家行政学院出版社，2018 年。

14.《新时代　新起点——中国梦宣传教育读本》编写组，《新时代 新起点——中国梦宣传教育读本》，北京师范大学出版集团、安徽大学出版社，2018 年。

15. 秦强，《新时代金句》，人民日报出版社，2019 年。

16. 任仲文，《做新时代的追梦人》，人民日报出版社，2019 年。

17. 孙运德、刘平、唐音，《新时代中国青年的榜样》，人民日报出版社，2019 年。

18. 《十九大报告的新思想、新论断、新提法、新举措》，新华社，2017 年 10 月 19 日。

19.《十九大报告，习近平宣示“新时代”》，新华社，2017 年 10 月 22 日。

20. 张锐，《新时代的科学根据》，人民网，2017 年 11 月 6 日。

21.《读懂新时代！新华社九论党的十九大精神》，央广网，2017 年 11 月 6 日。

22.《十九大代表热议习近平新时代中国特色社会主义思想》，人民网，2017 年 10 月 22 日。

23.《从历史视角看中国特色社会主义进入新时代》，中国社会科学网，2018 年 11 月 6 日。

“青”听“习”语

人生之路，有坦途也有陡坡，有平川也有险滩，有直道也有弯路。青年面临的选择很多，关键是要以正确的世界观、人生观、价值观来指导自己的选择。无数人生成功的事实表明，青年时代，选择吃苦也就选择了收获，选择奉献也就选择了高尚。青年时期多经历一点摔打、挫折、考验，有利于走好一生的路。要历练宠辱不惊的心理素质，坚定百折不挠的进取意志，保持乐观向上的精神状态，变挫折为动力，用从挫折中吸取的教训启迪人生，使人生获得升华和超越。

——《习近平在同各界优秀青年代表座谈时的讲话》(2013 年 5 月 4 日)

青年的价值取向决定了未来整个社会的价值取向，而青年又处在价值观形成和确立的时期，抓好这一时期的价值观养成十分重要。这就像穿衣服扣扣子一样，如果第一粒扣子扣错了，剩余的扣子都会扣错。人生的扣子从一开始就要扣好。“凿井者，起于三寸之坎，以就万仞之深。”青年要从现在做起、从自己做起，使社会主义核心价值观成为自己的基本遵循，并身体力行大力将其推广到全社会去。

——《习近平在北京大学师生座谈会上的讲话》(2014 年 5 月 4 日)

新时代中国青年要增强学习紧迫感，如饥似渴、孜孜不倦学习，努力学习马克思主义立场观点方法，努力掌握科学文化知识和专业技能，努力提高人文素养，在学习中增长知识、锤炼品格，在工作中增长才干、练就本领，以真才实学服务人民，以创新创造贡献国家!

——《习近平在纪念五四运动 100 周年大会上的讲话》(2019 年 4 月 30 日)

专题二　明辨青春之问　树立正确“三观”

第一部分　教学概况

一、教学目的与要求

深入领会马克思主义关于人生问题的基本理论，即什么是人生观，人生与人生观的关系，人生观与世界观的关系；正确把握人生价值的评价标准和实现人生价值的条件，树立积极进取的人生态度，立志在实践中创造有价值的人生；学会在科学理论的指导下树立正确的人生观，明白人生需要正确面对各种人生矛盾，抵制错误的人生观，才能实现最大的人生价值，创造有意义的人生。正确认识理想与现实的关系，坚定中国特色社会主义信念；积极投身社会实践，为实现中国梦贡献自己的力量，把自己的人生追求同国家发展进步、人民伟大实践紧密结合起来，并通过不懈努力实现人生价值。

二、教学重点与难点

1. 认识到正确的人生观对青年大学生成才的重要意义，自觉树立科学的人生观，把握好人生总钥匙。

2. 深刻理解“服务人民、奉献社会”的思想，明确人生价值评价标准，树立科学高尚的人生追求。

3. 正确把握人生价值实现的条件，拥有积极进取的人生态度，创造有意义的人生。

4. 准确掌握面对和解决人生问题的科学方法，在科学高尚的人生观指引下，正确对待人生矛盾，自觉抵制错误观念，树立正确的人生观，明确人生目的、端正人生态度、认识人生价值，努力提升人生境界，成就出彩人生。

三、教学方法与手段

（一）教学方法

1. 讲授法：用科学理论全面而系统地阐释相关概念，做到以理服人，将新媒体和艺术元素融入理论讲授中，使枯燥的理论变得富有趣味，从而增强理论的感染力和吸引力，真正做到深刻领会、精准把握马克思主义关于人生问题的基本理论。

2. 讨论法：创设大学生普遍关注的现实问题并引导大学生参与讨论，给学生表达观点的机会，更好地激发大学生对社会与人生问题的深入思考，培养学生的思维能力、口头表达能力，促进学生灵活地运用理论知识。

3. 案例分析法：案例分析教学法侧重于理论联系实际，通过对直观、生动地反映现实生活、社会问题的典型案例的剖析，尤其是将我们在抗击疫情中涌现的典型案例、人物故事转化为鲜活的思政教学素材融入课堂，让源于事实的理论解析更有说服力，学生能在案例本身的感知中明辨是非，培养学生独立的分析能力、判断能力及解决问题的能力。

（二）教学手段

1. 充分利用新媒体。运用智慧教学工具与课堂，让师生的教与学互动更加便捷、高效；通过发挥信息技术的正效应，积极探索线上线下融合发展的教学新模式，综合运用图像、音频、视频等信息技术，利用学堂在线、爱课程（中国大学 MOOC）等在线网络平台的国家精品课程，拓宽线上学习资源。

2. 教学中注重将多种教学方法和手段穿插、融入，避免纯理论说教、单一的教学媒介和手段教学。当需要讲透原理时，采用讲授法；当需要悟透原理时，采用案例分析法、情境教学法；当需要践行原理时，采用合作探究法。真正让理论入脑、入耳、入心，加深学生对相关原理的理解和学习的兴趣，满足学生成长发展的需求和期待，努力使“原理”有“知”更有“味”，不断增强思政课的思想性、理论性、亲和力和针对性。

四、课前准备

1. 录制 8 分钟“马克思关于人的本质的科学论断”的课前教学视频供学生观看，引导学生全面而科学地理解“人的本质是什么”。

2. 录制 5 分钟“什么是人生观”“人生观与世界观关系”的课前教学视频供学生观看，引导学生深刻领会、精准把握“内涵及其彼此关系”，思考人生观于一个人的重要性以及如何树立正确的人生观。

3. 录制 5 分钟“树立正确人生观”的课前教学视频供学生观看，引导学生深刻领悟正确人生观的要求。

4. 录制 5 分钟“人生价值的评价与实现”的课前教学视频供学生观看，引导学生掌握人生价值的评价方式以及人生价值的实现条件。

5. 录制 8 分钟“辩证对待人生矛盾”的课前教学视频供学生观看，深刻感悟如何辩证地对待人生中的矛盾。

6. 录制 5 分钟“错误人生观”的课前教学视频供学生观看，深刻领会错误人生观的表现及危害。

7. 录制 5 分钟“成就出彩人生”的课前教学视频供学生观看，思考如何在社会实践中成就出彩人生。

五、课时安排

理论教学 4 个课时，课堂探究活动及实践教学 2 个课时。

六、课堂主题

主题一：正确认识人生观。

主题二：树立正确人生观。

主题三：创造有价值人生。

第二部分　教学过程

主题一：正确认识人生观

【课堂导问】

· 人的本质是什么？正确认识“人的本质”有何意义？

· 什么是“三观”？为什么我们这么重视“三观”教育？

· 什么是人生观？人生观对我们的人生有着怎样的作用？

一、正确认识人的本质

【课堂视频回顾】

用 PPT 展示并回顾“正确认识人的本质”的课前教学视频的讲授内容。

（一）古今中外对人的本质的认识

谈到人生，我们自然要关注到人和人的生命，但对于人是什么的问题，古往今来有过无数的思考和询问。在古希腊德尔斐神庙上有一句铭文：认识你自己。不过人到底是什么？或者说，人的本质是什么？这是一个古老而又常新的命题。古今中外的无数先贤都曾试图做出解答，中方的先贤如孟子认为“人性之善也，犹水之就下也。人无有不善，水无有不下”，荀子认为“人之性恶”，告子以为“人性之无分于善不善也，犹水之无分于东西也”，世硕（战国时期）则认为“人性有善有恶，……善恶在所养焉”。西方的先贤，如柏拉图认为“人是长着两条腿没有羽毛的动物”，苏格拉底认为“人是理性动物”，亚里士多德认为“人是政治的动物”，拉美特利则认为“人是一架复杂的机器”等。虽然这些思想家、哲学家对人的本质描绘有所不同，也从不同的侧面反映了人的部分性质，但他们都是仅从人的生物特性的角度去描绘人和探讨人，离开了人所生存的具体的历史条件和特定的社会关系去谈论人性和人的本质问题，因此很遗憾他们都没有揭示出“人”的本质，也未能说出人的本质规定性之所在。那么人到底是什么？人是动物吗？人和动物的根本区别是什么？我们来看看马克思对人的本质的科学论断。

（二）马克思对人的本质的认识

马克思、恩格斯吸取了人类思想史上一切优秀的文化成果，特别是吸收了黑格尔的辩证法和费尔巴哈的唯物主义的合理内核，在唯物史观的基础上，提出了关于人的本质的科学论断。马克思反对抽象地理解人的本质，主张从现实的具体的人去理解人。因此，在《关于费尔巴哈的提纲》一书中，马克思做出了人的本质的科学论断：“费尔巴哈把宗教的本质归结于人的本质。但是，人的本质并不是单个人所固有的抽象物，在其现实性上，它是一切社会关系的总和。”

1. 人是自然属性和社会属性的统一。马克思承认并重视人的自然属性，认为人的自然属性是人的社会属性的物质承担者、基础和前提，人具有和动物类似的自然属性，但需要注意的是这是已经社会化的自然属性，是人在从事物质生产和社会交往等活动中表现出来的独有属性，如劳动、社会联系就是人的社会属性。人的本质属性主要体现的是人与动物相区别的根本特征，在这个意义上，人不仅是自然的存在物，更是社会的存在物。所以，人的社会属性才是人的本质属性，人的本质属性只能从人的社会属性当中去寻找。

2. 人的本质不是单一社会关系的产物，而是由一切的社会关系的总和共同规定的。人总是处于复杂性和多样性的各种社会关系之中。马克思认为，劳动创造了人，人类在劳动的过程中，在改造自然的活动中并不是彼此分割、孤立的，而是结成一定的社会关系，正是在一定的社会关系中才形成了人的本质。社会关系是一个复杂的系统，人在本质上就是各种社会关系的总和。每个人一生下来就置身于一定的社会关系中，只有在社会关系中的人才是真正意义上的人；否则，一旦脱离社会关系，丧失其社会属性，就会和徒具人形的“狼孩”一样，无论先天有多么发达的大脑和健全的躯体，都不可能具备人的本质。这是马克思运用辩证唯物主义和历史唯物主义的立场、观点和方法揭开了人的本质之谜，这一论断使人的本质问题在人类历史上第一次得到了科学的说明。

3. 人的本质不是虚幻抽象的，而是现实具体的，随着历史发展而发展的。人的本质作为“一切社会关系的总和”也必然是历史的、发展的。人总是生活在特定的历史背景和社会关系中，人只有在一定的社会关系中实践与创造，才能发展和完善自己的本质。正如马克思所说，人的本质是在每个时代历史地发生变化的。迄今为止，人类社会已经经历了五种社会形态的变更，社会关系的“总和”也发生了重大的变化，不同社会形态下的社会关系决定了不同的人的本质。

【课堂测试一】

马克思在《关于费尔巴哈的提纲》中指出："人的本质不是单个人所固有的抽象物，在其现实性上，它是一切社会关系的总和。"我们可从（　　）方面来理解马克思的论述。

A. 人的本质是一切社会关系的总和

B. 人的本质是现实的、具体的

C. 人的本质是随着历史的发展而不断发展的

D. 人的本质属性是社会性

【答案及解析】

本题答案为ABCD。人的本质不是单一社会关系的产物，而是由一切的社会关系的总和共同规定的。人总是处于复杂性和多样性的各种社会关系之中。人的本质不是虚幻抽象的，而是现实具体的，随着历史发展而发展的。人的本质作为"一切社会关系的总和"也必然是历史的、发展的。人的本质属性是人的社会性。人不仅具有自然属性，更具有社会属性，社会是人的社会，人是社会的人，人与社会密不可分。社会性是人的本质属性。

【课堂探究活动一　故事解读】

"狼孩"的故事

1920年，在印度一个小山村，人们在打死一只狼后，在狼窝里发现了两个由狼抚养大的女孩，大的8岁（名卡玛拉），小的2岁（名阿玛拉，因体弱死去）。狼孩自幼远离人类社会，在狼窝里长大，生活习性与狼别无二致。她不会直立行走，只能用四肢爬行；白天睡觉，晚上活动，怕光怕火；不吃素食熟食，只吃生肉；不是用手拿着吃，而是放在地上用牙齿撕咬；不遮挡身体，不会说话，只会像狼一样引颈长嚎。卡玛拉在孤儿院用了2年才学会站立，用了9年才学会45个词和几句简单的话，直到1929年她17岁去世时，智力仅相当于4岁的孩童。

（本案例改编自《狼孩儿的故事》，百度文库，2013年8月23日）

【设问思考】请大家思考"狼孩"是人吗？"狼孩"与人的根本区别在哪里？

【讨论交流】大家分组讨论，畅所欲言。

【教师总结】马克思关于人的本质的科学论断使我们对人的本质有了科学而全面的认识，也为我们解开了"狼孩是否是人"的谜。"狼孩"之所以不能成为真正意义上的"人"，是因为它脱离了人类的社会环境，脱离了人类的集体生活，形成不了人所固有的特点即"社会属性"，所以即使狼孩具有人的自然属性也不能发展成为真正的人类。也就是说狼孩虽然在某些生理上具有人的特征，但是在心理和社会属性上，狼孩已经算不上真正意义的人了。我们明白了人的本质，那么请大家再思考一下人生又是什么呢？知道什么是人，对人生也就不难理解了。实际上"人生"也就是人的生命过程，包括人的生命体和生活两个方面的内容，生命体表达的是存在，而生活表达的是存在的方式。人最重要的不仅仅是活着，而是为什么活着和怎样活着。这种对人生问题的不同理解和选择其实就是人生观的问题。

二、正确认识人生观

【课堂视频回顾】

用 PPT 展示并回顾“正确认识人生观”的课前教学视频的讲授内容。

（一）人生观的主要内容

1. 人生观的内涵。人生观是人们在实践中形成的对于人生目的和意义的根本看法，它决定着人们实践活动的目标、人生道路的方向和对待生活的态度。人生观的主要内容包括人生目的、人生态度和人生价值。人生目的是指生活在一定历史条件下的人在人生实践中关于自身行为的根本指向和人生追求，是对人为了什么活着这个问题的总体回答，体现了人的最高社会需求。人生态度是指人们通过生活实践所形成的对人生问题的一种稳定的心理倾向和精神状态，回答人应当如何活着，所反映的实际上是“人怎样看待生命和生活以及如何生活的问题”。人生价值是指人的生命及其实践活动对于社会和个人所具有的作用和意义，回答什么样的人生才有价值，对人生价值的评价标准问题。人生价值是自我价值与社会价值的统一。

2. 人生观三个方面内容的关系。人生目的、人生态度和人生价值三个方面相互联系、相辅相成，统一为一个有机整体。人生目的决定人们对待实际生活的基本态度和人生价值的评价标准，人生目的是人生观的核心；人生态度影响人们对人生目的的持守和人生价值的评判；人生价值制约着人生目的和人生态度的选择。有什么样的人生观就会有什么样的人生。人的生命只有一次，理应严肃认真地思考人生，努力领悟人生的真谛，选择正确的人生道路，树立崇高的人生追求，实现应有的人生价值。

3. 人生目的是人生观的核心。主要从以下四个方面体现：其一，人生目的是指生活在一定历史条件下的人对“人为什么活着”这一人生根本问题的认识和回答，是人在人生实践中关于自身行为的根本指向和人生追求，在人生实践中具有重要作用。其二，人生目的决定人生道路。人生目的规定了人生的方向，对人们所从事的具体活动起着定向的作用。确定正确的人生目的能使人们在面对人生的一系列重大课题时做出正确的选择，始终朝着正确的人生发展方向前进。其三，人生目的决定人生态度。不同的人生目的会使人持有不同的人生态度。确立正确的人生目的能使人们以昂扬乐观的人生态度正确对待人生道路上的顺逆曲直。其四，人生目的决定人生价值选择。正确的人生目的能使人懂得人生的价值首先在于奉献，使人们能够在个人与社会的平衡统一中更好地实现自我的人生价值。

【课堂测试二】

人生目的是生活在一定历史条件下的人对“人为什么活着”这一人生根本问题的认识和回答，它决定着（　　）。

A. 人生态度　　B. 人生哲理　　C. 人生价值选择　　D. 人生道路

【答案及解析】

本题答案为 ACD。人生目的决定人生态度，不同的人生目的会使人持有不同的人生态度；人生目的决定人生价值选择，正确的人生目的能使人懂得人生的价值首先在于奉献；人生目的决定人生道路，规定了人生的方向。

【课堂探究活动二　课堂讨论】

【设问思考一】大学阶段我们要考虑的问题很多，为什么首先要反思世界观、人生观、价值观的问题呢？

【讨论交流】大家分组讨论，畅所欲言。

【教师总结】苏格拉底有一句名言：未经省察（反思）的人生是不值得过的。这句话启发我们人生要不断反思。在什么时候反思？反思什么？人生的每一个重大抉择都需要进行反思，反思自己的选择是否符合自己的原则，而有意义、有价值的人生就是做真挚完整的自己。浑浑噩噩、随波逐流的人生是没有尊严和意义的。任何选择要有结果就必须依据一定的标准，人生选择的依据往往在于我们自己拥有怎样的世界观、人生观、价值观，要做出正确的选择，其依据必须合理。因此，尽管我们在中学时期已经学习过世界观、人生观、价值观的相关知识，但并未上升到系统理论的高度进行剖析。换言之，直到今天进入大学校门，依然有许多同学对科学的"三观"尚未形成正确的认识，也尚未建立起个人正确的"三观"体系，更没有对种种似是而非的观点进行过认真的反思。因此，今天这堂课我们专门和大家一道再来探讨"三观"问题就显得更加必要。

【设问思考二】为什么我们如此重视大学生的"三观"教育？

【讨论交流】大家分组讨论，畅所欲言。

【教师总结】世界观、人生观、价值观就是我们常说的"三观"，它们支配着人的观察、认识、态度、信念、理解、思维、想象和行为等，支配着人们认识世界、明白事物对自己的意义和自我了解、自我定向、自我设计；也为人们自认为正当的行为提供充分的判别标准和理由，是道德行为的基础。苏格拉底说"德性即知识"，就是指人要了解自己，了解人与世界的关系，从而采取合理、明智的行动。其中，人生观反映着世界观也影响着价值观，决定着人生道路的方向，也决定着人们行为选择的价值取向和用什么样的方式对待实际生活。我们既要注重掌握"三观"的关系，也要侧重掌握人生观的相关知识。2014 年 5 月 4 日，习近平总书记在北京大学师生座谈会上的讲话强调："我为什么要对青年讲讲社会主义核心价值观这个问题？是因为青年的价值取向决定了未来整个社会的价值取向，而青年又处在价值观形成和确立的时期，抓好这一时期的价值观养成十分重要。这就像穿衣服扣扣子一样，如果第一粒扣子扣错了，剩余的扣子都会扣错。人生的扣子从一开始就要扣好。"对于青年来说，只要路对，就不怕路远。无论青年将要面对的是一马平川还是崇山峻岭，是康庄大道还是崎岖弯路，只要能始终坚持以正确的价值观作为指导，青年的人生之路就会像将要远航的航船有了指路灯塔一样，不仅能始终走在正确的方向上，更能在需要做出选择的时候不会迷茫，不会迷路。

【课堂探究活动三　故事汇】

时代人物故事

人物故事一，援藏干部钟扬：复旦大学党委委员、研究生院院长、生命科学学院教授、博士生导师，中央组织部第六、七、八批援藏干部，教育部长江学者特聘教授，国家杰出青年科学基金获得者，长期从事植物学、生物信息学研究和教学工作，取得一系列重要研究成果。2017 年 9 月 25 日在去内蒙古城川民族干部学院为民族地区干部讲课的出差途中遭遇车祸，不幸逝世，年仅 53 岁。

人物故事二，深海研究专家汪品先：我国著名海洋地质学家、中国科学院院士、同济大学海洋与地球科学学院教授。他是深海的守望者。如今，年逾八旬的他依然奋战在深海研究的第一线，推动着我国走向深海大洋。他无惧年迈，亲自带头出海，9 天内连续三次下潜到一千多米深的西沙海底，探寻海底的秘密。

人物故事三，肝胆外科专家吴孟超：著名肝胆外科专家，中国科学院院士，中国肝脏外科的开拓者和主要创始人之一，被誉为“中国肝胆外科之父”。今年 96 岁的吴孟超，拯救了超过 16000 位患者的余生。吴孟超创造了中国医学界乃至世界医学肝胆外科领域的无数个第一，因常年拿手术刀他的手指关节已经严重变形。

人物故事四，大学生志愿者殷沙漫：1994 年出生于广东惠州，吉首大学文学院 2013 级汉语言文学师范专业学生，这个温婉坚毅的姑娘在公益这条路上已经走了十年之久。从 2006 年到 2017 年，从广东到湘西，始终怀抱着对弱势群体无名的爱，为公益行动坚守 10 余年，在吉首大学学习期间志愿服务时间超过 1300 小时，组织公益活动达 100 多次。

人物故事五，“五假干部”卢恩光：司法部原党组成员、政治部原主任。2016 年 12 月涉嫌严重违纪，接受组织调查；2017 年 5 月被开除党籍和公职；2018 年 2 月被提起公诉。2018 年 4 月 18 日，河南省安阳市中级人民法院公开开庭审理了卢恩光行贿、单位行贿一案。此人年龄造假、学历造假、入党材料造假、工作经历造假、家庭情况造假，人称“五假干部”。

（人物故事一改编自《“钟扬精神”为新时代奉献力量和希望》，中国共产党新闻网，2018 年 4 月 2 日；人物故事二改编自《汪品先：“这是我多年来的心愿”》，新华网，2018 年 5 月 13 日；人物故事三改编自《柳叶刀上铸医魂——记中国著名肝胆外科专家吴孟超》，光明网，2018 年 8 月 15 日；人物故事四改编自《第十二届中国大学生年度人物候选人殷沙漫事迹》，人民网，2017 年 4 月 20 日；人物故事五改编自《“五假干部”卢恩光》，新浪新闻，2018 年 4 月 1 日）

【设问思考】我们从不同的人物命运中得到什么样的人生观启示？

【讨论交流】大家分组讨论，畅所欲言。

【教师总结】他们的故事告诉我们不同的人往往有不同的人生，其根本区别在于人生观的不同，不同的人生观指引不同的人生道路。青年时期处于价值观形成和确立时期，养成正确的人生观十分重要，所谓“是非明则方向清，方向清则路子正”。2014 年 5 月 4 日，习近平总书记在北京大学师生座谈会上谈到青年要自觉践行社会主义核心价值观时指出：“为什么要对青年讲讲社会主义核心价值观这个问题？是因为青年的价值取向决定了未来整个社会的价值取向，而青年又处在价值观形成和确立的时期，抓好这一时期的价值观养成十分重要。这就像穿衣服扣扣子一样，如果第一粒扣子扣错了，剩余的扣子都会扣错。人生的扣子从一开始就要扣好……青年要从现在做起、从自己做起，使社会主义核心价值观成为自己的基本遵循，并身体力行大力将其推广到全社会去。”“要树立正确的世界观、人生观、价值观，掌握了这把总钥匙，再来看看社会万象、人生历程，一切是非、正误、主次，一切真假、善恶、美丑，自然就洞若观火、清澈明了，自然就能作出正确判断、作出正确选择。”诚然，青年面临的选择很多，关键要以正确的世界观、人生观、价值观来指导自己的选择。无数人生成功的事实表明，青年时代选择吃苦也就选择了收获，选择奉献也就选择了高尚。

（二）人生观与世界观

1. 世界观的内涵。世界观是指人们对生活在其中的世界以及人与世界的关系的总体看法和根本观点。世界观研究的对象是宇宙中自然、社会、人类思维的本质和一般规律，它要回答的问题是思维与存在的关系以及世界的本质是什么。

2. 世界观与人生观的关系。人生观是人们在实践中形成的对于人生目的和意义的根本看法。人生观决定着一个人的人生走向。人们的思想和行动自觉与不自觉总是受某种人生观的指导。人生观体现在人生的各个方面。人生观研究人的本质、人生的价值，它要回答的问题是个人与社会的关系、人为什么活着，以及怎样生活才有价值。它为人们提供关于人生的指导原则。世界观决定人生观，是人生观的理论基础，给人生观以一般观点和方法论的指导。人们在现实生活中决定和处理一切问题的具体看法和观点，都是由他们的世界观所决定的。有什么样的世界观，就会有什么样的人生观。对人生意义的正确理解，需要建立在对客观世界发展规律正确认识的基础之上。树立正确的人生观，思考人生为了什么、该如何对待人生、怎样的人生是有意义的人生等问题，离不开马克思主义科学世界观的指导。人生观也体现一定的世界观。人生观是世界观在对待人生问题上的体现，人在对待世界、社会、集体、个人自身的态度和行为上也体现着一定的人生观，是世界观的有机组成部分。人生观对世界观的巩固、发展和变化起着重要作用。

【课堂测试三】

世界观是人们对生活在其中的世界以及人与世界的关系的总体看法和根本观点。人生观与世界观有密切的关系，（　　　）。

A. 世界观决定人生观　　　　B. 人生观决定世界观

C. 世界观不能决定人生观　　　　D. 世界观与人生观无关

【答案及解析】

本题答案为 A。在世界观和人生观的关系上，世界观决定人生观，有什么样的世界观就决定着有什么样的人生观。

【课堂探究活动四　人生态度思考】

世界观与人生观的关系

在我们身边有那么一些人，他们相信人命是天注定，是不可改变的，因此对待人生的态度是消极无为、不求上进、不思进取、自怨自艾、听天由命，还哀叹这就是“命运”，他们的人生终将碌碌无为、一事无成；有那么一些人他们不信命、不认命，相信命运不过是人生的方向盘，而驶往哪个方向掌握在每个人自己的手中，他们对待人生的态度是敢于向命运挑战，不向命运低头，积极进取，勇于奋斗与拼搏，最终改变命运使人生走向巅峰。

【设问思考】请同学们思考产生两种不同的人生态度的根本原因是什么呢？

【讨论交流】大家分组讨论，畅所欲言。

【教师总结】两种人之所以会有不同的人生态度是源自他们有着不同的人生观，而不同的人生观源于他们持有不同的世界观。第一种人持唯心主义世界观，他们认为世界本源是主观的、精神的，是上帝、神灵主宰的，由此产生的人生观是消极的，认为命运不由自己掌握，是先天已经注定后天无法改变的，凡事听天由命；第二种人持唯物主义世界观，认为世界本源是物质的、客观的，由此产生的人生观是积极的，认为我命在我不在天，通过自己的后天努力就可以改变，他们懂得充分发挥主观能动性。这说明，世界观决定人生观，有什么样的世界观就会有什么样的人生观，人生观是对世界观的一种体现。

【课后思考】思考人生观对于一个人的人生道路发展的作用。

主题二：树立正确人生观

【课堂导问】

· 新时代大学生应该树立什么样的人生观？
· 新时代大学生如何才能树立正确的人生观？
· 人生价值的评价标准是什么？人生价值的实现条件是什么？
· 新时代大学生如何才能实现人生价值？

一、科学高尚的人生追求

【课堂视频回顾】

用 PPT 展示并回顾“科学高尚的人生追求”的课前教学视频的讲授内容。

大家知道出席 1921 年中国共产党第一次全国代表大会的 13 位代表吗？他们后来的人生道路如何？第一类：坚持信仰的 6 人中，毛泽东、董必武矢志不渝，终究铸就伟业；何叔衡、邓恩铭、陈潭秋血洒疆场，壮志未酬；王尽美英年病逝。第二类：信仰动摇的 4 人中，李汉俊、李达脱党而不放弃信仰；刘仁静、包惠僧历经曲折，迷途知返。第三类：背信弃义、叛党投敌的 3 人，张国焘、陈公博、周佛海迷失了正确的政治方向，背弃了自己的信仰，成为革命的“叛徒”，陈公博、周佛海甚至成为汉奸，被永久地钉在了历史的耻辱柱上。历史告诉我们，用坚定而正确的人生追求指导人生是何等重要，它不仅关系着个人人生的命运前途，也关系着民族存亡，甚至还关系着人类的命运。

全世界无产阶级和劳动人民的革命导师马克思，他的一生饱尝颠沛流离的艰辛、贫病交加的煎熬，但他初心不改、矢志不渝，为人类解放的崇高理想而不懈奋斗，书写了伟大人生。马克思在《青年在选择职业时的考虑》一文中谈道：“如果我们选择了最能为人类而工作的职业，那么，重担就不能把我们压倒，因为这是为大家作出的牺牲；那时我们所享受的就不是可怜的、有限的、自私的乐趣，我们的幸福将属于千百万人，我们的事业将悄然无声地存在下去，但是它会永远发挥作用，而面对我们的骨灰，高尚的人们将洒下热泪。”习近平总书记这样高度评价马克思的一生：马克思的一生，是胸怀崇高理想、为人类解放不懈奋斗的一生；马克思的一生，是不畏艰难险阻、为追求真理而勇攀思想高峰的一生；马克思的一生，是为推翻旧世界、建立新世界而不息战斗的一生。可见，一个人只有确立了服务人民、奉献社会的人生追求，才能理解为什么而活、清楚走什么样的人生路，才能以正确的人生态度对待人生、解决实际生活中的各种问题，才能懂得人生的价值在于奉献、自觉用真善美来塑造自己，才能不断培养高洁的操行和纯朴的情感，努力使自己成为一个高尚的人。

二、积极进取的人生态度

【课堂视频回顾】

用 PPT 展示并回顾“积极进取的人生态度”的课前教学视频的讲授内容。

大学生应保持认真务实、乐观向上、积极进取的人生态度。人往往有着不同的人生态度，不同的人生态度正是不同人生观的反映。“浮生如梦”“及时行乐”是庸碌无为的人生观的反映；“当一天和尚撞一天钟”是沉沦的人生观的反映；看破红尘，满眼只见烦恼、痛苦，以悲怨愤懑、心灰意冷的倦怠对待生活是消极悲观的人生观的反映。而满怀希望和激情，热爱生命，珍视生命，勇敢地战胜困难，积极开拓人生新境界则是积极向上的人生观的反映。一个人如果没有积极进取的人生态度，再崇高的人生目标也难以真正实现。走好人生之路，需要大学生正确认识、处理生活中各种各样的困难和问题，保持认真务实、乐观向上、积极进取的人生态度。

（一）人生需认真

世界上怕就怕“认真”二字。以认真的态度对待人生，就是要严肃思考人的生命应有的意义，明确生活目标和肩负的责任，既要清醒地看待生活，又要积极认真地面对生活。大学生要学会对自己负责、对亲人负责、对周围的人和更多的人负责，进而对民族、国家、社会负责，做一个有价值、负责任的人。要正确认识和处理人生中遇到的各种问题，不能得过且过、放纵生活、游戏人生，否则就会虚掷光阴，甚至误入歧途。

（二）人生当务实

当代青年要把远大的理想寓于具体的行动中，不能好高骛远、空谈理想、眼高手低、浅尝辄止，否则就会脱离实际、一事无成。“天下难事必作于易、天下大事必作于细”，青年要成事，既要沉心静气，更要扑下身子。不能好高骛远，不能沉迷幻想，要扎扎实实做事，踏踏实实做人，用坚韧不拔、百折不挠的精神来浇灌梦想，把挫折考验和艰难困苦作为梦想开花结果的养料，凭借踏实而不懈地奋斗，终将迎来梦想的开花结果。2018 年 5 月 2 日，习近平总书记在北京大学师生座谈会上的讲话中强调：“学到的东西，不能停留在书本上，不能只装在脑袋里，而应该落实到行动上，做到知行合一、以知促行、以行求知，正所谓‘知者行之始，行者知之成’。每一项事业，不论大小，都是靠脚踏实地、一点一滴干出来的。‘道虽迩，不行不至；事虽小，不为不成。’这是永恒的道理。做人做事，最怕的就是只说不做，眼高手低。”“空谈误国、实干兴邦”，立足本职、埋头苦干，从自身做起，从点滴做起，正确面对人生目的与现实生活之间的矛盾，遵循客观规律，透过复杂现象把握事物的本质，更好地把人生意愿与个人情况和社会实际结合起来，从小事做起，从身边的事做起，脚踏实地、一步一个脚印地实现人生目标。

（三）人生应乐观

人生是丰富多彩的，但也充满了各种矛盾和问题。没有谁的人生是完美的，正所谓“人生不如意之事十之八九”，人生的苦与乐，并不在于你遇见了什么，而在于你用什么样的心态去面对。2018 年，以 707 的高分考入北京大学的女孩王心仪写了一篇感动世人的文章《感谢贫穷》，她写道：“感谢贫穷让我领悟到真正的快乐与满足，让我能够零距离地接触自然的美丽与奇妙，享受这上天的恩惠与祝福；感谢贫穷让我坚信教育与知识的力量……”与其说感谢贫穷，倒不如说真正应该感谢的是那个面对贫穷永不屈服、积极乐观的自己，因为只有热爱生活的人，才能真正拥有生活。2016 年 4 月 26 日，习近平总书记在知识分子、劳动模范、青年代表座谈会上的讲话中勉励广大青年：“‘看似寻常最奇崛，成如容易却艰辛。’青年的人生之路很长，前进途中，有平川也有高山，有缓流也有险滩，有丽日也有风雨，有喜悦也有哀伤。心中有阳光，脚下有力量，为了理想能坚持、不懈怠，才能创造无愧于时代的人生。”

（四）人生要进取

习近平总书记曾告诫青年朋友，青年时光非常可贵，要用来干事创业，辛勤耕耘，要敢于做先锋，而不做过客、当看客。《周易》有云“天行健，君子以自强不息”。大学生要积极进取，不断丰富人生的意义，不能贪图安逸、安于现状、因循守旧、故步自封；要发扬自强不息、敢为人先、百折不挠、坚忍不拔的精神，始终保持蓬勃朝气、昂扬锐气，充分发挥创造力，在创新创造中不断书写人生的新篇章。因为如果没有积极进取的人生态度，再崇高的人生目标也难以真正实现。走好人生之路，需要大学生正确认识、处理生活中各种各样的困难和问题，保持认真务实、乐观向上、积极进取的人生态度。因此，大学生要历练宠辱不惊的心理素质，坚定百折不挠的进取意志，保持乐观向上的精神状态，变挫折为动力，用从挫折中吸取的教训启迪人生，使人生获得升华和超越。

【课堂测试一】

什么样的人生观是不正确的（　　　）?

A. 有科学高尚的人生追求

B. 有积极进取的人生态度

C. 有认真务实的做事风格

D. 秉持“合则用、不合则弃”的人生信条

【答案及解析】

本题答案为 D。“合则用、不合则弃”的人生信条是一种个人主义人生观的体现，表现为凡是对自己有好处的就趋之若鹜，凡是对自己没有好处的就置之不理。一个人如果没有浓厚的家国情怀。强烈的社会责任感，没有为社会、为祖国、为人民奉献自己的崇高理想，终将不能成就人生。

【课堂探究活动一　故事解读】

习近平的奋斗故事

青年习近平在十五六岁的年纪就树立起矢志不渝的理想追求和植根爱国为民的家国情怀，他深深扎根陕北黄土高原，用双脚丈量黄土高原的宽广与厚度，一心只为让老百姓过上好日子，同人民群众同甘共苦、血肉相连。在担任总书记后他依然保持“内在有激情，外在从容不迫”的工作状态，从梁家河到中南海他始终不忘年轻时的初心，秉持“把人民的期待变成我们的行动，把人民的希望变成生活的现实”，做出了崇高的人生选择和追求。2019 年 3 月 22 日，习近平主席在罗马会见意大利众议长罗伯托·菲科。临近结束时，“70 后”的菲科突然抛出了这句话：“您当选国家主席的时候，是一种什么样的心情?”习近平主席目光沉静而充满力量，他说：“我将无我，不负人民。”我们从习近平总书记坚定的回答中感受到一种境界、一种担当、一种情怀。习近平总书记很忙，他奔忙的足迹当中，是连续第五年减贫千万的人类奇迹，是“一带一路”朋友圈越来越大的光辉成就，是小康路上越来越激昂的节奏……他所付出的不只是时间，还有精力，更是对民族和人民深厚的感情。

（本案例改编自《跟着习近平，一起去奋斗》，央视网新闻，2019 年 5 月 6 日）

【设问思考】如何理解“无我”的精神境界？青年习近平的成长典范，正可为当代青年的价值坐标锚定方向。新时代青年大学生又该有怎样人生追求呢？

【讨论交流】分组讨论，畅所欲言。

【教师总结】“无我”是政德，是人民至上的政治立场。“政在去私，私不去则公道亡。”“无我”是情怀。“不私，而天下自公。”“无我”就是“无私”，是公而忘私的共产主义情怀。“无我”是境界。“无我”是为了“为民”，这是一种崇高的境界。全心全意为人民服务是我们党的宗旨；为中国人民谋幸福，为中华民族谋复兴，是中国共产党人的初心和使命。“不要人夸颜色好，只留清气满乾坤。”“无我”，才能俯仰无愧于天，行止无愧于地，堂堂正正立于天地之间。作为人民领袖，习近平总书记爱国胜过爱家、爱民胜过爱己。这种为党、为国、为民的崇高风范和真挚情怀激励着党心民心，让党更自信、人民更自信。习近平总书记是我们青年人的榜样，他的奋斗故事启发我们作为当代大学生思考人生问题，要把个人理想融入民族复兴伟大理想和中国特色社会主义思想，将自己的小我融入祖国的大我、人民的大我之中，把自己的人生追求同社会的发展进步紧密结合起来，在为社会作贡献的过程中成长进步，勇做走在时代前列的奋进者、开拓者、奉献者，将小我和大我更好地统一起来，实现自己的人生价值。2014 年 5 月 4 日，习近平总书记在北京大学师生座谈会上的讲话中强调：“是非明，方向清，路子正，人们付出的辛劳才能结出果实。面对世界的深刻复杂变化，面对信息时代各种思潮的相互激荡，面对纷繁多变、鱼龙混杂、泥沙俱下的社会现象，面对学业、情感、职业选择等多方面的考量，一时有些疑惑、彷徨、失落，是正常的人生经历。关键是要学会思考、善于分析、正确抉择，做到稳重自持、从容自信、坚定自励。要树立正确的世界观、人生观、价值观，掌握了这把总钥匙，再来看看社会万象、人生历程，一切是非、正误、主次，一切真假、善恶、美丑，自然就洞若观火、清澈明了，自然就能作出正确判断、作出正确选择。正所谓‘千淘万漉虽辛苦，吹尽狂沙始到金’。”青年要养成正确价值观，必须要明辨。青年必须要认清一时的疑惑、彷徨和失落都是正常的人生经历，关键是要掌握正确价值观这把人生“总钥匙”，以敏锐的双眼、理性的思维、从容的心态、足够的定力，明辨是非，认清方向，选准正道，坚定不移地沿着“向上、向善”的人生轨道成长。习近平总书记将“三观”比作人生的总钥匙，我们从中可以看到“三观”对于一个人，尤其是对我们青年大学生而言其重要性更是不言而喻。2019 年 1 月 17 日，习近平总书记在天津南开大学参观百年校史主题展览时寄语南开师生“只有把小我融入大我，才会有海一样的胸怀，山一样的崇高，希望你们脚踏实地，在新的起点作出你们这一代人的历史贡献”。2020 年 3 月 6 日，国务院新闻办公室在湖北武汉召开新闻发布会，中央指导组成员、国务院副秘书长介绍，在抗击疫情的斗争中，以“90 后”为代表的青年一代挺身而出，在 4.2 万多名驰援湖北的医务人员中，就有 1.2 万多名是“90 后”，其中相当一部分还是“95 后”甚至“00 后”。不仅仅是医务人员，在广大社区工作者、公安干警、基层干部、志愿者以及方方面面的抗疫一线工作者中，也有很多“90 后”的身影。他们在火线上激扬青春力量，以行动书写青春篇章，以无私无畏的精神放射出新时代中国年轻一代的荣光。在抗疫的洗礼与淬炼中，广大青年特别是青年党员始终牢记习近平总书记关于“革命理想高于天”的谆谆教诲，把小我融入祖国的大我、人民的大我之中，与时代同步伐、与人民共命运，用实际行动擦亮对祖国和人民的赤子之心，向党和人民作出了最有力、最坚定的信仰宣誓。大学时期是世界观、人生观、价值观形成的关键时期。大学生应深入领会马克思主义关于人生问题的基本理论，准确掌握面对和解决人生问题的科学方法，树立正确的人生观，为创造有意义、有价值的人生奠定良好的基础。

三、人生价值的评价与实现

【课堂视频回顾】

用 PPT 展示并回顾“人生价值的评价与实现”的课前教学视频的讲授内容。

（一）厘清几个概念

1. 价值：从认识论上来说，是指客体能够满足主体需要的效益关系，是表示客体的属性和功能与主体需要之间的一种效用、效益或效应关系的哲学范畴。

2. 价值观：对什么是价值、怎样评判价值、如何创造价值等问题的根本观点和看法。

3. 人生价值：人的生活实践对于社会和个人所具有的作用和意义。

4. 人生价值观：人们在认识、评价人生活动所具有的价值属性时所持有的根本观点和看法。

（二）正确评价人生价值

回顾几个相关概念：人的本质是什么？人的本质属性是什么？衡量人生价值的标准最重要的什么？人的本质是各种社会关系的总和。人的本质属性社会性决定了人生的社会价值。我们评价人生价值的根本尺度是看一个人的人生活动是否符合社会发展的客观规律，是否通过实践促进了历史的进步。评价人生价值的基本尺度是看其所付出的劳动和作出的贡献。因此，衡量人生价值的根本标准就是看一个人是否以自己的劳动和聪明才智为中国特色社会主义真诚奉献，为人民群众尽心尽力服务。爱因斯坦认为，一个人的价值，应当看他贡献什么，而不是看他取得什么。客观、公正、准确地评价社会成员人生价值的大小，除要掌握科学的标准外，还需要掌握恰当的评价方法，做到三个“坚持”。

1. 坚持能力有大小与贡献须尽力相统一。世界人口有近 80 亿，中国人口有近 14 亿，这当中的绝大部分人终将是平凡的普通人，那么是否这些人都没有存在的意义和价值呢？每个人的职业不同、能力大小不同，对社会贡献的绝对量也不尽相同，不能简单地认为能力大、贡献多的人就实现了人生价值，能力小、贡献少的人就没有实现人生价值。考察一个人的人生价值，需要把个人对社会的贡献同他的能力以及与能力相对应的职责联系起来。2020 年初，一场突如其来的疫情防控阻击战在中华大地骤然打响。这是一场没有硝烟的战争，我们的钟南山、李兰娟院士力挽狂澜，扭转局势，医护人员、人民子弟兵、党员干部、民警、志愿者、基层工作者、农民工、环卫工人乃至全中国的男女老少纷纷投入疫情阻击战中，有力的出力、有钱的出钱、有物的出物，甚至因此献出生命，而我们普通百姓纷纷自觉居家隔离不给国家添乱。虽然能力有大小，但是都为国家做出了自己的一分贡献。一名教师教书育人，一名医生救死扶伤，一名快递员及时完好派件，一名司机安全送达乘客，一名环卫工人环境保洁……任何人只要在自己的岗位上尽职尽责、兢兢业业，我们就应该对他的人生价值给予积极肯定的评价。

2. 坚持物质贡献与精神贡献相统一。人的生产劳动是物质生产劳动和精神生产劳动的统一及两种生产劳动成果的相互转化。社会的发展与进步是物质文明和精神文明的共同发展与进步。物质贡献是有形的，容易被人们看到；但精神贡献是无形的，在评价人生价值时，人们往往容易忽视精神方面表现出来的崇高境界。《感动中国》是中央电视台倾力打造的一个精神品牌栏目，是以“感动公众、感动中国”为主题的颁奖节目。《感动中国》节目播放十几年来向全国观众推出了许多人物，他们来自社会的各个阶层和各个领域，有名人、有学者、有工人、有农民……每个人物身上都有一种让观众感到心灵震撼的精神力量，他们是新时代践行社会主义核心价值观的鲜活的道德楷模，他们高尚的思想道德向全社会传递着正能量，对社会产生着深刻久远的影响，对社会的进步具有特殊的意义和无法估量的价值。

3. 坚持完善自身与贡献社会相统一。人生价值是社会价值和自我价值的统一。人生的社会价值是实现人生自我价值的基础，评价人生价值的大小应主要看一个人对社会所做的贡献，但这并不意味着要否认人生的自我价值。人的自我完善和全面发展、人生自我价值的实现，是社会发展的根本目标；而人生自我价值的实现，又有助于个体为社会创造更大的价值。我们所要反对的是现实社会中那些一心谋求自身发展，而忽略自身所要承担社会责任的人。2018 年 10 月 17 日，教育部高等教育司司长在华中师范大学第四届教学节开幕式所做的报告中提出，当前高等学校中个别教师存在“认认真真地培养自己，稀里糊涂地培养学生”的现象。这种不把教书育人放在第一位，而一心只寻求自身发展、只追求自我利益和价值的老师是不合格的、不称职的，也就更不是一个好老师。

（三）人生价值的实现条件

人们的实践活动从来都不是随心所欲的，任何人都只能在一定的主客观条件下去实现自己的人生价值。因此，正确把握人生价值实现的条件至关重要。

1. 要从社会客观条件出发。人生价值是在社会实践中实现的，人的创造力的形成、发展和发挥都要依赖于一定的社会客观条件。在人类历史上，许多有抱负、有才能的人之所以未能实现自己的人生价值追求，就是因为缺乏一定的社会客观条件。幸运的我们生活在一个美好的新时代，它为大学生成长成才、勤学报国提供了广阔的舞台和无限的机遇。每一代青年都有自己的际遇和机缘，都需要在自己所处的时代条件下谋划人生、创造历史，珍惜时代为我们创造的有利条件和机遇，在激扬青春、开拓人生、奉献社会的进程中书写无愧于时代的壮丽篇章。

2. 要从个体自身条件出发。我是谁？我要做什么？我能做什么？我有什么？我没有什么？你对自己了解有多少？人的自身条件往往有一定的差异，每个人都有自己的长处和弱点。一个人认清自身条件并从个体条件出发是何其困难又是何等重要。据记载，有人问苏格拉底：“世上何事最难？”答曰：“认识你自己。”老子有言：“知人者智，知己者明。”《孙子兵法》对这一哲理思想的延伸形成了“知己知彼，方能百战百胜”的军事战术。诚然，人都不是完美的，不可能样样精通，而寻找到自己的优势，并将其发扬光大，这就是成功之道。作为当代大学生，我们既不能妄自尊大、不可一世，也不能妄自菲薄、自我否定，而应针对自己成长成才的实际过程，注重完善知识结构、丰富社会实践，坚持实事求是的原则，努力客观地认识自己，准确把握影响人生价值实现的自身条件。

3. 不断增强自身的能力和本领。人在实现人生价值的过程中不可避免地要受到客观条件的限制，但这并不是说，人的主观努力就不起作用。事实上，个人的主观努力在相当大的程度上决定着人生价值实现的程度。人生的黄金时期在青年，青年处于人生的积累阶段，青年时期的学识基础厚不厚实，影响甚至决定其一生。广大青年要惜时如金，下一番心无旁骛、静谧自怡的功夫，要自觉加强学习，不断增强本领，既多读有字之书，也多读无字之书，注重学习人生经验和社会知识；既扎实打牢基础知识，又及时更新知识；既刻苦钻研理论，又积极掌握技能；既要得到真学问，也要练就真本领，不断提高与时代发展和事业要求相适应的素质和能力。2013 年 5 月 4 日，习近平总书记在同各界优秀青年代表座谈时的讲话中寄语广大青年：“学习是成长进步的阶梯，实践是提高本领的途径。青年的素质和本领直接影响着实现中国梦的进程。古人说：‘学如弓弩，才如箭镞。’说的是学问的根基好比弓弩，才能好比箭头，只要依靠厚实的见识来引导，就可以让才能很好发挥作用。青年人正处于学习的黄金时期，应该把学习作为首要任务，作为一种责任、一种精神追求、一种生活方式，树立梦想从学习开始、事业靠本领成就的观念，让勤奋学习成为青春远航的动力，让增长本领成为青春搏击的能量。”

【课堂测试二】

爱因斯坦说：“我评定一个人的真正价值只有一个标准，即看他在多大程度上摆脱了自我。”对此，正确的理解是（　　）。

A. 人生价值的大小主要看社会对他的满足程度

B. 评价一个人的人生价值主要考察他对社会的贡献大小

C. 对社会贡献越大，摆脱“自我”程度也就越大，个人的人生价值就越大

D. 人生价值的大小取决于“自我”价值实现的程度

【答案及解析】

本题答案为 BC。人生的社会价值是实现人生自我价值的基础，评价人生价值的大小应主要看一个人对社会所做的贡献。

【课堂测试三】

人们的实践活动从来都不是随心所欲的，任何人都只能在一定的主客观条件下去实现自己的人生价值。因此，正确把握人生价值实现的条件至关重要，这些条件包括（　　）。

A. 要从社会客观条件出发

B. 要从个体自身条件出发

C. 要不断增强实现人生价值的能力和本领

D. 要从个体需要出发

【答案及解析】

本题答案为 ABC。个体离不开社会，人生价值是在个人与社会的统一中实现的，既需要社会提供客观条件，也需要从自身条件出发，不能只从个体的需要出发。

【课堂探究活动二　故事感悟】

青春励志故事

案例一：浙江大学男神胡一捷的励志故事

胡一捷，一名浙江大学竺可桢学院的学生，浙江大学校拍栏目的创始人，国内校园潮牌 OMC 浙江大学负责人，2013 年 AIESEC 组织树兰中学国际夏令营总负责人。震惊大家的是他的一份密密麻麻的作息表，这份作息表的安排，从每天早上 6 点开始，一直到晚上 12 点半，一周每个时段的学习内容都精确到几点几分，学习状态可谓是争分夺秒。这位学霸除了学习好，他还很会玩，开飞机，玩潜水，自创潮牌服装，学习国画书法 14 年，爱好摄影……他似乎优秀得让人不敢相信。胡一捷说：“刻苦、自律，这是我的个人选择。我见过的优秀的人才很多，更清楚自己的一些成绩是微不足道的，更不要说我先天条件也不是最好的。这样的压力，要转化成前进动力，因此我更要自律、刻苦。自律其实会带来快乐。因为自律是最简单但又是最难的事情。如果每天都能早起，

那么每天就都会有成就感。这种成就感虽然小，但是可以积累，就跟天天去健身一样。即便你今天什么都没做，也不会觉得碌碌无为，至少早起了。自律其实可以让人更快乐，而快乐不正是每个人一直去寻找的东西吗？”

（本案例改编自《浙大男神学霸作息表震惊很多人　精确到分钟》，安徽网，2017年1月6日）

案例二：耶鲁大学“村官”秦玥飞的传奇故事

秦玥飞，一名美国耶鲁大学毕业的大学生“村官”，“感动中国2016年度人物”十大人物，现为湖南省衡山县福田铺乡白云村大学生“村官”、黑土麦田公益（Serve for China）联合发起人。大学毕业时，秦玥飞选择回到祖国农村服务，至今已是第八个年头。2011年，秦玥飞到衡山县贺家乡任大学生“村官”，为当地改善水利灌溉系统，硬化道路，安装路灯，修建现代化敬老院，为乡村师生配备平板电脑开展信息化教学；2013年被评为央视“最美‘村官’”，立个人一等功一次；2014年服务期满，秦玥飞认为“输血”并非最可持续的乡村发展模式，放弃提拔机会，转至白云村续任大学生“村官”，用“造血”方式建设乡村。他带领村民创办农民专业合作社发展山茶油产业，通过创业创新为当地创造可持续发展动力。为吸引更多优秀人才服务乡村，秦玥飞与耶鲁中国同学发起了“黑土麦田公益”项目，招募支持优秀毕业生到国家级贫困县从事精准扶贫和创业创新。2017年8月，第二个大学生“村官”任期结束，当选为全国人大代表的秦玥飞再次婉拒了组织上的提拔。他说：“起初，是理想和情怀推动着我投身农村，可当我真正到了农村，我才明白，我不是为了什么大道理在做这件事，而是为了脚下这片土地和这片土地上劳作生活的人。这六年我过得很开心，我的价值在农村，这条路才刚刚开始走，还要继续。”

（本案例改编自《感动中国2016年度人物揭晓　湖南有俩：秦玥飞　张超》，《湖南日报》，2017年2月10日）

【设问思考】看了这两则同龄人的故事对我们有什么启发？

【讨论交流】分组讨论，畅所欲言。

【教师总结】广大青年生逢其时，也重任在肩，今天的你们作为一名新时代的大学生应该以胡一捷为榜样，认清自己的优势与不足，在菁菁校园胸怀大志、励志勤学、练就本领。“非学无以广才，非志无以成学。”勤学，就是要下得苦功夫，求得真学问。为学之要贵在勤奋、贵在钻研、贵在有恒。鲁迅先生说过，“哪里有天才，我是把别人喝咖啡的工夫都用在工作上的”。大学阶段，“恰同学少年，风华正茂”，有老师指点，有同学切磋，有浩瀚的书籍引路，可以心无旁骛地求知问学。此时不努力，更待何时？现在你站在什么位置并不重要，重要的是坚定前进的方向。未来的你们应该以秦玥飞为榜样，把学到的本领奉献给祖国和人民，把视线投向国家发展的航程，把汗水洒在艰苦创业的舞台，到基层去、到西部去、到祖国最需要的地方去，做成一番事业，做好一番事业，在为人民服务的社会实践中创造人生价值。同人民一道拼搏、同祖国一道前进，服务人民、奉献祖国，这才是当代中国青年的正确方向。只有进行了激情奋斗的青春，只有进行了顽强拼搏的青春，只有为人民作出了奉献的青春，才能留下充实、温暖、持久、无悔的青春回忆。因此，希望广大青年到基层和人民中去建功立业，让青春之花绽放在祖国最需要的地方，在实现中国梦的伟大实践中书写别样精彩的人生。

【主题小结】人生的意义，需要从人生价值的角度进行审视和评价。对人生价值及其相关问题的正确认识，是人们自觉朝着选定的目标努力，以全部的情感、意志、信念去创造有价值的人生的重要前提。大学时期是世界观、人生观、价值观形成的关键时期。大学生应深入领会马克思主义关于人生问题的基本理论，准确掌握面对和解决人生问题的科学方法，树立正确的人生观，明确人生目的、端正人生态度、认识人生价值，立志在实践中创造有价值的人生，为创造有意义、有价值的人生奠定良好的基础。

【课后思考】结合联合国秘书长青年特使办公室在联合国网站推荐的全球 10 位年轻人参与抗疫的故事，请大家思考什么样的人生是有意义的，如何才能实现人生的价值。

主题三：创造有价值人生

【课堂导问】

· 新时代大学生会面临哪些人生矛盾？如何辩证对待人生矛盾？

· 怎样的人生是有价值的？如何才能创造有价值的人生？

· 错误的人生观有哪些？如何抵制错误的人生观？

一、辩证对待人生矛盾

【课堂视频回顾】

用 PPT 展示并回顾“辩证对待人生矛盾”的课前教学视频的讲授内容。

（一）树立正确的幸福观

同学们，你感觉幸福吗？你认为幸福是什么？中央电视台曾推出《走基层·百姓心声》调查节目，深入基层对几千名来自不同行业的人进行采访。一时间，“幸福”一词成为媒体热词，也引发了中国人对幸福的思考。面对这突如其来的问题，受访者给了不同的回答。由于历史条件不同，人们的需要和利益不同，阶级立场不同，人们的价值观往往不一样。到底什么是幸福？古希腊先哲亚里士多德从快乐与幸福的辩证关系中诠释了幸福的内涵。他认为快乐是幸福的应有之义，但快乐和幸福并不是等同的，快乐只是一种伴随性、消费性东西，它源于欲望的满足，产生于官能的实现，总是被一次性消费掉而不留下任何有意义的东西。与快乐相比，幸福是非消费性的，它会以纯粹意义的方式被保存积累，会永远成为一个人生活在世界中抹不掉的一层意义。如果生活中缺少快乐，那么这样的生活只是可怜。但是，如果生活中缺少幸福，那么这样的生活是毫无意义的。

正确的幸福观应该是这样的：首先，认识到幸福是一个总体性范畴，家庭和睦、职业成功、行为正当、人格完善等都是幸福的重要因素。人世间的一切幸福都需要靠辛勤的劳动来创造。其次，实现幸福离不开一定的物质条件，但人的幸福又不能仅仅局限于物质方面，精神需要的满足、精神生活的充实也是幸福的重要方面。在追求物质生活水平的同时，要更加注重追求德性和高尚的人格，注重追求健康向上的精神生活。最后，在追求幸福的过程中，我们不能把自己的幸福建立在损害社会整体和他人利益的基础上。相反，只有在为社会做贡献、为他人服务的过程中，我们才能获得幸福所需要的环境和条件，产生更大的幸福感，从而实现个人幸福与社会进步的相互促进。

（二）树立正确的得失观

大家知道“塞翁失马”的故事吗？它带给我们什么启示？人生之路何其漫长，得与失不能过早下结论，今日的得或许会成为明日的失，今日的失也可能成为明日的得，我们要以积极进取的态度去面对生活中的成败得失。树立正确的得失观，首先不要拘泥于个人利益的得失，个人利益的得失只能部分地衡量人生价值的大小。其次不要满足于一时的得。一个人如果总是满足于一时的得，往往就会停步在小小的成功和已有的成绩之上，放弃努力，以致造成最后的失败。生活从不眷顾因循守旧、安于现状者，从不等待不思进取、坐享其成者，而是将更多机遇留给善于和勇于创新创造的人们。再次不要惧怕一时的失。有时得到的不一定是好事，失去了也不一定是坏事。在失意之际坚持不懈，在坎坷之时不断努力，这样的人生才更有意义。

（三）树立正确的苦乐观

同学们，今天再提起长征大家有何感想？毛泽东的《七律·长征》创作于长征即将胜利之际，诗中既描写了长征的艰险与不易，也描写了即将夺取胜利的喜悦心情，阐明了苦与乐的辩证统一关系。长征的苦自然是不言而喻的，长征途中平均每300米就有一名红军牺牲。英雄的红军，血战湘江，四渡赤水，巧渡金沙江，强渡大渡河，飞夺泸定桥，鏖战独树镇，勇克包座，转战乌蒙山，击退上百万的追兵阻敌，征服空气稀薄的冰山雪岭，穿越渺无人烟的沼泽草地，纵横十余省，长驱二万五千里。“艰难困苦，玉汝于成。”长征历时之长、规模之大、行程之远、环境之险恶、战斗之惨烈，在中国历史上是绝无仅有的，在世界战争史乃至人类文明史上也是极为罕见的。长征也有乐，一群人为了共同的坚定的理想信念，彼此不离不弃，惺惺相惜，并肩作战，享受会师成功后的喜悦为一乐，得到沿途人民群众的支持和支援为一乐，但是这些“乐”并非安逸享乐，而是一种“乐于吃苦、不惧艰难”的革命乐观主义精神，没有他们曾经的苦就没有我们今天的乐。同样，不经历风雨怎能见彩虹，不经历人生的苦难，怎能享受到人生的乐趣？习近平总书记青年时期在陕西省延川县文安驿公社梁家河大队插队的那几年里，经历了许多前所未有的挑战，艰苦的环境、繁重的劳动没能让他退缩，最终成就了非凡的人生。

习近平总书记在2013年五四青年节在同各界优秀青年代表座谈时所说的一样：“无数人生成功的事实表明，青年时代，选择吃苦也就选择了收获，选择奉献也就选择了高尚。青年时期多经历一点摔打、挫折、考验，有利于走好一生的路。”高尚的苦乐观，其实就是为了崇高理想信念而不怕吃苦、乐于吃苦的乐观主义精神。

（四）树立正确的顺逆观

同学们，你有没有曾感觉生命艰难？你绝望过吗？你想过放弃吗？顺境和逆境是人生历程中两种不同的境遇。在顺境中前进，如同顺水行舟，天时、地利、人和等有利因素，使人们更容易接近和实现目标。但是，顺境中的宽松气氛、优越条件，又容易使人自满自足，意志衰退。在逆境中奋斗，更容易得到顺境难以得到的获得感和成就感。逆境的恶劣环境，对于挑战者而言，可以磨炼意志、陶冶品格、积累战胜困难的经验、丰富人生阅历。顺势而快上，乘风而勇进，这是身处顺境的学问，是善于抓住机遇不断丰富与完善自己的途径；处低谷而力争，受磨难而奋进，这是身处逆境的学问，是将压力变成动力之所为。

在人生旅途中没有永远的顺境，也没有永远的逆境。因此，无论是顺境还是逆境，对人生的作用都是双重的，关键是人们怎样去认识和对待它们。只有善于利用顺境，勇于正视逆境和战胜逆境，人生价值才能得以实现。成功的背后，永远是艰辛努力。青年要把艰苦环境作为磨炼自己的机遇，把小事当作大事干，一步一个脚印往前走。滴水可以穿石。只要做到坚韧不拔、百折不挠，成功就一定在前方等你。

（五）树立正确的生死观

同学们，你会不会为了拯救国家或他人的生命财产而奋不顾身？这就涉及生死观的问题，生与死是贯穿人生始终的一对基本矛盾。从一定意义上说，正是因为生命短促，每个人只有一次生命，才更显示了人生的弥足珍贵。而如何认识和对待生与死，则体现了一个人人生境界的高低。人的生命有两种状态：自然状态与社会状态。自然状态的生死是我们必然要经历的过程，生命有开始就有结束，这是生命的定数，是这个世界游戏规则的一部分，即生命到了这里，就该让它自然地离开。不过肉体的消灭并不等于生命的完全消逝，因为生命除肉体之外，还有另一种形态的“存在”：以精神和价值的形式而存在，这是人之所以为人的根本所在，面对自然状态的生死，我们应不忧死、不惧死。人的一生好比一粒种子，生根发芽、开花结果、瓜熟蒂落般的自然而然，因此，当面对民族大义时，我们应该讲担当、讲责任、讲有为。

人的生命是有限的，而生命的价值是无限的。我们无法增加生命的长度，但却能追求生命应有的高度。大学生应珍惜韶华，在服务人民、投身民族复兴的伟大事业中开发出生命所蕴含的巨大潜能，努力给有限的个体生命赋予更有价值的意义。

（六）树立正确的荣辱观

中国是一个十分看重“礼义廉耻”的文明国度，荣辱是一对基本道德范畴，在当今时代到底什么是“荣”，什么是“耻”?“荣”即荣誉，是指社会对个人履行社会义务所给予的褒扬与赞许，以及个人所产生的自我肯定性心理体验；“辱”即耻辱，是指社会对个人不履行社会义务所给予的贬斥与谴责，以及个人所产生的自我否定性心理体验。荣辱观是人们对荣辱问题的根本看法和态度，是一定社会思想道德原则和规范的体现和表达。古人向来知荣知耻，孔子的“行己有耻”，孟子的“无羞恶之心，非人也”，管仲的“礼义廉耻，国之四维”，都把知耻之心与人的文明程度、社会的治乱安危紧密联系在一起。因为荣辱对个人的思想行为具有鲜明的动力、导向和调节作用。

大学生只有具备正确的荣辱观，明确是非、对错、善恶、美丑的界限，才能够在纷繁复杂的社会生活中明确应当坚持和提倡什么，反对和抵制什么，从而为自身判断行为得失，做出道德选择和确定价值取向。

【课堂测试一】

以下关于对待人生矛盾的表述错误的是（　　）。

A. 人的幸福不能局限于物质方面，精神需要的满足、精神生活的充实也是幸福的重要方面

B. 个人利益得失只能部分地衡量人生价值的大小，只有在奉献社会中才能实现更大的人生价值

C. 高尚的苦乐观，其实就是为了理想信念的乐观主义精神

D. 顺境对人的成长百利而无一弊，因此逆境不利于人的成长

E. 荣辱观对个人的思想行为具有鲜明的动力、导向和调节作用

F. 人的生命是有限的，而生命的价值是无限的。我们无法增加生命的长度，但却能追求生命应有的高度

【答案及解析】

本题答案为D。顺境和逆境是人生历程中两种不同的境遇，无论是顺境还是逆境，对人生的作用都是双重的，顺境中的宽松气氛、优越条件，容易使人自满自足，意志衰退。在逆境的恶劣环境中选择奋斗，对于挑战者而言，可以磨炼意志、陶冶品格、积累战胜困难的经验、丰富人生阅历。其关键在于怎样去认识和对待它们。

【课堂探究活动一　课堂讨论】

【设问思考】人生为了什么？怎样的人生更有价值？如何才能创造有价值的人生？

【讨论交流】分组讨论，畅所欲言。

【教师总结】对于这个问题的回答，相信不同的人会给出不同的答案，其答案对于每一个人都是至关重要的。著名作家谌容女士有一次在复旦大学演讲时有学生称自己对人生的意义感到迷茫，问：“人生到底有什么意义?”“人生没有意义。但是每个人都必须找出人生的意义来，这样才能活得有意义!”早在1950年12月初，爱因斯坦在普林斯顿收到拉特格斯大学一位19岁的大学生亲笔写来的长信，这个学生在信中说：“先生，我的问题是‘人活在世界上到底为什么?’”他排除了诸如挣钱发财、博取功名或助人为乐之类的答案，认为人活着“什么目的也没有”。爱因斯坦给出的回答是：一个人活着就应该扪心自问，我们到底应该怎样度过一生，这是一个合情合理的问题，也是一个非常重要的问题。在我看来，问题的答案应该是在力所能及的范围内尽量满足所有人的欲望和需要，建立人与人之间和谐美好的关系。这就需要大量的自觉思考和自我教育。今天我们在这里继续追问人生的意义，并非事出偶然，也并非无病呻吟，而是一个处于青年时期的年轻人需要认真思考并做出正确回答的真问题。

当今是一个人们的价值观念多向化、思想多元化的时代，确实存在着对人生意义进行认真思考的必要。我相信每一个人的初衷都想过一个有意义的人生，但为何最终却事与愿违？丰富而复杂的人生，是一个充满矛盾的过程。在创造人生的过程中，首先需要正确面对各种人生矛盾和问题。大学生的人生成长之路还很长，未来的前进途中总会遭遇诸多问题。所以大学生要科学认识实际生活中的各种问题，勇敢面对和正确处理各种

人生矛盾。

【课堂探究活动二　感悟人物故事】

世界励志人物故事

被称为世界最励志的人物，他的名字叫尼克·胡哲。他出生于澳大利亚，一出生便没有四肢。从小到大，他一直被人嘲笑挖苦，不过他从未放弃自强，从失望到绝望再到充满希望，经历了漫长挫折与黑暗，从一无所有到一无所缺。靠着自己不懈的努力，他不仅学会了生活自理，拥有两个大学学位，是两个机构的负责人，同时还投资了房地产和股票。骑马、游泳、打鼓、足球、冲浪……样样皆能。他走遍了 34 个国家，做了 1500 场演讲，出版了多本畅销书。2005 年，他出版 DVD《生命更大的目标》，同年被提名为“澳大利亚年度青年”；2008—2009 年两次来到中国各所高校举行演讲；2010 年，出版自传式书籍《人生不设限》；2011 年，做客香港凤凰卫视电视谈话性节目《鲁豫有约》；2013 年 5 月 14 日，开启东南亚巡回演讲；2014 年，出版书籍《坚强站立：你能战胜欺凌》；2015 年，出版书籍《爱情不设限》；2016 年 8 月 2 日，受邀在上海梅赛德斯奔驰中心发表主题为“英雄归来”的大型公益演讲活动，紧接着在 8 月 4 日发表主题为“我和你，童行西部”的大型公益演讲活动。他已经成为世人心目中与命运顽强斗争的象征，或者说，一尊活的雕塑。有一句话说：“当你抱怨没有鞋的时候，还有人没有脚。”而尼克不但没有脚，连双手都没有，可是他却做了那么多连肢体健全的人也无法成就的事。

（本案例改编自《没手没脚的辉煌人生：尼克·胡哲》，环京津网，2019 年 8 月 10 日）

【设问思考】尼克·胡哲的遭遇与我们所遭遇的困境相比怎样？给我们什么启发？

【讨论交流】分组讨论，畅所欲言。

【教师总结】青年在成长和奋斗中会收获成功和喜悦，但也会面临困难和压力。要正确对待一时的成败得失，处优而不养尊，受挫而不短志，使顺境逆境都成为人生的财富而不是人生的包袱。我们常常怨天尤人，认为自己总是不够幸运，不如别人出身好，不如别人机会好，当我们在为小事而抱怨时，我们可曾想过有很多人的境遇比我们糟糕却还依然乐观面对，咬牙坚持。顺境和逆境是人生历程中常有的两种不同的境遇，无论是顺境还是逆境，对人生的作用都是双重的，关键是怎样去辩证认识和对待它们。只有善于利用顺境，勇于正视逆境和战胜逆境，我们的人生价值才能够实现。2013 年 5 月 4 日，习近平总书记在同各界优秀青年代表座谈时的讲话中寄语广大青年“要历练宠辱不惊的心理素质，坚定百折不挠的进取意志，保持乐观向上的精神状态，变挫折为动力，用从挫折中吸取的教训启迪人生，使人生获得升华和超越”。2016 年 12 月 7 日，习近平总书记在全国高校思想政治工作会议上的讲话中强调：“要帮助学生锤炼坚强的意志和品格，培养奋勇争先的进取精神，历练不怕失败的心理素质，保持乐观向上的人生态度，敢于面对各种困难和挫折。”2017 年 5 月 3 日，习近平总书记在中国政法大学考察时的讲话中指出：“青年在成长和奋斗中，会收获成功和喜悦，也会面临困难和压力。要正确对待一时的成败得失，处优而不养尊，受挫而不短志，使顺境逆境都成为人生的财富而不是人生的包袱。广大青年人人都是一块玉，要时常用真善美来雕琢自己，不断培养高洁的操行和纯朴的情感，努力使自己成为高尚的人。”以上讲话无不启发着广大青年，学会正确对待一时的成败得失至关重要。

【课堂探究活动三　案例分析】

案例一：灭火英雄

2019年3月30日17时，四川省凉山州木里县境内发生森林火灾。31日下午，四川森林消防总队凉山州支队人员和地方扑火人员共689人在海拔4000余米的原始森林中展开扑救。扑火行动中，受风力风向突变影响，突发林火爆燃，瞬间形成巨大火球，在现场的扑火人员紧急避险，但仍有27名森林消防人员和3名地方扑火人员牺牲。2020年3月30日15时，西昌市突发森林火灾，凉山州宁南县宁远镇专业扑火队接到支援命令，前往集结地进行扑火作业，队伍于31日凌晨1时20分许突遇风向突变，致使现场18名扑火队员和1名向导牺牲。

（本案例改编自《四川凉山发生森林火灾，一年前31位勇士在此牺牲》，环球网，2020年3月30日）

案例二：抗疫英雄

2020年新年伊始，我国爆发了由新型冠状病毒引发的肺炎，为了对抗此次疫情，全民警戒。面对来势凶猛的疫情，医护工作者不计报酬、无论生死，国有难，召必回，战必胜，他们主动请缨、救死扶伤、迎难而上。一份份请战书，彰显着白衣战士的无畏。他们用行动，让我们看到了白衣战士的无畏、坚韧、奉献与坚守；他们用生命，来守护大众的生命。据不完全统计，至少有40名医务人员在新冠肺炎疫情期间殉职，平均年龄为49岁。

（本案例改编自《痛悼！疫情以来已至少59名医务工作者逝世，请记住这份名单》，凤凰网，2020年4月4日）

【设问思考】同学们愿意去当消防员、医生吗？在这样的生死旦夕你会选择向前冲还是向后退，你对生死有何感想？

【讨论交流】分组讨论，畅所欲言。

【教师总结】曾几何时，无数的革命先烈抛头颅、洒热血，前赴后继，用自己的生命换来了共和国的红色江山。我们忘不了毛泽东同志那段充满深情而又壮志凌云的号召：“成千上万的先烈，为了人民的利益，在我们的前头英勇地牺牲了，让我们高举起他们的旗帜，踏着他们的血迹前进吧！”在革命战争时期，为了新中国的诞生，牺牲了成千上万的革命先烈，甚至有数不清的烈士都叫不上名字，但是他们有一个共同的名字叫“人民英雄”。即使在今天的安定和平年代，为了守护我们的平安，还有许多人为之牺牲。这样的画面我们并不陌生，地震、洪灾、冰冻灾害、火灾……每一次大灾大难面前，我们总能看见一群赴汤蹈火的身影，而这群人和我们在座的各位同学年纪相仿，他们却早已将生死置之度外。

在国家出现危难之时，总有一些人挺身而出、为国效力，这样的人我们称为英雄。所谓英雄，敢为人之所不敢为，敢当人之所不敢当；所谓英雄，力挽狂澜于既倒，扶大厦于将倾；所谓英雄，坚强刚毅，屡败屡战。每个时代都有不同的英雄，革命战争年代，为人民解放战争和人民革命英勇奋斗和牺牲的人为英雄，而今和平年代，无数英雄就在我们的身边。舍小家为大家，在平凡岗位上，长年默默奉献，用崇高的善心和德行感动时代的人为英雄；国难民困之时，挺身而出，奋力一搏，唤起民众团结抗争斗志，共渡难关者为英雄；面对黑暗，面对不法，张开双臂护在民众前面，维护正义，临危不惧者为英雄；大敌当前，无论生死，一声怒吼，逆向而行，挥刀迎击，报效国家者为英雄；听党召唤，不计名利，无私忘我，冲锋在前，为国尽忠，为民造福的令人敬佩的人为英雄；面对世界竞争，刻苦钻研，艰苦训练，用一次次失败铸就成功，为国争光者为英雄。英雄这个称号并不单单属于那些建功立业、名垂青史的人，事实上，所有懂得畏惧并最后战胜畏惧的人都是英雄，包括你自己。

二、反对错误人生观

【课堂视频回顾】

用 PPT 展示并回顾“反对错误人生观”的课前教学视频的讲授内容。

是非明，方向清，路子正。由于受到国内外各种错误思潮、腐朽观念等因素的影响，现实中还存在拜金主义、享乐主义和极端个人主义等种种错误观念和看法。这些错误的人生观容易侵蚀大学生的心灵，不利于大学生树立科学高尚的人生观、价值观。大学生要学会思考、善于分析、正确抉择，认清这些错误思想观念的实质，警惕和自觉抵制它们的侵蚀。

（一）反对拜金主义

什么是拜金主义，拜金主义有什么危害？拜金主义是一种认为金钱可以主宰一切，把追求金钱作为人生至高目的的思想观念。它起源于资本主义鼓励人类追求自我利益的思想主张。拜金主义是引发自私自利、权钱交易、行贿受贿、贪赃枉法等丑恶现象的重要思想根源。我们身边那些沦为金钱奴隶的人，为了追求金钱不择手段，导致他们最终往往身陷囹圄。那么社会上哪些现象是拜金主义的表现呢？比如公务人员的政治立场不坚定，利用职务之便为自己谋私利，大搞权钱交易，贪污受贿无底线；将大款、大腕当作崇拜的偶像，将金钱、财富看成辉煌人生的象征，或者是直接通过某些特殊的方式来赚钱。诸如此类都是拜金主义的表现。

正确的金钱观应是：其一，承认金钱与人生有着密切的关系，对个人来讲，是人生幸福的重要条件，是实现人生价值的重要物质保证。其二，获得金钱的手段和途径应当是正当的、合法的。其三，金钱固然重要，然而金钱不是人生价值的全部内容，人生还应有更高尚的追求。金钱本身没有错，关键在于我们对待金钱的态度。

（二）反对享乐主义

什么是享乐主义，它的实质是什么？享乐主义是一种把享乐作为人生目的，主张人生就在于满足感官的需求与快乐的思想观念。把享乐尤其是感官的享乐当成人生的唯一目的，作为一种“主义”去诠释人生的根本意义，是对人的需要的一种错误理解。享乐主义通常与个人主义、拜金主义等挂钩，其实质为狭义的享乐，是极端享乐。享乐主义的错误实质是从人的自然本性出发，把吃喝玩乐作为人生的唯一目的和最大的乐趣，把人与动物完全等同起来。只讲生活享受，不讲财富创造，把享受与创造对立起来。享乐主义之风在当前大学生中尤为盛行，大家试分析一下：哪些行为属于享乐主义的表现呢？比如一些大学生用父母辛苦劳作挣来的血汗钱追逐名牌和奢侈品，比阔气、讲排场，在消费上超出自己的承受能力，有的甚至因此负债累累，如此一味追求物质的享受，却不讲作为和贡献的行为就是典型极端享乐主义的表现。

当然，享乐主义不等同于享乐，享乐是指人们在物质生活和精神生活上得到满足。人们通过自己劳动获得的物质和精神方面的满足是正当的。我们反对的是把物质上无止境的个人满足作为享受的全部内容和生活的唯一目的，把物质生活需要和精神生活需要割裂开来，把享受与劳动对立起来。

（三）反对极端个人主义

什么是极端个人主义，它有什么表现和危害？个人主义是以个人利益为出发点和归宿的一种思想体系和道德原则，它主张个人本身就是目的，具有最高价值，社会和他人只是达到个人目的的手段。它是一种道德的、政治的和社会的人生哲学，强调个人的自由和个人的重要性，是一种以个人为中心对待社会或他人的思想和理论观点。个人主义是生产资料私有制的产物，是资产阶级人生观的核心。极端个人主义是个人主义的一种最高表现形式，它突出强调以个人为中心，在个人与他人、个人与社会的关系上表现为极端利己主义和狭隘功利主义，我们应旗帜鲜明地予以反对。极端个人主义反映在权力运用上，突出表现为用权不公、以权谋私；感情高于原则，关系代替政策，甚至出现不给好处不办事的现象；在职务提升上，突出表现为在个人名利问题上的“盯着干、等着干、比着干”。“盯着干”就是盯着位置干，有的是职务有盼头工作才有劲头，反之职务到了头，就觉得再干也没奔头；有的是一看到有个“位置”，就觉得该是自己的，如果没有得到这个“位置”，就会埋怨领导不公。“等着干”就是消极等调职，熬年头、混日子，安心不尽心，在职不尽责。“比着干”就是在职务上盲目攀比，比高不比低，比快不比慢。在利益关系上，突出表现为过分地计较个人得失，无利不往，有利的事就干，无利的事不干，为了获利不择手段，唯利是图。

因此，我们要正确认识极端个人主义。极端个人主义是一种错误的人生观，其危害极大。受极端个人主义思想影响，一些人想要权利多，责任少；个人利益多，集体贡献少。最终导致淡化了理想信念，滋长了落后思想；淡化了服务意识，滋长了名利思想；淡化了进取意识，滋长了享乐思想；淡化了责任意识，滋长了懒惰思想。总之，极端个人主义害国、害人、害己，如果任其发展，后果将不堪设想。

【课堂测试二】

以下关于错误人生观的表述错误的是（　　　）。

A. 拜金主义是一种认为金钱可以主宰一切，把追求金钱作为人生至高目的的思想观念

B. 我们反对一切形式的享乐

C. 我们反对极端个人主义但不反对个人正当利益

D. 拜金主义、享乐主义、极端个人主义等错误的人生观出发点和落脚点都是一己之私利

【答案及解析】

本题答案为 B。享乐主义是一种把享乐作为人生目的，主张人生就在于满足感官的需求与快乐的思想观念。享乐主义的错误实质是从人的自然本性出发，把吃喝玩乐作为人生的唯一目的和最大的乐趣，把人与动物完全等同起来。只讲生活享受，不讲财富创造，把享受与创造对立起来。把自己的快乐建立在他人受苦的基础上。享乐主义是我们反对的，但是人生的正常、正当享乐是不应该反对的。

【课堂探究活动四　透视社会现象】

错误人生观的社会乱象

有些奸商为赚取钱财唯利是图，不择手段，将消费者的生命健康至若惘然，比如前有“三鹿奶粉”，后有长春“长生假疫苗”事件，今有“权健假保健品”坑人性命。2020 年在全民“抗疫”的过程中，有的人不带口罩擅自外出还叫嚣，有的人隐瞒自己的行程和病史致使多人感染，有的人故意将唾沫涂抹在公共区域造成公共危险等都是极端个人主义的表现。诸如此类把个人价值看得高于一切，把个人的特殊利益凌驾于社会公共利益和他人利益之上，为达到个人目的，甚至不惜损害和牺牲社会公共利益和他人利益的行为都是极端个人主义的表现。

（本案例改编自《〈人民日报〉评“权健事件”：保健品，别随便“忽悠”成药》，中国青年网，2019 年 1 月 7 日）

【设问思考】我们身边类似现象的并不鲜见，我们应该如何看待？

【讨论交流】大家分组讨论，畅所欲言。

【教师总结】这些行为都是错误人生观的集中体现，没有正确把握个人与社会的辩证关系，忽视或否认社会性是人的存在和活动的本质属性，对人的需要的理解极端、狭隘和片面，其出发点和落脚点都是一己之私利。大学生应当顺应时代潮流，在科学理论的指导下，认清这些错误思想和腐朽观念的实质，选择并追求高尚的人生目的，在服务人民、奉献社会的人生实践中不断完善自我、创造人生的美好价值。

三、成就出彩人生

【课堂视频回顾】

用 PPT 展示并回顾“成就出彩人生”的课前教学视频的讲授内容。

社会实践是青年锻炼成长的有效途径，是实现人生价值的必由之路。所有知识要转化为能力，都必须躬身实践。要坚持知行合一，注重在实践中学真知、悟真谛，加强磨炼、增长本领。当代大学生应担当起新时代赋予的历史责任，与历史同向、与祖国同行、与人民同在，在服务人民、奉献社会的实践中创造有意义的人生。

（一）与历史同向

历史车轮滚滚向前，时代潮流浩浩荡荡。习近平总书记强调“历史是最好的教科

书”。2015 年 3 月 28 日，国家发展改革委、外交部、商务部联合发布了《推动共建丝绸之路经济带和 21 世纪海上丝绸之路的愿景与行动》。2017 年 11 月 30 日下午，共青团中央在对外经济贸易大学发布 2017 年全国大学生“一带一路”暑期社会实践专项行动十大成果。这一社会实践专项行动以“丝路新世界・青春中国梦”为主题，由中国大学生“一带一路”协同发展行动中心组织开展，实践以“一带一路”政策为核心，共包括 5 个分项活动和 2 个“一带一路”青年先锋夏令营。这一社会实践专项行动自 2017 年 6 月启动以来，全国共有来自 24 个地区，包括清华大学、中国人民大学、南开大学、复旦大学、海南大学、同济大学、西安交通大学在内的近 500 所高校的 1300 多支团队参与活动。在两个多月的时间里，12000 余名大学生对“一带一路”沿线的国内 30 多个省市、境外 20 多个国家就“一带一路”相关内容进行了走访。这一社会实践专项行动结束时，共回收实践调查报告和实践故事等文字材料 3800 余篇，实践照片 1.1 万余张，实践纪录片 1488 部，并且随着实践规模的逐年增长，其实践成果质量明显提高，实践的社会影响力也有了显著提升。

历史总是要前进的，历史只会眷顾坚定者、奋进者、搏击者，而不会等待犹豫者、懈怠者、畏难者。只有与历史同步伐、与时代共命运的人，才能赢得光明的未来。新时代要有新气象，更要有新作为。当代大学生要正确认识世界和中国的发展大势，尊重顺应历史的选择和人民的选择，准确把握中国发展的重要战略机遇期，提升民族自信心，增强时代责任感，与历史同步伐，与时代共命运。

（二）与祖国同行

青年只有自觉将人生目标同国家和民族的前途命运紧紧联系在一起，才能最大限度地实现人生价值。回溯历史五四运动时期，青年学生勇立时代潮头，为救亡图存奔走呐喊；新民主主义革命时期，为国捐躯的青年典范不胜枚举；中华人民共和国成立以来，更有无数青年学生积极投身社会主义现代化建设事业，展现时代风貌，勇于开拓进取。新中国成立之初，百废待兴，青年科学家邓稼先、钱学森、朱光亚等一批在海外学习和工作的科学家纷纷响应新中国的号召，冲破重重阻挠，毅然归国，为祖国建设鞠躬尽瘁。2008 年北京奥运青年志愿者彰显青春精神，志愿服务奥运。2010 年上海世博青年志愿者无私奉献、忘我付出、团结协作、热情服务，让世博会有了一个良好的开局，让世博会的“成功、精彩、难忘”有了最生动的体现。2020 年在全民抗击疫情的战场上，广大“90 后”“00 后”青年作为医护人员、人民子弟兵、民警、志愿者、社区工作人员纷纷以英勇无畏的姿态参与战“疫”，成为我们打赢疫情防控阻击战的一股主力军，彰显出了新时代青年的磅礴力量。在国家需要的时候，他们挺身而出，从昔日长辈眼中的孩子转变成为“共和国”的脊梁。

青年兴则国兴，青年一代有理想、有本领、有担当，国家就有前途、民族就有希望。代表广大青年、赢得广大青年、依靠广大青年是我们党不断从胜利走向胜利的重要保证。中华民族伟大复兴的中国梦也终将在一代代青年的接力奋斗中变为现实。

（三）与人民同在

在《神圣家族》一书中，马克思、恩格斯明确指出，“历史活动是群众的事业”，决定历史发展的是“行动着的群众”。人民群众是历史的创造者，是国家的主人。人民群众既是物质财富的创造者，也是精神财富的创造者，更是社会变革的决定性力量。亿万中国人民的行为所形成的合力，就是推动中国历史前进不可抗拒的动力。群众路线是毛泽东思想三个活的灵魂之一，是我们党的生命线和根本工作路线，也是加强社会治理创新的制胜秘诀。坚持党的群众路线，是党在长期革命和建设中制胜的法宝，更要在新形势下发扬光大。国家主席习近平在十三届全国人大一次会议闭幕会上发表的讲话中多次提及“人民”一词：“人民是历史的创造者，人民是真正的英雄。波澜壮阔的中华民族发展史是中国人民书写的！博大精深的中华文明是中国人民创造的！历久弥新的中华民族精神是中国人民培育的！中华民族迎来了从站起来、富起来到强起来的伟大飞跃是中国人民奋斗出来的！”中国人民是具有伟大创造精神的人民，中国人民是具有伟大奋斗精神的人民，中国人民是具有伟大团结精神的人民，中国人民是具有伟大梦想精神的人民。2000年，为响应国家西部大开发号召，河北保定学院的15名毕业生放弃工作和深造机会，到万里之遥的新疆且末县中学任教，在大漠写就青春篇章。2014年，习近平总书记给他们回信时指出，同人民一道拼搏、同祖国一道前进，服务人民、奉献祖国，是当代中国青年的正确方向。好儿女志在四方，有志者奋斗无悔。希望越来越多的青年人以你们为榜样，到基层和人民中去建功立业，让青春之花绽放在祖国最需要的地方，在实现中国梦的伟大实践中书写别样精彩的人生。新时代的青年儿女，志在四方、奋斗无悔，只有把“爱国”二字刻写在心间、落实于行动，才能在实现中国梦的伟大实践中书写精彩人生。一代青年有一代青年的历史际遇。我们的国家正在走向繁荣富强，我们的民族正在走向伟大复兴，我们的人民正在走向更加幸福的美好生活。当代中国青年要有所作为，就必须投身人民的伟大奋斗。同人民一起奋斗，青春才能亮丽；同人民一起前进，青春才能昂扬；同人民一起梦想，青春才能无悔。大学生要在为人民群众服务、实现人民群众利益的过程中实现人生价值。只有走与人民群众相结合的道路，向人民群众学习，从人民群众中汲取营养，做中国最广大人民根本利益的维护者，坚持与祖国同行、为人民奉献，以青春梦想、用实际行动为实现中国梦作出更多贡献，才能使自己的人生大有作为。

【课堂测试三】

以下关于人生价值的实现表述正确的是（　　）。

A. 人民群众是历史的创造者，是国家的主人。人民群众既是物质财富的创造者，也是精神财富的创造者，更是社会变革的决定性力量

B. 青年只有自觉将人生目标同国家和民族的前途命运紧紧联系在一起，才能最大限度地实现人生价值

C. 历史总是要前进的，历史只会眷顾坚定者、奋进者、搏击者，而不会等待犹豫者、懈怠者、畏难者

D. 社会实践是青年锻炼成长的有效途径，是实现人生价值的必由之路

【答案及解析】

本题答案为ABCD。社会实践是青年锻炼成长的有效途径，是实现人生价值的必由之路。所有知识要转化为能力，都必须躬身实践。要坚持知行合一，注重在实践中学真

知、悟真谛，加强磨炼、增长本领。当代大学生应担当起新时代赋予的历史责任，与历史同向、与祖国同行、与人民同在，在服务人民、奉献社会的实践中创造有意义的人生。

【课堂探究活动五　“习”语赏析】

党中央关心青年成长成才纪实

青春理想，青春活力，青春奋斗，是中国精神和中国力量的生命力所在。党的十八大以来，以习近平同志为核心的党中央站在党和国家事业发展薪火相传、后继有人的战略高度，关心青年成长进步。从事关国家、民族前途命运的高远视角，为青年和青年工作举旗定向、掌舵领航，为新时代党的青年工作指明前进方向，感召和激励广大青年接过历史的接力棒，为决胜全面建成小康社会、夺取新时代中国特色社会主义伟大胜利、实现中华民族伟大复兴的中国梦不懈奋斗。为鼓励更多青年服务人民、奉献社会，习近平总书记多次致信关心指导，勉励青年志愿者不断弘扬志愿精神——在给华中农业大学“本禹志愿服务队”的回信中，总书记希望他们坚持与祖国同行、为人民奉献，以青春梦想、用实际行动为实现中国梦作出新的更大贡献。在给“郭明义爱心团队”的回信中，总书记希望他们以实际行动书写新时代的雷锋故事，为实现中国梦有一分热发一分光。在给中央民族大学附属中学学生的回信中，总书记希望大家努力成为建设伟大祖国、建设美丽家乡的有用之才、栋梁之材，为促进民族团结进步、实现共同繁荣发展作出应有贡献。在给全体在德留学人员的回信中，总书记希望广大海外学子秉持崇高理想，在中国人民实现中国梦的伟大奋斗中实现自身价值，努力书写无愧于时代的华彩篇章。在给全国青联十二届全委会和全国学联二十六大的贺信中，总书记指出：同人民一同奋斗青春才会亮丽；同人民一起前进，青春才能昂扬；同人民一起梦想，青春才能无悔。一封封回信可以读出党和国家对青年寄望之深。在给北京大学援鄂医疗队“90后”党员回信中，总书记勉励广大青年不惧风雨、勇挑重担，让青春在党和人民最需要的地方绽放绚丽之花。总书记的深情寄语和殷切嘱托，激励着各条战线上的广大青年人，为打赢疫情防控阻击战继续奋战、再立新功，为党和人民的事业作出新时代青年的贡献。

（本案例改编自《用青春书写新时代的荣光——以习近平同志为核心的党中央关心青年成长成才纪实》，中国共产党新闻网，2019年4月29日）

【设问思考】习近平总书记的寄语启示我们如何才能实现人生价值，成就出彩人生？

【讨论交流】大家分组讨论，畅所欲言。

【教师总结】人生之所以有价值，是因为人能够自觉地、有意识地认识和改造客观世界与主观世界，创造物质财富和精神财富。人生之所以需要价值，是因为有价值的人生让我们找到了自我的存在感，感受到一种充实感。实现自我价值，是创造有价值的人生的意义所在。人生价值终究要通过所从事的事业展现出来，虽然不是每个人都能成为杰出人物，但是只要每个人都能在自己的岗位上脚踏实地、埋头苦干、发挥聪明才智，为社会作出贡献，就一定可以实现自己的人生价值。大学生应树立正确的人生观和价值观，在学习工作中锻炼本领，在艰苦奋斗中磨炼意志，在为民服务中打造品格。同人民一道拼搏、同祖国一道前进，服务人民、奉献祖国，是当代中国青年的正确方向。总之，有信念、有梦想、有奋斗、有奉献的人生，才是有意义的人生。

【专题小结】

青年是标志时代的最灵敏的晴雨表，时代赋予青年责任，时代的光荣属于青年。在当今中国，最重要的社会实践，就是全面建成小康社会、加快推进社会主义现代化强国进程、实现中华民族伟大复兴的实践。大学生要坚持理论联系实际，积极投身社会实践，在基层一线磨砺品质，在同人民群众的密切联系中锤炼作风，在实践中发现新知、运用真知，在解决实际问题的过程中增长才干，不断提高实践能力、创新能力，从而实现最大的人生价值，创造无悔的青春。

【布置任务】

请大家关注我即将推送的下节课的教学视频以及学习任务。

【专题作业】

1. 改革开放四十多年来，我国经济社会发展取得了巨大成就，中国特色社会主义制度的自我完善和发展，为人们实现人生价值提供了有利条件和机遇。广大青年要如何利用这有利的社会条件来成就出彩人生呢?

2. 观看中央电视台七集政论专题片《不忘初心　继续前进》。一条选准的道路、一个根本的宗旨、一场伟大的改革、一座精神的大厦、一支英雄的军队、一个源自中国的构想、一个担当重任的政党，五年在历史的长河中虽然只是短暂的一瞬，却为中国的发展标注了崭新的方位。思考以习近平同志为核心的党中央在新的历史时期是如何不忘初心，肩负使命的?

第三部分　教学后记

【教学反思】

对大学生进行世界观、人生观、价值观教育是一个既重要又艰难的问题。青年时期是“三观”形成的关键时期，尽管学生在中学时期已经接受过“三观”教育，对“三观”问题并不陌生，但此前的教育并未上升到系统理论的高度进行剖析。换言之，直到进入大学校门，依然有许多同学对科学的“三观”尚未有正确的认识，也尚未建立个人正确的三观体系，更没有对种种似是而非的观点进行过认真的反思。因此，教师在教学中理应意识到这些问题，秉持正确的教学态度。此外，引导学生正确认识并处理人生问题，树立科学的“三观”需要达到“知情意行”的统一。在教学中教师还应遵循教育规律、思想政治工作规律、学生成长规律，密切联系实际，把握学生的思想特点、发展需求以及普遍关切的热点、难点、焦点和深层次问题，注重理论教育和实践活动相结合、线上线下融合发展的教学新模式，不断增强时代感、获得感和吸引力，真正实现“晓之以理”“动之以情”“导之以行”。

【教学建议】

其一，关于做到“晓之以理”，首要的是帮助学生构建马克思主义关于人生问题的基本理论体系，需要厘清“世界观、人生观、价值观”“价值、价值观、人生价值、人生价值观、人生价值评价标准”“正确人生观、正确处理人生矛盾”等几个重要概念，引导大学生站在理论的高度思考问题，提升理论素养，为增强大学生理论思维进而理性思考问题打基础、作铺垫。在理论阐释环节，教师要避免语言过于学术化、生硬化，让大学生易于理解和接受，在语言表达上尽量用学生习惯的语言、接地气的话语来阐述，用大学生习惯的方式来表达，这样大学生才能听得懂、听得进，理论才能走进学生的内心世界，使之心悦诚服。

其二，关于实现“动之以情”，“三观”教育不能仅仅只阐释理论，更需要情感的认同和升华，需要回应社会现实问题以及解除学生思想困惑。为此，在教学过程中，教师应注意回归社会生活，通过发挥信息技术的正效应，积极探索线上线下融合发展的教学新模式，综合运用图像、音频、视频等信息技术，列举现实社会中大量的正反两方面的典型案例，坚持以正面引导为主，通过讲事实、说道理，深刻剖析，针砭时弊，以案说理，教会学生辩证看待社会问题。同时直面大学生普遍关注的现实问题，引导大学生参与讨论，给学生表达观点的机会，通过讨论、表达甚至辩论，更好地激发大学生深入思考，在真实的感悟中实现情感升华。

其三，关于做到“导之以行”，教师应积极开展实践教学，通过课内课外、校内校外丰富的实践活动，让学生在实践中探索真知。校内实践可以开展辩论赛、微电影、主题演讲等活动，校外实践可以采用爱国主义教育基地现场教学及让学生开展多种形式的社会调研等实践活动，切实做到理论联系实际，在实践中锻炼自我、提升自我、实现自我。

其四，教师应充分利用战“疫”素材，积极将“原理”化为身边的经验，将我们在抗击疫情中涌现的典型案例、人物故事转化为鲜活的思政教学素材融入课堂，将“原理”与社会实际相结合，使问题生动形象、通俗易懂，让源于事实的理论解析更有说服力，满足学生成长发展的需求和期待，从而真正让理论入脑、入耳、入心，努力使“原理”有“知”有“味”，不断增强思政课的思想性、理论性、亲和力和针对性。

第四部分　教学参考

1. 习近平，《紧紧围绕坚持和发展中国特色社会主义学习宣传贯彻党的十八大精神——在十八届中共中央政治局第一次集体学习时的讲话》，人民出版社，2012 年。

2. 习近平，《在纪念红军长征胜利 80 周年大会上的讲话》，人民网，2016 年 10 月 21 日。

3. 习近平，《在纪念马克思诞辰 200 周年大会上的讲话》，新华网，2018 年 5 月 4 日。

4. 习近平，《在纪念五四运动 100 周年大会上的讲话》，新华网，2019 年 4 月 30 日。

5. 习近平，《习近平给北京大学援鄂医疗队全体“90 后”党员的回信》，新华网，2020 年 3 月 16 日。

6. 赵中立、许良英，《纪念爱因斯坦译文集》，上海科学技术出版社，1979 年。

7. 毛泽东，《毛泽东选集（第 2 卷）》，人民出版社，1991 年。

8. 中共中央马克思恩格斯列宁斯大林著作编译局，《马克思恩格斯选集（第 1 卷）》，人民出版社，1995 年。

9. 中共中央文献研究室，《毛泽东　邓小平　江泽民论世界观人生观价值观》，人民出版社，1997 年。

10. 中央党校采访实录编辑室，《习近平的七年知青岁月》，中共中央党校出版社，2017 年。

11. 中共中央文献研究室，《习近平关于青少年和共青团工作论述摘编》，中央文献出版社，2017 年。

12. 中共中央宣传部理论局，《新时代面对面：理论热点面对面·2018》，学习出版社、人民出版社，2018 年。

13. 人民日报评论部，《习近平用典（第二辑）》，人民日报出版社，2018 年。

14. 中共中央宣传部、中央广播电视总台，《平“语”近人——习近平总书记用典》，人民出版社，2019 年。

15. 马斯洛著，冯化平编译，《实现人生价值》，内蒙古人民出版社，2003 年。

16. 申永华、李宝玉、靳安广、石昕晖，《哲学与人生》，河南人民出版社，2005 年。

17. 游敏惠，《我的大学我做主：讲述重庆邮电大学优秀学子成长的故事》，四川大学出版社，2009 年。

18. 李桂梅，《当代社会人生观教育研究》，湖南师范大学出版社，2014 年。

19. 孙运德、吴冰，《政德》，红旗出版社，2018 年。

20. 顾保国，《伟大的梦想（跨越 1949—2019）》，北京联合出版公司，2019 年。

“青”听“习”语

广大青年一定要坚定理想信念。“功崇惟志，业广惟勤。”理想指引人生方向，信念决定事业成败。没有理想信念，就会导致精神上“缺钙”。中国梦是全国各族人民的共同理想，也是青年一代应该牢固树立的远大理想。中国特色社会主义是我们党带领人民历经千辛万苦找到的实现中国梦的正确道路，也是广大青年应该牢固确立的人生信念。

——《习近平在同各界优秀青年代表座谈时的讲话》（2013 年 5 月 4 日）

信仰、信念、信心，任何时候都至关重要。小到一个人、一个集体，大到一个政党、一个民族、一个国家，只要有信仰、信念、信心，就会愈挫愈奋、愈战愈勇，否则就会不战自败、不打自垮。无论过去、现在还是将来，对马克思主义的信仰，对中国特色社会主义的信念，对实现中华民族伟大复兴中国梦的信心，都是指引和支撑中国人民站起来、富起来、强起来的强大精神力量。

——《习近平在庆祝改革开放 40 周年大会上的讲话》（2018 年 12 月 18 日）

新时代中国青年要树立对马克思主义的信仰、对中国特色社会主义的信念、对中华民族伟大复兴中国梦的信心，到人民群众中去，到新时代新天地中去，让理想信念在创业奋斗中升华，让青春在创新创造中闪光！

——《习近平在纪念五四运动 100 周年大会上的讲话》（2019 年 4 月 30 日）

专题三　坚定理想信念　放飞青春梦想

第一部分　教学概况

一、教学目的与要求

正确理解理想信念的含义与特征，明确理想信念对大学生成长成才具有的重要意义；帮助大学生确立马克思主义的科学信仰，坚定在中国共产党的领导下走中国特色社会主义道路的共同理想和崇高信念，充分认识理想实现过程的长期性、曲折性和艰巨性，走出思想认识上的“误区”，坚定为实现理想而艰苦奋斗的信念，用实际行动把美好理想转化为现实。

二、教学重点与难点

1. 分析理想信念对大学生成长成才的重要意义，引导学生走出“渺茫论”“怀疑论”等认识误区。

2. 解析科学理想信念的内涵。

3. 探讨树立科学理想信念的途径，引导学生正确认识理想、信念与现实之间的辩证关系。

三、教学方法与手段

（一）教学方法

1. 讲授法：用科学理论全面而系统地阐释相关概念，将新媒体和艺术元素融入理论讲授中，使枯燥的理论变得富有趣味，从而增强理论的感染力和吸引力，真正做到深刻领会、精准把握新时代新思想的丰富内涵。

2. 讨论法：通过创设大学生普遍关注的现实问题并引导大学生参与讨论，给学生表达观点的机会，更好地激发大学生对社会与人生问题的深入思考，培养学生的思维能力、口头表达能力，促进学生灵活地运用理论知识。

3. 案例分析法：案例分析教学法侧重于理论联系实际，通过对直观、生动的反映现实生活、社会问题的典型案例的剖析，尤其是将我们在抗击疫情中涌现的典型案例、人物故事转化为鲜活的思政教学素材融入课堂，让源于事实的理论解析更有说服力，学生能在案例本身的感知中明辨是非，培养学生独立的分析能力、判断能力及解决问题的能力。

（二）教学手段

1. 充分利用新媒体。运用智慧教学工具与课堂，让师生的教与学互动更加便捷、高效；通过发挥信息技术的正效应，积极探索线上线下融合发展的教学新模式，综合运用图像、音频、视频等信息技术，利用学堂在线、爱课程（中国大学 MOOC）等在线网络平台的国家精品课程，拓宽线上学习资源。

2. 教学中注重将多种教学方法和手段穿插、融入，避免纯理论说教、单一的教学媒介和手段教学。

四、课前准备

1. 录制 8～10 分钟的深度解读“理想信念的内涵及重要作用”的课前教学视频供学生提前观看学习，了解理想信念的基本内涵及科学理想信念的确立对大学生成长成才的重要作用。

2. 录制 3～5 分钟的阐释“我们为什么要信仰马克思主义”的课前教学视频供学生提前观看自学，引导学生树立科学崇高的理想信念。中国特色社会主义是我们的共同理想，要胸怀共产主义远大理想。

3. 录制 3～5 分钟的阐释“中国特色社会主义是我们的共同理想”的课前教学视频供学生提前观看自学，引导学生科学理解中国特色社会主义的内涵，明确中国特色社会主义是我们的共同理想。

4. 录制 3～5 分钟的阐释“胸怀共产主义远大理想”的课前教学视频供学生提前观看自学，引导学生科学理解和正确认识共产主义是一种怎样的理想社会状态以及共产主义的实现过程。明确共产主义远大理想和中国特色社会主义共同理想之间的关系。

5. 录制 3～5 分钟的阐释“理想与现实的关系”的课前教学视频供学生提前观看自学，引导大学生厘清理想与现实的关系，认识到理想的实现只有通过实践这条途径，只有通过脚踏实地、持之以恒的奋斗，才能到达理想的彼岸。

6. 录制 3～5 分钟的阐释“个人理想与社会理想的关系”的课前教学视频供学生提前观看自学，引导学生认识个人只有把人生理想融入国家和民族的事业中，才能最终成就一番事业。

7. 录制 3～5 分钟的阐释“为实现中国梦注入青春力量”的课前教学视频供学生提前观看自学，引导学生自觉肩负实现中华民族伟大复兴中国梦的历史重任，明确只有脚踏实地地奋斗才能实现人生理想。

五、课时安排

理论教学 4 个学时，实践教学 2 个学时。

六、课堂主题

主题一：理想信念是什么？
主题二：确立什么样的理想信念？
主题三：如何实现理想信念？

第二部分　教学过程

主题一：理想信念是什么？

【课堂导问】
· 什么是理想信念？
· 理想信念有何重要作用？
· 大学生为何要树立坚定的理想信念？

一、理想信念

【课堂视频回顾】
用 PPT 展示并回顾“理想信念”的课前教学视频的内容。

（一）理想的内涵与特征

1. 理想的内涵。理想是人们在实践中形成的、有实现可能性的、对未来社会和自身发展目标的向往与追求，是人们的世界观、人生观和价值观在奋斗目标上的集中体现。无论是小街深巷中寻常人家对未来的向往，还是登月火箭太空飞船带给全人类突破神话的想象；无论是数月前你为考入大学的苦读流汗，还是青藏铁路通车建设者在高原与烈日狂风的搏斗，无不闪耀着理想的光芒。我们生活在前人的理想中，同时我们又在创造并实现着新的理想。理想是多方面和多类型的，根据不同的标准，可分为个人理想和社会理想，近期理想和远期理想，生活理想、职业理想、道德理想和政治理想等。

2. 理想的特征。理想具有超越性。理想因其远大而为理想。理想之所以能够成为一种推动人们创造美好生活的巨大力量，就在于它不仅源于现实，而且还超越现实。理想是对人生存的现实状态的超越。它不是关于现实“是什么”的认识，而是关于现实

“应如何”的认识，它总是以人现实的否定或对立的面目出现的，是人们所期盼的、现实尚未达到的未来状态。理想是人们对客观事物的超前反映，反映的是科学和理性，代表的是思考和追求。理想源于现实，又高于现实，是人们追求美好未来的动力。理想的产生意味着人对现实的不满，意味着对现实的冲击和破除，是对现实中某种可能性的开发和拓展。在空间上指向世界，在时间上指向未来，所以理想本身就意味着人们向更美好、更圆满境界的不断递进和无限开放。

理想具有实践性。作为一定的社会实践的产物，理想是处在特定历史条件下的人们对社会实践活动理性认识的结晶。理想作为一种社会意识，是人们对客观现实发展趋势的超前反映，即人们在认识客观规律的基础上给自己构建的未来美好蓝图。理想不是人们主观的臆造，而是经过努力可能实现的符合科学的目标。

理想具有时代性。理想的时代性不仅体现为它会受时代条件的制约，而且还体现为它会随着时代的发展而发展。不同时代的人理想不一样。诗人流沙河写过一首优美的诗——《理想》：“饥寒的年代里，理想是温饱；温饱的年代里，理想是文明；离乱的年代里，理想是安定；安定的年代里，理想是繁荣。”这都带有鲜明的时代特色。

（二）信念的内涵与特征

1. 信念的内涵。信念同理想一样，是人类特有的精神现象。信念是指人们在一定的认识基础上确立的对某种思想或事物坚信不疑并身体力行的精神状态。信念是认知、情感和意志的有机统一体，为人们矢志不渝、百折不挠地追求理想目标提供了强大的精神动力。信念的形成是一个循序渐进的过程。它依靠生活的启示，以现实为材料，然后再通过人的理性加工得以确立。它与人们的认识相关，与信任对象的情感培养相关，与主体的意志品质相关。没有信念，就像没有根基，容易随风而倒；做人没有骨气，灵魂没有方向；做事没有毅力，人生漂泊不定。

2. 信念的特征。信念具有执着性。信念一旦形成，就不会轻易改变。信念具有浓厚的意志色彩，体现人们对理论主张的持之以恒的追求。正因为信念具有执着性的特征，才体现出它的价值。也因为这个特征，才促成了人们的事业的成功，得到人们广泛的青睐。当一个人抱有坚定的信念时，他就会全身心地投入为实现目标而努力奋斗的事业中去，精神上高度集中，态度上充满热情，行为上坚定不移。坚定的信念使得人们具有强大的精神定力，不为利益所动，不为诱惑所扰，不为困难所惧。在战争年代，革命战士就是因为有着建立新中国的信念，哪怕面对饥饿与寒冷，每天接受生与死的考验，长期过着转战奔波的生活，他们总能看到胜利的曙光，就会觉得生活是充实的，是有价值的。

【课堂测试一】

关于理想的特征，下列说法正确的是（　　）。

A. 理想作为一种精神现象，不经过实践照样会产生

B. 理想和幻想实际上没有区别，“嫦娥二号”上天就是实现了几千年前老百姓登月的幻想

C. 人类对现状永不满足、对未来不懈追求是理想形成的精神动力

D. 理想是经过实践一定能够实现的目标，否则就是空想

【答案及解析】

本题答案为 C。理想是人们在实践中形成的、有实现可能性的、对未来社会和自身发展目标的向往与追求，是人们的世界观、人生观和价值观在奋斗目标上的集中体现。

【课堂探究活动一　课堂讨论】

【设问思考】理想对于我们每一个人来讲，特别是对于广大青少年来讲是非常重要的。理想伴随着一个人的成长，尤其是青年学生，更是时常与理想做伴。那么，到底什么是理想，理想如何才能实现？

【讨论交流】大家分组讨论，畅所欲言。

【教师总结】理想信念是人的心灵世界的核心。雨果说："人有了物质才能生存，人有了理想才能谈得上生活。你要了解生存与生活的不同吗？动物生存，而人则生活。"只有树立了正确的理想并为之奋斗的人，才能找到人生最美好的归宿。没有理想信念，或者理想信念不坚定，一个人就容易精神空虚甚至陷入精神荒漠，既不可能感受到精神生活的丰满充实，更不可能承担时代所赋予的历史重任。追求远大理想、坚定崇高信念，是大学生健康成长、成就事业、开创未来的精神支柱和前进动力。人生的扣子从一开始就要扣好，而扣好人生第一粒扣子，就是端正志向，树立正确的世界观、人生观、价值观。当今中国正奋进在实现中华民族伟大复兴的历史征程中。当代青年要树立与时代主题同心同向的理想信念，勇于担当这个时代赋予的重任。立志干大事，而不是求大名、图大利；立志为国家、为人民、为社会多作贡献，而不是只顾个人、只顾小家。有了高远志向，就有了正确的人生航向、不竭的前进动力。作为新时代的大学生，理应以此为动力，奋发向上，刻苦学习，为国家建设做出应有的贡献。那么，理想是什么？它在精神生活中起什么样的作用？理想与信念的关系如何？当代大学生应树立什么样的理想，怎样去实现崇高的理想？这里请大家一起学习和探讨这些问题。

【课堂探究活动二　案例分析】

令人震惊的物理学家自杀事件

1895 年以前，科学界一直认为组成物质的最小单位是原子，如果宇宙是一座大厦，原子就是建造这座大厦的最小单位——宇宙之砖。当时许多物理学家都笃信这个理论。然而，科学上的一系列发现，很快将物理学界流行的观点打破。1895 年 X 射线的发现，1897 年电子的发现……到 20 世纪初，科学家查明，原子并不是最小单位，原子之中还有原子核，周围还有电子。这些新的发现，用原子论的观点是无法解释的，使得原来笃信原子论的科学家陷入彷徨、苦闷之中，其中，奥地利物理学家玻尔曼等因为无法改变自己的信念，竟走上了集体自杀的道路。

（本案例改编自《20 世纪初发生的令人震惊的物理学家自杀事件》，南京林业大学思想政治理论教学研究部官网，2011 年 10 月 23 日）

【设问思考】同学们通过这个案例得到什么启示？

【讨论交流】大家分组讨论，畅所欲言。

【教师总结】我们认识了信念的执着性，因此必须正确地对待信念。一旦发现自己

的信念与客观情况相矛盾，就要自觉地去校正自己的信念。抱住错误的信念不放，只会处处碰壁。信念具有多样性。一方面，不同的人由于社会环境、思想观念、利益需要、人生经历和性格特征等方面的差异，会形成不同的信念；另一方面，同一个人也会形成不同类型和层次的信念，并由此构成其信念体系。在信念体系中，高层次的信念决定低层次的信念，低层次的信念服从高层次的信念。信仰是最高层次的信念，具有最强的统摄力。信仰有盲目和科学之分。盲目的信仰就是对虚幻的世界、不切实际的观念、荒谬的理论等的迷信和狂热崇拜，科学的信仰则来自人们对自然界和人类社会发展规律的正确认识。“志之所趋，无远勿届，穷山距海，不能限也。志之所向，无坚不入，锐兵精甲，不能御也。”志存高远的人，再遥远的地方也能达到，再坚固的东西也能突破。理想和信念总是相互依存。理想是信念所指的对象，信念则是理想实现的保障。离开理想这个人们确信和追求的目标，信念将无从产生；离开信念这种对奋斗目标的执着向往和追求，理想将寸步难行。在此意义上，理想和信念难以分割地紧密联系在一起。也正因如此，人们常将理想与信念合称为理想信念。

二、理想信念是精神之“钙”

【课堂视频回顾】

用 PPT 展示并回顾“理想信念是精神之‘钙’”的课前教学视频的内容。

（一）理想指引方向，信念决定成败

如果说社会是大海，人生是小舟，那么理想信念就是引航的灯塔和远航的风帆。没有理想信念的人生，就像失去了方向和动力的小船，在生活的波浪中随处漂泊，甚至会沉没于急流之中。理想信念是人生发展的内在动力。在大学期间，大学生不仅要提高知识水平，增强实践才干，更要坚定崇高的理想信念。

（二）理想信念昭示奋斗目标

人生是一个在实践中不断奋斗的过程。要使生命富有意义，就必须在科学的理想信念指引下，沿着正确的人生道路前进。理想信念是人的思想和行为的定向器，一旦确立就可以使人方向明确、精神振奋，即使前进的道路曲折、人生的境遇复杂，也能使人看到未来的希望和曙光，永不迷失前进的方向。只有理想信念坚定的人，才能始终不渝、百折不挠，不论风吹雨打，不怕千难万险，坚定不移为实现既定目标而奋斗。人的理想信念，反映的是人对社会和自身发展的期望。因此，有什么样的理想信念，就意味着以什么样的期望和方式去改造自然和社会，塑造和成就自身。只有树立起崇高的理想信念，才能够解答好人生的意义、奋斗的价值及做什么样的人等重要的人生课题。

（三）理想信念提供前进动力

志向高远，便力量无穷。一个人有了崇高坚定的理想信念，才会以惊人的毅力和不懈的努力成就事业。与此相反，一个人如果没有崇高坚定的理想信念，就有可能浑浑噩噩、庸庸碌碌地虚度一生，甚至腐化堕落、走上邪路。无数杰出人物之所以能在平凡的岗位上做出不平凡的业绩，在极其困难的条件下创造奇迹，其中一个重要的原因就在于

他们具有崇高坚定的理想信念，从而具有披荆斩棘、锲而不舍的动力。大学时期确立的理想信念，将对今后的人生之路产生重大影响，甚至会影响终身。大学生人生目标的确立、生活态度的形成、知识才能的丰富、发展方向的设定、工作岗位的选择，以及如何择友、如何面对挫折、如何克服困难等问题的解决，都需要一个总的原则和目标，都离不开理想信念的指引和激励。大学生应当重视理想信念的选择和确立，努力树立科学崇高的理想信念，使人生道路越走越宽广，使宝贵的人生更加富有价值。

（四）理想信念提高精神境界

理想信念是衡量一个人精神境界高低的重要标尺。理想信念作为人的精神世界的核心，一方面能使人的精神生活的各个方面统一起来，精神世界成为一个健康有序的系统，从而避免精神空虚和迷茫；另一方面又能引导人们不断地追求更高的人生目标，并在追求和实现理想目标的过程中提升精神境界、塑造高尚人格。在追求理想和实现理想的过程中，人们要不断面对各种挑战、抵御各种诱惑、突破各种局限、克服各种困难。这个过程是人的精神世界从狭隘走向宽广、从空虚走向充实、从犹疑走向执着的过程，也是一个人沿着自我成长和完善的阶梯不断攀登、逐步提升精神境界的过程。

【课堂测试二】

理想信念的作用是（　　）。

A. 对人生历程起着导向的作用，是人的思想和行为的定向器

B. 指引人生的奋斗目标

C. 提供人生的前进动力

D. 激励人们向着既定奋斗目标前进的动力，是人生的力量源泉

【答案及解析】

本题答案为 ABCD。理想指引方向，信念决定成败，理想信念昭示奋斗目标，理想信念提供前进动力，理想信念提高精神境界。这些都是理想信念的作用。

【课堂探究活动三　名人故事】

中国核潜艇之父——黄旭华

2017 年 11 月 17 日，习近平主席与全国精神文明建设表彰大会代表合影时，邀请了两位老人在前排首长席位就座，这个暖心的举动感动了全国人民，同时也让大家记住了这位 93 岁高龄的中国核潜艇之父——黄旭华。

1937 年，日本开始全面侵华，黄旭华在随同学向内地转移的途中，看到无数城市在日军的轰炸下化为废墟，这让曾梦想当医生的黄旭华开始思考这个支离破碎的国家："为什么日本军队那么疯狂？为什么中国人不能生活在自己的家乡，而是到处流浪？祖国那么大，为什么连一个安静读书的地方都找不到？""国家太弱就会任人欺凌、宰割，当时有句话叫'科学救国'。我不学医了，我要读航空、造船，将来我要制造飞机捍卫我们的蓝天，制造军舰从海上抵御外国的侵略。"黄旭华立下了救国之志。为了这条救国之路，他付出了常人难以想象的艰辛。当受领研制核潜艇的使命后，他只能选择"神秘消失"。因工作需要保密，父母和 8 个兄弟姐妹都不知道他是干什么的，父亲去世，他也没能见上最后一面，对于母亲，一别就是 30 年。因此他被家人误以为不孝，家人

和他慢慢断了联系。他当时心里的痛或许只有他自己知道，但是他坚信对国家的忠，就是对父母最大的孝！直到 1987 年，黄旭华隐秘 30 年的生活，才渐渐显露于世。上海《文汇月刊》刊登长篇报告文学《赫赫而无名的人生》，黄旭华把刊物寄给广东老家的母亲。母亲看到文章后，才知道儿子这么多年的去向。母亲把文章看了一遍又一遍，流着泪对全家人说："三哥（黄旭华）的事情，大家要理解、要谅解。""我们必须拥有核潜艇。我们只要还有一艘战略核潜艇潜在海底，帝国主义就不敢按下核按钮。"黄旭华说："正是这个信念激励着我们克服一切困难，一万年太久，必须只争朝夕地完成核潜艇的研制任务。"

黄旭华说："我很爱我的母亲、妻子和女儿，我很爱她们。但我更爱核潜艇，更爱国家。我此生没有虚度，无怨无悔。""一万年太久，只争朝夕。造不出核潜艇，我死不瞑目！"

他们为国家做出了巨大贡献，却把名利看得淡如水，他们是中国知识分子最优秀的一群，他们就是鲁迅先生所讲的——"中国的脊梁"。

（本案例改编自《隐姓埋名三十年潜心为国铸重器》，新华网，2017 年 12 月 15 日）

【设问思考】为什么说青年时期确立正确的理想信念能够为人的一生提供"无穷的力量？"青年如何在实现中国梦的实践中放飞自己的青春梦想？

【讨论交流】大家分组讨论，畅所欲言。

【教师总结】理想指引方向，信念决定成败。如果说社会是大海，人生是小舟，那么理想信念就是引航的灯塔和远航的风帆。习近平总书记生动地对青年进行比喻，青年处于人生的"拔节孕穗期"，就像幼苗需要精心培育。他告诫广大青年"没有理想信念，就会导致精神上'缺钙'"，引导青年把自己的小我融入祖国的大我、人民的大我之中。理想信念昭示奋斗目标。人生是一个在实践中奋斗的过程。要使生命富有意义，就必须在科学的理想信念的指引下，沿着正确的人生道路前进。理想信念是人的思想和行为的定向器，一旦确立就可以使人方向明确、精神振奋，即使前进的道路曲折、人生的境遇复杂，也能使人看到未来的希望和曙光，永不迷失前进的方向。只有理想信念坚定的人，才能始终不渝、百折不挠，不论风吹雨打，不怕千难万险，坚定不移地为实现既定目标而奋斗。人的理想信念，反映的是人对社会和自身发展的期望。因此，有什么样的理想信念，就意味着以什么样的期望和方式去改造自然和社会，塑造和成就自身。只有树立起崇高的理想信念，才能够解答好人生的意义、奋斗的价值及做什么样的人等重要的人生课题。

【课堂探究活动四　案例分析】

一次成功就够了

这是一个人的人生简历：5 岁时，他父亲就去世了；14 岁时，他从学校辍学，开始了流浪生活；16 岁时，他谎报年龄参了军，而军旅生活也是处处不顺心；18 岁时，他娶了个媳妇，可只过了几个月，媳妇就变卖了他所有的财产逃回了娘家；他曾通过函授学习法律，可不久又放弃；后来，他卖过保险，卖过轮胎，还经营过一条渡船，开过一家加油站，但都失败了。

人到中年，他成了一家餐馆的主厨和洗瓶师，可因政府修公路而拆了那家餐馆，他又失业了；时光飞逝，眼看一辈子就这样过去了，而他仍一无所有。65 岁那年，邮递员给他送来了他的第一份社会保险支票，他用这 105 美元保险金创办了自己的一份崭新的事业。88 岁高龄时，他的事业终于大获成功。他，就是肯德基创始人——桑德斯上校。

（本案例改编自《肯德基创始人的励志故事：成功在于永远地坚持》，“90 后”励志网，2019 年 9 月 18 日）

【设问思考】这个故事给我们什么启示？

【讨论交流】大家分组讨论，畅所欲言。

【教师总结】人的一生都应有所追求，只要一次机会，你就可能成功；如果你放弃追求，再多的机会，你都不会成功。理想信念提高精神境界。理想信念是衡量一个人精神境界高低的重要标尺。理想信念作为人的精神世界的核心，一方面能使人的精神生活的各个方面统一起来，精神世界成为一个健康有序的系统，避免精神空虚和迷茫；另一方面又能引导人们不断地追求更高的人生目标，并在追求和实现理想目标的过程中提升精神境界、塑造高尚人格。在追求理想和实现理想的过程中，人们要不断面对各种挑战、抵御各种诱惑、突破各种局限、克服各种困难。这个过程是人的精神世界从狭隘走向宽广、从空虚走向充实、从犹疑走向执着的过程，也是一个人沿着自我成长和完善的阶梯不断攀登、逐步提升精神境界的过程。

【课后思考】你的人生理想是什么？谈谈理想信念对大学生成长成才的重要意义。

主题二：确立什么样的理想信念？

【课堂导问】

· 我们应该确立什么样的理想信念？

· 我们为何要信仰马克思主义？如何正确看待“马克思主义”过时论？

· 我们的共同理想是什么？如何理解共产主义理想？

一、为什么要信仰马克思主义？

【课堂视频回顾】

用 PPT 展示并回顾“为什么要信仰马克思主义”的课前教学视频的内容。

（一）马克思主义体现了科学性和革命性的统一

马克思主义深刻揭示了自然界、人类社会、人类思维发展的普遍规律，为人类社会发展进步指明了方向；马克思主义坚持实现人民解放、维护人民利益的立场，以实现人的自由而全面的发展和全人类解放为己任，反映了人类对理想社会的美好憧憬。在人与人的关系上，马克思提出了在资本主义社会中体现为资本和劳动的对立，资本家和劳动者的对立，那么资本家形成的资产阶级和劳动者形成的无产阶级，这样一种阶级对立，就产生了资本对劳动的占有权、支配权，所以说在马克思所处的那个资本主义时代，人与人的关系是剥削和被剥削、奴役和被奴役、压迫与被压迫的关系；也可以说人与人的关系是一种异化的关系，马克思提出我们要进行无产阶级革命，推翻生产资料私有制的资本主义制度，才能实现共产主义，实现人与人关系的真正和谐。

（二）马克思主义是新时代里认识世界的眼睛

马克思主义揭示了事物的本质、内在联系及发展规律，是“伟大的认识工具”，是人们观察世界、分析问题的有力思想武器。只有承认世界的物质性，才能真正擦亮认识世界的眼睛。在这个物质的世界，我们应当努力认识到万事万物发展的规律，实事求是，破除关于唯心主义带来的虚无和迷信，脚踏实地地进行新时代的国家建设，推进社会发展，并塑造个人的精彩人生。

（三）马克思主义要求我们认识到事物的发展性

新事物对于旧事物的淘汰和扬弃是世界发展的一个基本规律，只有认识到这个规律，才能在新时代进一步解放思想，继续巩固改革开放的新成果，并将改革开放推进到新阶段。在吸收过去的有益经验并对过去的不足之处进行改正的过程中，我们的党和国家都经历了一个大发展的时期。在未来，认识到社会方方面面的不同，特别是认识到经济新常态的到来，对于我们党的政策制定和实施，对于经济发展、政府职能的转型，对于国民素质的提升和民族自信的增强都有着特别重要的意义。尤其重要的是，马克思主义坚持的历史唯物主义，可以让我们找到来路并认清前途。随着经济的发展和消费大潮的到来，奢靡享乐的资本主义余毒在不同的程度上对年轻一代产生了恶劣的影响，渐渐产生了享乐拜金主义和历史虚无主义的思潮。在这个危急关头，再次重申马克思主义的历史唯物主义论和中国共产党在近代史上一贯坚持的人民至上、无私奉献、艰苦朴素的精神，有利于在新时代矫正不良的社会风气，打击奢靡享乐和历史虚无主义的歪风邪气。马克思主义引领我们走正路，走大道，不走歪路邪路，坚定不移地坚持社会主义核心价值观，成为重新塑造社会思想的重要思想源泉。

我们处在一个风云激荡的新时代，未来的挑战越是艰巨，越需要我们信仰马克思主义。我们的国家，我们的人民，曾经靠着马克思主义的中国化而站起来、富起来、强大起来。今后，在我们党的领导下，马克思主义仍将以其不可战胜的和不言而喻的真理性，成为我们的信仰来源。“对马克思主义的信仰，对社会主义和共产主义的信念，是共产党人的政治灵魂，是共产党人经受住任何考验的精神支柱。”背离或放弃马克思主义，就会失去灵魂、迷失方向。大学生坚定马克思主义信仰，最重要的是学习和掌握马克思主义的立场、观点和方法，确立正确的世界观和历史观，准确把握时代发展潮流，以科学的理想信念指引人生前进的道路和方向。

【课堂测试一】

马克思主义作为我们党和国家的根本指导思想，是由马克思主义（　　　）决定的。

A. 严密的科学体系　　　　B. 鲜明的阶级立场

C. 巨大的实践指导作用　　　　　　　　　　D. 丰富的学术著述

【答案及解析】

本题答案为 ABC。马克思主义之所以能作为我们党和国家的根本思想是由马克思主义自身所具有的严密的科学体系、鲜明的阶级立场和巨大的实践指导作用决定的，丰富的学术著述不是其原因。

【课堂探究活动一　辨析思想认识】

马克思主义信仰问题当前存在的种种模糊认识

——“渺茫论”。有人认为，共产主义的设想虽然美好，但是无法通过实践来检验，是渺茫的幻想，可望而不可即，跟过去人们设想的“世外桃源”没有本质的区别。

——“怀疑论”。有人认为，社会主义作为制度没有优越性可言，国有企业改革的实践证明只有私有制才能焕发活力；认为我们虽然表面宣称走“有中国特色的社会主义”道路，实际上走的是一条“有中国特色的资本主义”道路。

——“破产论”。有人干脆宣称，东欧剧变、苏联解体已经证明社会主义的道路是行不通的，马克思所提出的社会主义的那一套在实践中已经破产了。但如果在我们的思想中有如此种种想法的话，那就根本谈不上结合社会共同理想的问题。

还有人不断质疑马克思主义还有没有现实性，怀疑马克思主义是不是“过时”了，质疑当代中国是否还需要信仰马克思主义。有人提出来说马克思主义已经诞生了 160 多年了，他那个时代和当下有着天壤之别。马克思所预言的所谓的资本主义必然灭亡的这样一个理论，根本就没有实现。资本主义反而发展得越来越好，那么马克思主义是不是已经丧失了它的现实性呢？我国最早的马克思主义者、中国共产党的创始人之一李大钊曾说过：“一个人如果没有努力为之追求的理想和信念，就等于没有灵魂。”在那个满是屈辱和血泪的年代，有多少满怀共产主义理想、信念的生命，以热血呼喊着心中的渴望。正是有了像李大钊一样无数先烈对共产主义理想、信念的不懈追求和奋斗不息，才换来了我们今天和平发展的大好时代。

（本案例改编自《文驳“共产主义渺茫论”：信仰缺失》，《人民日报》，2016 年 3 月 16 日）

【设问思考】怎么看待当前一些人不信仰马克思主义的现象？我们为什么要坚定马克思主义信仰，怎样坚定马克思主义信仰？

【讨论交流】大家分组讨论，畅所欲言。

【教师总结】从国内来看，我国处在一个新的历史时期，在这个新的历史时期出现了很多新的特点、新的问题，党的十八大报告把我们党面临的四大考验概括为执政考验、改革开放考验、市场经济考验和外部环境考验。一些领导干部不注重理论学习、学用脱节，理想信念动摇，对中国特色社会主义缺乏信心。甚至有人用“三笑”，来概括我们一些领导干部目前在信仰上存在的一些问题，说起毛主席思想他们是冷冷一笑，说起中国特色社会主义的共同理想他们是微微一笑，说起要实现共产主义的远大理想他们是哈哈大笑。这三个笑背后的原因非常深刻，那么今天我们怎么样能够解决信仰缺失、信仰迷失的问题？首先我们对其原因做进一步分析。我们知道，我们党从 1921 年到今天已经有 90 多年的历史，我们党在成立之初是一个革命党，任务就是要夺取全国政权，领导和发动各个社会各个阶级的人民群众，夺取全国政权。但是 1949 年之后，我们已经从为夺取全国政权而奋斗的革命党变成了领导全国人民来治理国家发展经济的执政党。从革命党到执政党的转型，是一个非常长的历史过程，直到今天也不能说我们已经完全完成了从革命党到执政党的转型，因为我们在一些问题上依旧还处在革命党的思维，所以说从革命思维向执政党思维的转化就需要我们应对长期执政的考验。

马克思主义并没有过时，而是在与时俱进地不断发展丰富着。马克思对资本主义的批判，关注的是人的异化，关注人被压抑、被奴役、被侮辱的这样一种状态，所以说只要资本主义存在着，只要人的生存的异化状态没有被消除，马克思主义就必然存在着，并以强劲的姿态推进着世界历史进程。我们必须坚定对马克思主义的信仰。马克思主义是常新的，在新时代，对于我们为什么要信仰马克思主义的问题，也应该有新的解答。世界越是变化，我们越要坚持马克思主义思想的指引与实践。习近平总书记在纪念五四运动 100 周年的讲话中指出："五四运动以全民族的行动激发了追求真理、追求进步的伟大觉醒。五四运动前后，我国一批先进知识分子和革命青年，在追求真理中传播新思想新文化，勇于打破封建思想的桎梏，猛烈冲击了几千年来的封建旧礼教、旧道德、旧思想、旧文化。五四运动改变了以往只有觉悟的革命者而缺少觉醒的人民大众的斗争状况，实现了中国人民和中华民族自鸦片战争以来第一次全面觉醒。经过五四运动洗礼，越来越多中国先进分子集合在马克思主义旗帜下，1921 年中国共产党宣告正式成立，中国历史掀开了崭新一页。历史深刻表明，有了马克思主义，有了中国共产党领导，有了中国人民和中华民族的伟大觉醒，中国人民和中华民族追求真理、追求进步的潮流从此就是任何人都阻挡不了的!"

我们怎样科学对待马克思主义，这是我们信仰的一个前提。我们知道，马克思主义是不断发展、不断丰富的，我们要根据实践的发展不断丰富、不断拓展马克思主义新的理论内容。在马克思主义的发展史上，马克思主义曾经被神圣化、被教条化、被肢解化。东欧剧变、苏联解体其中一个重要的原因就在于他们没有完整准确地理解马克思主义，而把马克思主义仅仅理解为计划经济，理解为"一大二公"的纯而又纯的公有制，理解为绝对的平均主义，这些理解都是对马克思主义的曲解，所以我们今天要信仰根据实践不断发展、不断创新的马克思主义。

当代中国要坚定对马克思主义的信仰，就要运用马克思主义的立场、观点、方法破解"中国问题"。在解决"中国问题"的过程中，来增强对马克思主义的信仰。正如马克思自己所言："理论一经掌握群众，也会变成物质力量。理论只要说服人，就能掌握群众；而理论只要彻底，就能说服人。"所以理论在一个国家的实现程度，取决于这种理论满足这个国家需要的程度。马克思主义要成为一种信仰，首先要说服人，要解决中国的问题，正如邓小平同志说的，你学马列要精要管用，你管用了大家才会觉得这个东西很好，所以我们要不断地破解"中国问题"。习近平总书记说："人民有信仰，民族有希望，国家有力量。"这里的信仰，就是信仰马克思主义，信仰社会主义，信仰我们正在进行的光荣的事业。习近平总书记在纪念马克思诞辰 200 周年大会上说："理论的生命力在于不断创新，推动马克思主义不断发展是中国共产党人的神圣职责。我们要坚持用马克思主义观察时代、解读时代、引领时代，用鲜活丰富的当代中国实践来推动马克思主义发展，用宽广视野吸收人类创造的一切优秀文明成果，坚持在改革中守正出新、不断超越自己，在开放中博采众长、不断完善自己，不断深化对共产党执政规律、社会主义建设规律、人类社会发展规律的认识，不断开辟当代中国马克思主义、21 世纪马克思主义新境界!”这是习近平总书记对于新时代全党全国坚定信仰振聋发聩的重申。

二、中国特色社会主义是我们的共同理想

【课堂视频回顾】

用 PPT 展示并回顾“中国特色社会主义是我们的共同理想”的课前教学视频的内容。

1. 中国特色社会主义是科学社会主义，不是别的什么主义。历史和现实都告诉我们，只有社会主义才能救中国，只有中国特色社会主义才能发展中国。中国特色社会主义是改革开放以来党的全部理论和实践的主题，是党和人民历尽千辛万苦、付出巨大代价取得的根本成就。中国特色社会主义，既坚持了科学社会主义基本原则，又根据时代条件赋予其鲜明的中国特色，以全新的视野深化了对共产党执政规律、社会主义建设规律、人类社会发展规律的认识，使我们国家快速发展起来，同时也使我国人民生活水平快速提高起来。在当代中国，坚持中国特色社会主义，就是真正坚持科学社会主义。

2. 中国特色社会主义不是从天上掉下来的，而是中国共产党带领人民历经千辛万苦找到的实现中国梦的正确道路。改革开放以来我们取得一切成绩和进步的根本原因归结起来就是：开辟了中国特色社会主义道路，形成了中国特色社会主义理论体系，确立了中国特色社会主义制度，发展了中国特色社会主义文化。中国特色社会主义道路是实现社会主义现代化、指引中国人民创造美好生活的必由之路。中国特色社会主义理论体系是指导党和人民沿着中国特色社会主义道路实现中华民族伟大复兴的正确理论，是立于时代前沿、与时俱进的科学理论。中国特色社会主义制度是当代中国发展进步的根本制度保障，是具有鲜明中国特色、明显制度优势、强大自我完善能力的先进制度。

3. 中国共产党的领导是中国特色社会主义最本质的特征。中国共产党是中国工人阶级的先锋队，同时是中国人民和中华民族的先锋队，是中国特色社会主义事业的领导核心。中国共产党自诞生之日起，就把为中国人民谋幸福、为中华民族谋复兴作为自己的初心和使命，并团结带领全国各族人民不懈奋斗，战胜各种艰难险阻，不断取得革命、建设、改革的伟大胜利。中国共产党领导中国人民取得的伟大胜利，使具有 5000 多年文明历史的中华民族全面迈向现代化，让中华文明在现代化进程中焕发出蓬勃生机；使具有 500 多年历史的社会主义主张在世界上人口最多的国家成功开辟出具有高度现实性和可行性的正确道路，让科学社会主义在 21 世纪焕发出蓬勃生机；使具有 60 多年历史的新中国建设取得举世瞩目的成就，中国这个世界上最大的发展中国家在短短 30 多年里摆脱贫困并跃升成为世界第二大经济体，创造了人类社会发展史上惊天动地的发展奇迹。

【课堂测试二】

下列关于中国特色社会主义共同理想的说法中错误的有（　　）。

A. 它综合性地包含着社会生活各个方面的发展状态。它向我们描绘了社会的经济、政治、文化、日常生活等多方面的理想状态

B. 它不单单是一个理想目标，而且包括追求和实现这个理想目标的道路和方式。道路就是中国特色社会主义道路，方式就是坚持中国共产党的领导

C. 中国共产党的领导是中国特色社会主义最本质的特征

D. 在当代中国，坚持中国特色社会主义，就是真正坚持科学社会主义

【答案及解析】

本题答案为 ABCD。以上说法都正确表述了中国特色社会主义理想。

【课堂探究活动二　视频赏析】

【播放视频】《同心共筑中国梦》

（视频来源：央视网，http://news.cctv.com/2019/10/01/ARTIYjO5P9t3iBZDoiLNkgv1191001.shtml）

【设问思考】通过视频展示的新中国成立 70 周年群众大游行活动，体现出我们整个社会的共同理想是什么，个人理想与社会理想二者之间又是什么样的关系呢？

【讨论交流】大家分组讨论，畅所欲言。

【教师总结】从根本上说，个人理想与共同理想是一致的。把祖国建设成富强、民主、文明的社会主义现代化国家是我们每个人的理想，只有祖国强大了、富裕了，我们每一个人才能真正过上好日子。我们的好日子才可能是稳定的、持久的。共同理想又制约着个人理想。个人理想的实现有待于社会共同理想的实现，个人理想只有同社会的需要和人民的利益相一致，才可能变成现实。有共同理想，才能有共同步调。在中国共产党的领导下，坚持和发展中国特色社会主义，实现中华民族伟大复兴，必须树立中国特色社会主义共同理想。这个共同理想，把国家、民族与个人紧紧地联系在一起，把各个阶层、各个群体的共同愿望有机结合在一起，具有令人信服的必然性、广泛性和包容性。大学生要牢固确立在中国共产党领导下走中国特色社会主义道路、为实现中华民族伟大复兴而奋斗的共同理想和坚定信念。

【课堂探究活动三　名言赏析】

我们主张，各国和各国人民应该共同享受尊严。要坚持国家不分大小、强弱、贫富一律平等，尊重各国人民自主选择发展道路的权利，反对干涉别国内政，维护国际公平正义。“鞋子合不合脚，自己穿了才知道。”一个国家的发展道路合不合适，只有这个国家的人民才最有发言权。

——《习近平在莫斯科国际关系学院的演讲》（2013 年 3 月 23 日）

【设问思考】谈谈大家对习近平总书记发言的认识。

【讨论交流】大家分组讨论，畅所欲言。

【教师总结】“鞋子合不合脚，自己穿了才知道”这句俗语是老百姓从实际生活中总结出来的关于鞋子与脚的匹配问题的经验。鞋子偏大，穿上去会晃荡，走起路来很不方便；鞋子偏小，就会夹脚，把脚挤得难受，让人疼痛难忍，甚至磨出血泡，几天都没法走路。所以说，鞋与脚的匹配非常重要，而鞋子合不合脚，只有穿鞋子的人自己最清

楚，也最有发言权。习近平主席在国际交往的场合下引用这句俗语，就是要告诉世界，中国的发展有着自己的选择和道路，中国人民是充满智慧的。中国人民自己做出的选择、中国自身走出来的道路，其结果只有中国人民才能做出评判。这句人人都能听懂的朴实话语，揭示了一个国家的发展道路合不合适，只有这个国家的人民才最有发言权的深刻道理。习近平主席运用的这句俗语，从平实中透出自信，让人听着亲切、听着可信，同时向世界传递了我们坚持中国特色社会主义道路的坚定信心。这是新一届中央领导集体对中国特色社会主义道路的坚定与从容，充分体现了我们党对中国特色社会主义的道路自信、理论自信和制度自信，向世界传递出了坚定的中华声音。实践是检验真理的唯一标准。毛泽东在《新民主主义论》中说过："真理只有一个，而究竟谁发现了真理，不依靠主观的夸张，而依靠客观的实践。只有千百万人民的革命实践，才是检验真理的尺度。"

三、胸怀共产主义远大理想

【课堂视频回顾】

用PPT展示并回顾"胸怀共产主义远大理想"的课前教学视频的内容。

马克思主义科学预测了未来社会的理想状态，指明了人类社会的发展方向。中国共产党从成立之日起，就确立了共产主义的远大理想，始终团结带领中国人民朝着这个伟大理想前行。

共产主义是现实运动和长远目标相统一的过程。共产主义远大理想既是面向未来的，又是指向现实的，它不仅反映了人们对未来社会的美好向往，更是一个从现实的人出发，不断满足人的现实利益需求、推进人的全面发展、推动社会发展进步的历史过程与现实运动。

共产主义远大理想的最终实现是一个漫长、艰辛的历史过程，需要一代又一代人付出艰苦的努力。作为当代大学生，我们要正确认识共产主义远大理想和中国特色社会主义共同理想之间的关系。实现共产主义是我们的远大理想，坚持和发展中国特色社会主义，就是向着远大理想所进行的实实在在的努力。心中有信仰，脚下有力量。走好新时代的长征路，大学生要不断增强中国特色社会主义道路自信、理论自信、制度自信、文化自信，自觉做共产主义远大理想和中国特色社会主义共同理想的坚定信仰者、忠实实践者，为崇高理想信念而矢志奋斗。

【课堂测试三】

无产阶级革命家陶铸在《崇高的理想》一文中赞扬我国历史上的民族英雄、人民英雄、发明家和科学家的时候指出："所有这些人都是具有伟大理想并坚决为他们的伟大理想而斗争的人……他们为了自己的伟大理想，有些人家可以不要，有些人官可以不做，有些人生命可以抛弃，有些人真正做到了富贵不能淫，贫贱不能移，威武不能屈的地步。"可见，崇高理想是（　　）。

A. 人们的主观意志

B. 不需客观根据的随心所欲的想象

C. 不必通过艰苦努力就能展现出来的现实

D. 激励人们战胜邪恶和腐朽，向着既定目标奋斗进取的力量源泉

【答案及解析】

本题答案为D。本材料侧重说明越是伟大的人其理想越是崇高。

【课堂探究活动四 名言赏析】

坚持不忘初心、继续前进，就要牢记我们党从成立起就把为共产主义、社会主义而奋斗确定为自己的纲领，坚定共产主义远大理想和中国特色社会主义共同理想，不断把为崇高理想奋斗的伟大实践推向前进。

——习近平总书记在庆祝中国共产党成立95周年大会上的讲话（2016年7月1日）

【设问思考】谈谈大家对习近平总书记讲话的认识。

【讨论交流】大家分组讨论，畅所欲言。

【教师总结】90多年来，中国共产党由建党初期的几十人发展成为一个有8800多万名党员、440多万个基层党组织、在13亿多人口的大国长期执政的大党，经受住了一次次挫折，战胜了无数个困难，取得了一个个辉煌的成绩，这一切归根结底是因为我们党有远大理想和崇高追求。没有共产主义、社会主义的理想信念，就不会有中国革命的成功，就不会有社会主义建设和改革的辉煌成就，中国共产党也不会成为一个具有强大战斗力和巨大吸引力的政党。作为当代大学生，我们要正确认识共产主义远大理想和中国特色社会主义共同理想之间的关系。实现共产主义是我们的远大理想，坚持和发展中国特色社会主义，其实就是向着远大理想所进行的实实在在的努力。

【课后思考】如何认识中国特色社会主义共同理想与共产主义远大理想的关系？

主题三：如何实现理想信念？

【课堂导问】

· 如何辩证看待理想与现实的辩证关系？

· 如何正确处理个人理想与社会理想的关系？

· 新时代大学生如何为实现中国梦助力？

一、理想与现实的关系

【课堂视频回顾】

PPT展示并回顾“理想与现实的关系”的课前教学视频的内容。

（一）辩证看待理想与现实的矛盾

理想与现实是对立统一的。在日常生活中，人们在处理理想与现实的关系时，往往只看到二者对立的一面，而看不到二者统一的一面。其中一种认识偏向是用理想来否定

现实，当发现现实不符合理想预期的时候，就对现实大失所望，甚至对现实采取全盘否定的态度；另一种认识偏向是用现实来否定理想，在追求理想的过程中一遇到困难就产生畏难情绪，觉得理想遥不可及，丧失为理想而奋斗的信心和勇气，直至最终放弃理想。之所以会出现这些认识误区，从思想方法上讲，是由于他们不能辩证地看待和处理理想与现实的矛盾。理想和现实存在着对立的一面，二者的矛盾与冲突，属于“应然”和“实然”的矛盾。假如理想与现实完全等同，那么理想的存在就没有意义。理想与现实又是统一的。理想受现实的规定和制约，是在对现实认识的基础上发展起来的。一方面，现实中包含着理想的因素，孕育着理想的发展；另一方面，理想中包含着现实，既包含着现实中必然发展的因素，又包含着由理想转化为现实的条件，在一定的条件下，理想就可以转化为未来的现实。但如果脱离现实而谈理想，理想就会成为空想。

（二）实现理想的长期性、艰巨性和曲折性

理想的实现是一个长期过程。一般来说，理想越是远大，它的实现过程就越复杂，需要的时间也就越漫长。纵观人类社会发展史，任何一种理想的实现都不是轻而易举的，会遇到各种各样的困难和波折，充满着艰险和坎坷。实现理想、创造未来，必须有战胜种种艰难险阻的坚定不移的信心和坚忍不拔的毅力。理想变为现实并不是一帆风顺的，往往会遭遇波澜和坎坷。在现实生活中，人们对于理想的美好有着充分的想象，而对于理想实现的艰难则往往估计不足。渴望早日实现理想，希望理想顺利实现，这是人之常情。但是，如果把实现理想设想得过分容易，对前进道路上的困难缺乏思想准备，遭遇到一点困难、曲折或失败就灰心丧气、悲观失望，那就会影响理想的实现。

（三）艰苦奋斗是实现理想的重要条件

“人类的美好理想，都不可能唾手可得，都离不开筚路蓝缕、手胼足胝的艰苦奋斗。”一个没有艰苦奋斗精神作支撑的民族，是难以自立自强的；一个没有艰苦奋斗精神作支撑的国家，是难以发展进步的；一个没有艰苦奋斗精神作支撑的政党，它的事业是难以兴旺发达的。艰苦奋斗是我们的传家宝。我们的国家，我们的民族，从积贫积弱一步一步走到今天的发展繁荣，靠的就是一代又一代人的顽强拼搏，靠的就是中华民族自强不息的奋斗精神。艰苦奋斗绝不是一时的权宜之计。那种认为“艰苦奋斗是老一辈的事，当代青年不需要艰苦奋斗”的观点，在理论上是错误的，在实践中更是有害的。

理想信念不是拿来说、拿来唱的，更不是用来装点门面的，只有见诸行动才有说服力。大学生要把敢于吃苦、勇于奋斗的精神落实到日常的学习、生活和工作中。在学习上，刻苦钻研、不畏艰难，孜孜不倦地学习理论和专业知识，不断提高思想道德和专业知识水平；在生活上，艰苦朴素、勤俭节约，抵制和反对铺张奢华的思想和生活作风；在工作上，奋发图强、不怕困难、不避艰险，努力完成各项任务。

二、个人理想与社会理想的关系

【课堂视频回顾】

用 PPT 展示并回顾“个人理想与社会理想的关系”的课前教学视频的内容。

个人理想是指处于一定历史条件和社会关系中的个体对于自己未来的物质生活、精神生活所产生的种种向往和追求。社会理想是指社会集体乃至社会全体成员的共同理想，即在全社会占主导地位的共同奋斗目标。个人理想与社会理想的关系实质上是个人与社会的关系在理想层面的反映。个人与社会有机地联系在一起，二者相互依存、相互制约、共同发展。同样，社会理想与个人理想也不是彼此孤立的，它们之间相互联系、相互影响、相互制约。

（一）个人理想以社会理想为指引

追求个人理想的实践活动都是在社会中进行的，正确的个人理想不是依个人主观愿望随意确定的，从根本上说它是由正确的社会理想规定的。同时，个人理想的实现，必须以社会理想的实现为前提和基础。因此，在整个理想体系中，社会理想是最根本、最重要的，而个人理想则从属于社会理想。换句话说，个人理想的确立要以社会理想为引导，个人理想的实现依赖于社会理想的实现。个人理想只有同国家的前途、民族的命运相结合，个人的向往和追求只有同社会的需要和人民的利益相一致，才可能变为现实。

（二）社会理想是对个人理想的凝练和升华

社会是个人的联合体，社会理想与个人理想密不可分。社会理想不是凭空产生的，也不是由外在力量强加的，而是建立在众人的个人理想基础之上。强调个人理想要符合社会理想，并不是要排斥和抹杀个人理想，而是要摆正个人理想同社会理想的关系。社会理想归根结底要靠全体社会成员的共同努力来实现，并具体体现在每个社会成员为实现个人理想而进行的活生生的实践中。当社会理想同个人理想相冲突时，有志气、有抱负的人可以做出最大的自我牺牲，使个人的理想服从于全社会的共同理想。

【课堂测试一】

理想的实现需要一点一滴的努力，要用行动去攀登理想高峰，这说明（　　）。

A. 理想与现实之间需要实践作桥梁，才能连接转化

B. 理想越崇高，实现的难度越大，付出的努力就越多

C. 理想与实践，就如灯塔和航船，理想是灯，实践是航船

D. 理想不等于现实，理想的实现往往是一条充满艰险的曲折之路

【答案及解析】

本题答案为ABCD。所有选项均正确表述理想。

【课堂探究活动一　案例分析】

理想与成功

山东农学院的一位毕业生，毕业后想从事研究工作，但到省人事局报到后，逐级分配到了乡果的农技推广站。到了农技站，正遇上果树闹虫害，他提出了自己的治理方案。但老技术人员不予采纳，说一个毛头小伙子，刚毕业就想指挥我们，没门。他想，只有通过努力，做出成绩，群众才能接受他。于是，他要求去了最贫穷的小村子。通过调研，他提出了致富的方案，可当地农民却说，自打新中国成立到现在，我们这里来过不少干部，都说要带领我们致富，可是我们还这么穷，因此人们没有接受他的方案。当年，山东巨峰葡萄秧紧缺，他买了1605元的葡萄秧来繁殖种苗。原以为农民会争着来

买种苗，结果除了少数干部抱着试试看的态度买了一些回去，大部分农民却不理会，还说花一千多块钱买了一些干枝子回来，点火都不着，还指着它发财呢。可三个月后，繁殖好的葡萄种苗卖了 16000 块钱，事实说服了农民。最终他带领农民走上了富裕的道路，人们称他为“财神书记李保京”。

（本案例改编自《理想、信念与大学生成才》，豆丁网，2016 年 4 月 11 日）

【设问思考】这个故事给我们什么启示？

【讨论交流】大家分组讨论，畅所欲言。

【教师总结】人生目标的确立只能源于现实而不能高于现实，不顾客观条件确立起来的目标即使再崇高、再远大，也是空中楼阁，可望而不可即。大学生只有树立崇高的理想信念，才能激发起为民族复兴和人民幸福而发愤学习的强烈责任感与使命感，掌握建设祖国、服务人民的本领。不论今后从事什么职业，大学生都要把个人的奋斗志向同国家和民族的前途命运紧紧联系在一起，把个人的学习进步同祖国的繁荣昌盛紧紧联系在一起，使理想信念之花结出丰硕的成长成才之果。

三、为实现中国梦注入青春能量

【课堂视频回顾】

用 PPT 展示并回顾“为实现中国梦注入青春能量”的课前教学视频的内容。

（一）立志当高远

苏轼说：“古之立大事者，不惟有超世之才，亦必有坚忍不拔之志。”王守仁说：“志不立，天下无可成之事。”可见，立志对一个人的一生具有多么重要的意义。习近平总书记在纪念五四运动 100 周年大会讲话中勉励青年大学生：“新时代中国青年要树立远大理想。青年的理想信念关乎国家未来。青年理想远大、信念坚定，是一个国家、一个民族无坚不摧的前进动力。……新时代中国青年要树立对马克思主义的信仰、对中国特色社会主义的信念、对中华民族伟大复兴中国梦的信心，到人民群众中去，到新时代新天地中去，让理想信念在创业奋斗中升华，让青春在创新创造中闪光！”中国传统文化中有许多励志警句，如墨子说“志不强者智不达”，诸葛亮说“志当存高远”。这里的“志”具有双重含义：一是对未来目标的向往，二是实现奋斗目标的顽强意志。志向，就是理想信念；立志，就是确立理想信念。远大的志向如太阳，唯其大，才有永不枯竭的热能；如灯塔，唯其高，才能照亮前进的航程。有志者，事竟成；有大志者，人生事业才能辉煌。志向高远，就是要放开眼界，不满足于现状，也不屈服于一时一地的困难与挫折，更不要斤斤计较个人私利的多少与得失。大量事实告诉人们，那些在事业上取得伟大成就、对人类作出卓越贡献的人，都是在青年时期就立下了鸿鹄之志，并为之坚持不懈、努力奋斗。历史清晰地记载着：1919 年 5 月 4 日，北京的几十位青年学生作为广大民众中觉醒的第一批人，是他们掀起了轰轰烈烈的“五四”爱国运动，使历史的车轮骤然驶进 20 世纪中国的第一次思想解放时期。在此之后，中共一大的 13 名代表，其平均年龄只有 28 岁，最年轻的仅 19 岁，他们中的许多人都成了之后中国革命的中坚。周恩来中学时期就立下了“为中华之崛起而读书”的志向，李四光、钱学森、邓稼先等老一辈知识分子，青年时期就立志用自己的聪明才智报效祖国。树雄心、立壮志，是关系大学生一生前途命运的重大课题。

（二）立志做大事

中国民主革命的先行者孙中山曾激励广大青年，要立志做大事，不要立志做大官。其中的道理就是希望青年以国家民族的命运为己任，而不要以个人的荣华富贵为人生的理想。如果一个人不顾自身所处时代的召唤，脱离自己所归属的国家和民族繁荣发展的需要，一切以自我为中心，天马行空、独来独往，那么，不仅他的人生价值取向是错误的，而且这种追求因为脱离了国家、民族和时代的需要，往往也是难以实现的。在今天，做大事就是献身于新时代中国特色社会主义伟大事业。无论从事什么具体、平凡的工作，只要是与这一伟大事业相联系、服务于祖国和人民的，就值得我们去做。新时代的大学生应该把个人的命运与国家和人民的命运联系在一起，立为国奉献之志，立为民服务之志，为祖国和人民的利益而奋斗，在为实现社会理想而奋斗的过程中实现个人理想。成功的道路往往都是充满艰辛和曲折的。一个人追求自己的事业成功是这样，一个国家追逐国家的梦想更是这样。习近平总书记引用“行百里者半九十”这句古语勉励青年一代，正是希望青年人要牢牢把握当前大展才华的好机会，孜孜不倦地努力拼搏，为国家的发展和建设贡献自己的青春和力量。“行百里者半九十”，提醒我们要时刻牢记，目标尚未达成，绝不可放慢脚步，也不能低估困难；相反，越是接近成功，就越是需要我们付出更多的努力。

（三）立志须躬行

空谈误国，实干兴邦。每一个人都既是梦想家又是实干家，既要胸怀理想又要脚踏实地，把自己的事情做扎实，把改革发展稳定的任务落实好，一步一个脚印地朝着梦想奋进。如果只是纸上谈兵而不真抓实干，再宏伟的蓝图都会落空，再美好的梦想也不可能成真。“宝剑锋从磨砺出，梅花香自苦寒来。”我们的国家，我们的民族，从近代积贫积弱一步一步走到今天的发展繁荣，靠的就是一代又一代人的顽强拼搏，靠的就是中华民族自强不息的奋斗精神。漫长征途需要一步一步地走，崇高理想的实现需要一点一滴地奋斗。“时代楷模”是新时代最可敬的人。对于自己的工作，时代楷模都有一种近乎“疯狂”的坚守和工匠精神，正所谓干一行、爱一行、精一行，对于自己选择的事业，他们都以同样的坚持去面对，与其他人“择道而行”。他们不图私利、尽责尽职，敢于担当、负重前行，矢志不移、铿锵有力，以谋国家富强、民族振兴、人民幸福为己任，是新时代的旗帜和榜样，是奋斗者本该有的样子。“时代楷模”钟扬、王逸平、卓嘎、央宗姐妹……这些可敬可爱的人们，用豪迈壮举标注一个时代的精神高地。一个人有多么坚定的理想信念，就有多么高尚的人生追求。这些先进典型的坚守和付出，犹如海边的灯塔一般万丈光芒，为当代青年人指引着人生的奋斗方向。

【课堂测试二】

在为实现中国梦注入青春能量时，大学生应该（　　　）。

A. 脱离时代需求　　　　　　　　　　B. 立志当高远

C. 立志做大事　　　　　　　　　　　　　　D. 立志须躬行

【答案及解析】

本题答案为 BCD。新时代的大学生应该立足时代发展的需要，把个人的命运与国家和人民的命运联系在一起，立为国奉献之志，立为民服务之志，为祖国和人民的利益而奋斗，在为实现社会理想而奋斗的过程中实现个人理想。

【课堂探究活动二　感悟人物故事】

青春抗疫故事

2020 年伊始，一场突如其来的新冠肺炎病毒侵袭武汉，抗击疫情工作迅速在全国有序展开，中国打响了一场史无前例的疫情防控“人民战争、总体战、阻击战”。在这场严峻的斗争中，中国青年义无反顾投入战斗。有的作为医护人员奔赴疫情防控一线，驰援湖北的医护人员有 1.2 万人，占整个队伍的三分之一。有人说：“那群白衣战士，只不过是一群孩子，换了一身衣服，学着前辈的样子，在和死神抢人。”有的作为志愿者坚守着抗疫后方。在这次抗击疫情的斗争中，以“90 后”为代表的青年一代挺身而出、担当奉献，充分展现了新时代中国青年的精神风貌。昔日长辈眼中的孩子已然成为共和国的脊梁。在这个没有硝烟的战场上，这届青年用他们的责任、担当和价值向我们展示了中国青年的守护力。习近平总书记在给北京大学援鄂医疗队全体“90 后”党员的回信中勉励广大奋斗在抗疫一线的青年战士：“在新冠肺炎疫情防控斗争中，你们青年人同在一线英勇奋战的广大疫情防控人员一道，不畏艰险、冲锋在前、舍生忘死，彰显了青春的蓬勃力量，交出了合格答卷。广大青年用行动证明，新时代的中国青年是好样的，是堪当大任的！……青年一代有理想、有本领、有担当，国家就有前途，民族就有希望。希望你们努力在为人民服务中茁壮成长、在艰苦奋斗中砥砺意志品质、在实践中增长工作本领，继续在救死扶伤的岗位上拼搏奋战。”

（本案例改编自《战“疫”青春——不负韶华的抗疫“90 后”》，新华网，2020 年 3 月 21 日）

【设问思考】青年人奋不顾身奔赴抗疫一线并表现出英勇无畏的精神，对决胜战“疫”发挥着极其重要的作用，对我们大学生有什么样的启示？

【讨论交流】大家分组讨论，畅所欲言。

【教师总结】个人命运始终同祖国命运紧密相连，我们每个人的付出都是为祖国奉献力量。我们要让青春在党和人民需要的地方绽放绚丽之花。大学生肩负实现中华民族伟大复兴中国梦的历史重任，只有把实现理想的道路建立在脚踏实地的奋斗上，才能放飞青春梦想，实现人生理想。“得其大者可以兼其小。”个人只有把人生理想融入国家和民族的事业中，才能最终成就一番事业。大学生对自己未来生活的追求和向往，不能脱离当代中国的社会现实。坚持和发展中国特色社会主义，实现中华民族的伟大复兴，是当代中国最大的现实，也是全体中国人民共同的社会理想。大学生要在社会理想的指引下，珍惜韶华、奋发有为，勇于追求个人理想，在实现社会理想的过程中努力实现个人理想。不论今后从事什么职业，大学生都要把个人的奋斗志向同国家和民族的前途命运紧紧联系在一起，把个人的学习进步同祖国的繁荣昌盛紧紧联系在一起，使理想信念之花结出丰硕的成长成才之果。

【专题小结】

大学生不仅要有扎实的基础知识和专业知识，还要树立崇高的理想和坚定的信念，正确处理个人与社会的关系，坚持个人奋斗目标与国家、民族的奋斗目标相统一，把个人理想融入社会理想之中，在为实现社会理想而奋斗的过程中实现个人理想。大学生肩负实现中华民族伟大复兴中国梦的历史重任，只有把实现理想的道路建立在脚踏实地的奋斗上，才能放飞青春梦想，实现人生理想。

【布置任务】

请大家关注我即将推送的下节课的教学视频及学习任务。

【专题作业】

请大家分析：我们靠什么样的理想信念战胜了新冠肺炎疫情？

第三部分　教学后记

【教学反思】

本专题主要讲授的是新时代大学生应坚定理想信念，自觉把个人理想追求融入实现中华民族伟大复兴中国梦的奋斗当中。大一新生正处在原来的奋斗目标已经基本实现、新的目标还未完全确立的关键时期，理想信念教育对于解决学生理想信念不够坚定、学习方向不够明确和学习动力不够充足等问题有着重要的实践意义。本专题中理想和信念的科学内涵、相互关系，以及理想信念对大学生成长成才的作用是重点。结合新时代的历史方位、历史意义讲好理想信念的意义，有助于让学生深刻领会理想信念的重要性。

【教学建议】

习近平总书记在学校思想政治理论课教师座谈会上指出，要让有信仰的人讲信仰。要想让学生树立科学理想信念，教师自己首先要有坚定的理想信念，只有这样，关于理想信念的教学才有说服力和示范性。本专题旨在帮助大学生树立马克思主义科学信仰、中国特色社会主义共同理想和共产主义远大理想，正确认识远大理想和共同理想的关系，不断增强中国特色社会主义道路自信、理论自信、制度自信、文化自信，自觉做共产主义远大理想和中国特色社会主义共同理想的坚定信仰者、忠实实践者，走好新时代的长征路。处理好如何实现理想的问题，讨论理想与现实、个人理想与社会理想的关系，从国家、民族发展和个人成长关系的角度，讲清楚为什么“青年一代有理想、有本领、有担当，国家就有前途，民族就有希望”，从而将理想信念教育落实到青年大学生个体的成长实践中。坚定正确的理想信念既是基本理论问题，更是社会现实问题和人生实际问题。教师不能只是讲理论上的道理，要以丰富的案例和实践来加以佐证和展现，要善于运用历史上、现实中的材料来充实课堂教学，特别是要结合当今大学生的思想和生活实际有针对性地进行讲授。

第四部分　教学参考

1. 习近平，《在庆祝中国共产党成立 95 周年大会上的讲话》，人民网，2016 年 7 月 1 日。

2. 习近平，《在纪念红军长征胜利 80 周年大会上的讲话》，人民网，2016 年 10 月 21 日。

3. 习近平，《在纪念马克思诞辰 200 周年大会上的讲话》，新华网，2018 年 5 月 4 日。

4. 马克思、恩格斯，《共产党宣言》，《马克思恩格斯选集》第 1 卷，人民出版社，1995 年。

5. 恩格斯，《社会主义从空想到科学的发展》，《马克思恩格斯选集》第 3 卷，人民出版社，1995 年。

6. 马克思，《关于费尔巴哈的提纲》，《马克思恩格斯选集》第 1 卷，人民出版社，1995 年。

7. 郑承军，《理想信念的引领与建构——当代大学生的社会主义核心价值观研究》，清华大学出版社，2010 年。

8. 厉华，《信仰的力量——红岩英烈纪实》，商务印书馆，2011 年。

9. 刘建军，《信仰书简：与当代大学生谈理想信念》，中国青年出版社，2012 年。

10. 孙正聿，《理想信念的理论支撑》，吉林出版集团、吉林人民出版社，2014 年。

11. 中共中央文献研究室，《十八大以来重要文献选编（上）》，中央文献出版社，2014 年。

12. 蔡佑祥，《信念的较量：鲜为人知的红岩故事》，重庆出版集团、重庆出版社，2015 年。

13. 徐川，《顶天立地谈信仰——原来党课可以这么上》，人民出版社，2017 年。

14. 中央档案馆、国家档案局、上海市档案局、上海市档案馆，《信仰的力量——中国共产党人的初心》，学林出版社，2018 年。

15. 陈先达，《马克思与信仰》，中国人民大学出版社，2018 年。

16. 陈先达，《马克思主义信仰十讲》，人民出版社，2018 年。

17. 高放，《科学社会主义学科基本问题研究》，中国人民大学出版社，2018 年。

18. 李建国，《大学生马克思主义理想信仰生成论》，人民出版社，2019 年。

19. 石亚玲，《大学生理想信念教育研究（1978—2018）》，光明日报出版社，2020 年。

20. 王建南，《信仰的力量——青年学生谈马克思主义（第二辑）》，福建人民出版社，2020 年。

“青”听“习”语

在中华民族几千年绵延发展的历史长河中，爱国主义始终是激昂的主旋律，始终是激励我国各族人民自强不息的强大力量。不论树的影子有多长，根永远扎在土里；不论留学人员身在何处，都要始终把祖国和人民放在心里。

——《习近平在欧美同学会成立100周年庆祝大会上的讲话》(2013年10月21日)

爱国主义是中华民族精神的核心。爱国主义精神深深植根于中华民族心中，是中华民族的精神基因，维系着华夏大地上各个民族的团结统一，激励着一代又一代中华儿女为祖国发展繁荣而不懈奋斗。五千多年来，中华民族之所以能够经受住无数难以想象的风险和考验，始终保持旺盛生命力，生生不息，薪火相传，同中华民族有深厚持久的爱国主义传统是密不可分的。

——《习近平在十八届中央政治局第二十九次集体学习时的讲话》(2015年12月30日)

在这场严峻斗争中，武汉人民识大体、顾大局，不畏艰险、顽强不屈，自觉服从疫情防控大局需要，主动投身疫情防控斗争，作出了重大贡献，让全国全世界看到了武汉人民的坚韧不拔、高风亮节。正是因为有了武汉人民的牺牲和奉献，有了武汉人民的坚持和努力，才有了今天疫情防控的积极向好态势。武汉人民用自己的实际行动，展现了中国力量、中国精神，彰显了中华民族同舟共济、守望相助的家国情怀。

——《习近平在湖北省考察新冠肺炎疫情防控工作时的讲话》(2020年3月10日)

专题四　弘扬中国精神　做忠诚爱国者

第一部分　教学概况

一、教学目的与要求

通过本课的学习，大学生认识到实现中华民族伟大复兴的中国梦，必须弘扬中国精神，即以爱国主义为核心的民族精神和以改革创新为核心的时代精神，这是凝心聚力的兴国之魂、强国之魂。在正确理解爱国主义内涵的基础上，明确在经济全球化时期爱国主义与爱社会主义和拥护祖国统一的内在一致性，继承和发扬中华民族爱国主义的优良传统，弘扬民族精神和时代精神，增强国防观念。

二、教学重点与难点

1. 深刻理解以爱国主义为核心的民族精神和以改革创新为核心的时代精神是中国精神的内涵。

2. 为什么经济全球化条件下必须弘扬爱国主义？为什么经济全球化不等于政治、文化一体化？在经济全球化条件下怎样弘扬爱国主义？

3. 关于弘扬以爱国主义为核心的民族精神问题。

4. 关于弘扬以改革创新为核心的时代精神问题。

5. 大学生如何将爱国热情倾注行动中去，实现“知”与“行”的统一。

三、教学方法与手段

（一）教学方法

1. 讲授法：用科学理论全面而系统地阐释相关概念，将新媒体和艺术元素融入理论讲授中，使枯燥的理论变得富有趣味，从而增强理论的感染力和吸引力，真正做到深

刻领会、精准把握新时代新思想的丰富内涵。

2. 讨论法：通过创设大学生普遍关注的现实问题并引导大学生参与讨论，给学生表达观点的机会，更好地激发大学生对社会与人生问题的深入思考，培养学生的思维能力、口头表达能力，促进学生灵活地运用理论知识。

3. 案例分析法：案例分析教学法侧重于理论联系实际，通过对直观、生动地反映现实生活、社会问题的典型案例的剖析，尤其是将我们在抗击疫情中涌现的典型案例、人物故事转化为鲜活的思政教学素材融入课堂，让源于事实的理论解析更有说服力，学生能在案例本身的感知中明辨是非，培养学生独立的分析能力、判断能力及解决问题的能力。

（二）教学手段

1. 充分利用新媒体。运用智慧教学工具与课堂，让师生的教与学互动更加便捷、高效；通过发挥信息技术的正效应，积极探索线上线下融合发展的教学新模式，综合运用图像、音频、视频等信息技术，利用学堂在线、爱课程（中国大学 MOOC）等在线网络平台的国家精品课程，拓宽线上学习资源。

2. 教学中注重将多种教学方法和手段穿插、融入，避免纯理论说教、单一的教学媒介和手段教学。

四、课前准备

1. 录制 8～10 分钟的深度解读“中国精神的内涵”的课前教学视频供学生提前观看学习，了解中国精神是以爱国主义为核心的民族精神与以改革创新为核心的时代精神的辩证统一。

2. 录制 3～5 分钟的深度阐明“为什么弘扬中国精神”的课前教学视频供学生提前观看自学，引导学生思考弘扬中国精神的当代价值和作用。

3. 录制 3～5 分钟的阐释“爱国主义的科学内涵”的课前教学视频供学生提前观看自学，并引导学生思考新时代的爱国主义的内涵是什么。

4. 录制 5～8 分钟的深刻阐释“新时代爱国主义的基本内容”的课前教学视频供学生提前观看自学，并引导学生思考不同时代爱国主义有不同的要求和表现。

5. 录制 3～5 分钟的深刻阐释“做忠诚的爱国者”的课前教学视频供学生提前观看自学，并引导学生思考新时代做一名忠实的爱国者的具体要求，辨别不理性爱国的行为和表现。

6. 录制 8～10 钟的深刻阐明“坚持改革创新”的课前教学视频供学生提前观看自学，并引导学生思考创新创造是中华民族最深沉的民族禀赋，广大青年应以时代使命为己任，增强创新创造的能力和本领，勇做改革创新的实践者。

五、课时安排

理论教学 4 个学时，实践教学 2 个学时。

六、课堂主题

主题一：中国精神的内涵和价值。
主题二：如何做忠诚的爱国者？
主题三：大学生如何坚持改革创新？

第二部分　教学过程

主题一：中国精神的内涵和价值

【课堂导问】
· 什么是中国精神？中华民族优秀传统中“重精神”表现在什么地方？
· 什么是民族精神？什么是时代精神？二者有何联系？
· 中国精神有何重要作用？如何弘扬中国精神？

一、重精神是中华民族的优秀传统

【课堂视频回顾】
用 PPT 展示并回顾“重精神是中华民族的优秀传统”的课前教学视频的内容。

中国传统文化博大精深，学习和掌握其中的各种思想精华，对树立正确的世界观、人生观、价值观很有益处。中华民族在五千多年的历史进程中，不仅创造出光辉灿烂的享誉世界的中华文明，也塑造出中华民族独特的精神气质和精神品格，形成了崇尚精神的优秀传统。中华民族崇尚精神的优秀传统有哪些表现呢？

（一）对物质生活与精神生活相互关系的独到理解上

古圣先贤认为，人之所以异于禽兽，在于人有道德，有精神追求。物质生活固然为人所必需，但如果只沉溺于物欲而不能自拔，则无异于禽兽。古人认为“不义而富且贵，于我如浮云”，强调“道德当身，故不以物惑”，崇尚“一箪食，一瓢饮，在陋巷，人不堪其忧，回也不改其乐”的精神追求。基于对精神生活重要性的认识，中国古人在义利观上主张见利思义、以义制利、先义后利，在理欲观上主张导欲、节欲，强调用道德理性和精神品格对欲望进行引导和控制，时刻对私欲、贪欲保持警惕。重视并崇尚精神生活，是中国古代思想家的主流观点。

（二）对理想及人生境界的不懈追求上

孔子是大力提倡有为并身体力行的思想家。他一生奔波，梦想以周礼匡扶乱世，“知其不可而为之”，结果是“发愤忘食，乐以忘忧，不知老之将至”。对“饱食终日，无所用心”的人生态度投以极度的蔑视。士先器识而后文艺，孔子的谆谆教导是历代中国人引以自勉奋进的精神支柱。“富贵不能淫，贫贱不能移，威武不能屈”“士不可以不弘毅，任重而道远”“先天下之忧而忧，后天下之乐而乐”，成为中华民族一代代仁人志士追求家国理想的座右铭。《易经》中说“天行健，君子以自强不息”，以天体运行无休无止、永远向上的规律，要求人们积极有为，勇于进取。此后，刚健有为、自强不息，修身齐家治国平天下的精神，便一直作为中国传统文化的主导精神激励着中华民族。

（三）对道德修养和道德教化的重视上

中国传统文化十分强调道德修养和道德教化，将“立德”置于“三不朽”（立德、立功、立言）之首，重视人的精神品格的养成。中国古人认为，“自天子以至于庶人，壹是皆以修身为本”，认为教化的目的是“明人伦”，是培养有道德的人。古代思想家不仅对道德修养和道德教化理论进行了系统论述，而且提出了修身养性的具体方法及家箴家训、乡规民约等教化方式。所有这些，无不表明中华民族自古以来对人的精神世界的高度关注。

（四）对理想人格的推崇上

孔子讲“知之者不如好之者，好之者不如乐之者”；孟子谓“可欲之谓善，有诸己之谓信。充实之谓美，充实而有光辉之谓大，大而化之之谓圣，圣而不可知之谓神”。这些思想都反映着对人生境界的看法，对高尚人生境界的尊崇和追求。关于理想人格，儒家把“君子”“圣人”作为自己的理想人格，道家推崇逍遥于天地之间的“真人”“至人”，近代启蒙思想家梁启超呼吁“新民”的理想人格。这些出现在中国历史上的诸种理想人格，虽时代不同，类型有别，但其共同点是都关注人的精神品格。

中华民族在漫长的历史长河中曾经有过显赫的辉煌，但近代以来却遭受百年困境，陷入历史低谷。在中国共产党的领导下，中华民族结束了任人宰割的历史，逐步走上了社会主义发展道路。如今，中华民族迎来了从站起来、富起来到强起来的伟大飞跃，迎来了实现中华民族伟大复兴的光明前景，这本身就是一部追求民族独立富强的宏大的精神史，是中华民族精神文化发展史的崭新阶段，集中体现了中华文化的特殊意蕴，为中华文化的历史承续提供精神保障，为中华民族的生息与自强提供精神保障。

【课堂测试一】

重精神是中华民族的优秀传统具体表现在（　　　）。

A. 对物质生活与精神生活相互关系的独到理解上

B. 对理想及人生境界的不懈追求上

C. 对道德修养和道德教化的重视上

D. 对理想人格的推崇上

【答案及解析】

本题答案为 ABCD。重精神是中华民族的优秀传统，具体表现在对物质生活与精神生活相互关系的独到理解上，对理想及人生境界的不懈追求上，对道德修养和道德教化的重视上，对理想人格的推崇上。

二、中国精神是民族精神和时代精神的统一

【课堂视频回顾】

用 PPT 展示并回顾“中国精神是民族精神和时代精神的统一”的课前教学视频的内容。

（一）以爱国主义为核心的民族精神

民族精神是一个民族在长期共同生活和社会实践中形成的，为本民族大多数成员所认同的价值取向、思维方式、道德规范、精神气质的总和，是一个民族赖以生存和发展的精神支柱。在五千多年的历史发展中，中华民族形成了以爱国主义为核心的伟大民族精神。

1. 伟大创造精神。在中华文明演进过程中，其创造精神始终熠熠生辉。早在一百多万年前，我们的远古祖先就生活在中华大地这片辽阔的土地上。在漫长的岁月里，勤劳、勇敢、智慧的远古祖先发明与制造了石器、骨器和木器，发现与学会了使用火，远古人类的这种探索与创造精神，对后来的人类发展产生了巨大而深远的影响。我国产生了老子、孔子、庄子、孟子、墨子、孙子、韩非子等闻名于世的伟大思想巨匠，百家争鸣，群星闪烁，他们的智慧有着穿越时间和空间的力量。我们发明了造纸术、火药、印刷术、指南针等深刻影响人类文明进程的伟大科技成果，创作了诗经、楚辞、汉赋、唐诗、宋词、元曲、明清小说等伟大文艺作品，而那些优秀的文艺作品，早就成为每个中国人的文化基因。我们有“天生我材必有用”的豪迈，有“但愿人长久，千里共婵娟”的情深，也有“小桥流水人家”的细腻。

今天，中国人民的创造精神正在以前所未有的速度迸发出来，推动我国日新月异向前发展，大步走在世界前列。中国高铁取得了一大批具有自主知识产权、世界领先的技术创新成果，成为现代中国的一张亮丽名片。2017 年 5 月，来自“一带一路”沿线的 20 国青年评选出了中国的“新四大发明”——高铁、网购、移动支付、共享单车，其成为“一带一路”沿线国家青年最想带回家乡的“特产”。天宫、蛟龙、天眼、悟空、墨子、大飞机等重大科技成果相继问世。中国的创造正在改变着中国，影响着世界。美国《华尔街日报》报道说，美国科技公司开始“山寨”中国同行。全世界都在睁大眼睛看向“中国方案”。2018 年 3 月 20 日，习近平总书记在第十三届全国人民代表大会第一次会议上的讲话中指出：“中国人民是具有伟大创造精神的人民。在几千年历史长河中，中国人民始终辛勤劳作、发明创造，我国产生了老子、孔子、庄子、孟子、墨子、孙子、韩非子等闻名于世的伟大思想巨匠，发明了造纸术、火药、印刷术、指南针等深刻影响人类文明进程的伟大科技成果，创作了诗经、楚辞、汉赋、唐诗、宋词、元曲、明清小说等伟大文艺作品，传承了格萨尔王、玛纳斯、江格尔等震撼人心的伟大史诗，建设了万里长城、都江堰、大运河、故宫、布达拉宫等气势恢宏的伟大工程。今天，中国人民的创造精神正在前所未有地迸发出来，推动我国日新月异向前发展，大踏步走在世界前列。我相信，只要 13 亿多中国人民始终发扬这种伟大创造精神，我们就一定能够创造出一个又一个人间奇迹！”

2. 伟大奋斗精神。中华民族是一个以勤劳著称于世的伟大民族，中国人民是永葆自强不息和不懈奋斗精神的伟大人民。中国人民的奋斗精神推动着中国和人类文明的发展进步。在中国逐渐沦为半殖民地半封建社会后，为改变苦难深重的命运，中国人民进行了千辛万苦、前仆后继、可歌可泣的斗争，进行了各种各样的尝试，其中展现出来的接续奋斗的精神牢牢地镌刻在了中华民族的历史丰碑上。波澜壮阔的历史告诉人们，中华民族走过的历程，是中国人民用鲜血、汗水奋斗出来的，充满着苦难和辉煌、曲折和胜利，他们在不懈奋斗中创造了彪炳史册的伟业，进而推动了历史进步。

在20世纪五六十年代这个极不寻常的时期，中国面对当时严峻的国际形势，为了抵御帝国主义的武力威胁和打破大国的核讹诈、核垄断，尽快增强国防实力，保卫和平，党中央和毛泽东同志，果断决定研制“两弹一星”（原子弹、导弹和人造卫星）。经过几代人的不懈努力，中国已成为少数独立掌握核技术和空间技术的国家之一，并在某些关键技术领域走在世界前列。“热爱祖国、无私奉献，自力更生、艰苦奋斗，大力协同、勇于登攀”的“两弹一星”精神，象征了中华民族在艰难条件下自力更生、集中力量从事科学开发研究，并创造“科技奇迹”的态度与过程，成为中华民族宝贵的精神财富。

党的十八大以来，我国进入了日新月异的新时代，依靠“撸起袖子加油干”的奋斗精神，中国人民取得了全方位的、开创性的成就，创造了举世瞩目的丰功伟绩，对民族复兴、国家进步、社会发展产生了重大而又深远的影响。今天，我们比历史上任何时期都更接近、更有信心和能力实现中华民族伟大复兴的目标。但是，“行百里者半九十”，越是接近目标，越需要一鼓作气的干劲和咬定青山的执着。面向美好未来，应对重大挑战、抵御重大风险、克服重大阻力、解决重大矛盾，奋力实现中华民族伟大复兴，关键之处仍在于永葆奋斗精神，时刻保持充足干劲。决不能安于现状、贪图安逸、乐而忘忧，必须不忘初心、牢记使命、奋发有为，努力创造属于新时代的光辉业绩。2018年3月20日，习近平总书记在第十三届全国人民代表大会第一次会议上的讲话中指出：“中国人民是具有伟大奋斗精神的人民。在几千年历史长河中，中国人民始终革故鼎新、自强不息，开发和建设了祖国辽阔秀丽的大好河山，开拓了波涛万顷的辽阔海疆，开垦了物产丰富的广袤粮田，治理了桀骜不驯的千百条大江大河，战胜了数不清的自然灾害，建设了星罗棋布的城镇乡村，发展了门类齐全的产业，形成了多姿多彩的生活。中国人民自古就明白，世界上没有坐享其成的好事，要幸福就要奋斗。今天，中国人民拥有的一切，凝聚着中国人的聪明才智，浸透着中国人的辛勤汗水，蕴含着中国人的巨大牺牲。我相信，只要13亿多中国人民始终发扬这种伟大奋斗精神，我们就一定能够达到创造人民更加美好生活的宏伟目标！”

3. 伟大团结精神。两千年前的荀子提出了一个重要的问题：“人，力不若牛，走不若马，而牛马为用，何也?”他的答案是：“人能群，彼不能群也。”创造中国战“疫”奇迹的，正是这“群”的力量。在中华优秀传统文化之中，还有很多诗歌、成语、典故，它们都是中华民族团结精神的生动写照。成语如唇齿相依、肝胆相照、同舟共济、同甘共苦、守望相助……古语如“人心齐，泰山移”“二人同心，其利断金”“天时不如地利，地利不如人和”……最具知名度的诗词，莫过于《诗经》的《秦风·无衣》篇所言："岂曰无衣？与子同袍……岂曰无衣？与子同泽……岂曰无衣？与子同裳……"生动表达了先人同甘共苦、生死与共的浓烈情感。近代以来，在列强入侵、家国沦陷的危难关头，各族人民携手并肩、共赴国难，在血与火的抗争中共同谱写了保家卫国、抵御外侮的壮丽史诗。2018 年 3 月 20 日，习近平总书记在第十三届全国人民代表大会第一次会议上的讲话中指出："中国人民是具有伟大团结精神的人民。在几千年历史长河中，中国人民始终团结一心、同舟共济，建立了统一的多民族国家，发展了 56 个民族多元一体、交织交融的融洽民族关系，形成了守望相助的中华民族大家庭。特别是近代以后，在外来侵略寇急祸重的严峻形势下，我国各族人民手挽着手、肩并着肩，英勇奋斗，浴血奋战，打败了一切穷凶极恶的侵略者，捍卫了民族独立和自由，共同书写了中华民族保卫祖国、抵御外侮的壮丽史诗。今天，中国取得的令世人瞩目的发展成就，更是全国各族人民同心同德、同心同向努力的结果。中国人民从亲身经历中深刻认识到，团结就是力量，团结才能前进，一个四分五裂的国家不可能发展进步。我相信，只要 13 亿多中国人民始终发扬这种伟大团结精神，我们就一定能够形成勇往直前、无坚不摧的强大力量!"

4. 伟大梦想精神。习近平总书记指出，实现中华民族伟大复兴是中华民族最大的梦想。实现这样的一个中国梦，必然伴随着各种各样的艰难险阻。因此，中国人民必须进行伟大斗争，必须建设伟大工程，必须推进伟大事业。伟大斗争是中国梦的奋斗征程，伟大工程为中国梦提供了支撑，伟大事业是中国梦的施展舞台。2018 年 3 月 20 日，习近平总书记在第十三届全国人民代表大会第一次会议上的讲话中指出："中国人民是具有伟大梦想精神的人民。在几千年历史长河中，中国人民始终心怀梦想、不懈追求，我们不仅形成了小康生活的理念，而且秉持天下为公的情怀，盘古开天、女娲补天、伏羲画卦、神农尝草、夸父追日、精卫填海、愚公移山等我国古代神话深刻反映了中国人民勇于追求和实现梦想的执着精神。中国人民相信，山再高，往上攀，总能登顶；路再长，走下去，定能到达。近代以来，实现中华民族伟大复兴成为中华民族最伟大的梦想，中国人民百折不挠、坚忍不拔，以同敌人血战到底的气概、在自力更生的基础上光复旧物的决心、自立于世界民族之林的能力，为实现这个伟大梦想进行了 170 多年的持续奋斗。今天，中国人民比历史上任何时期都更接近、更有信心和能力实现中华民族伟大复兴。我相信，只要 13 亿多中国人民始终发扬这种伟大梦想精神，我们就一定能够实现中华民族伟大复兴!"

（二）以改革创新为核心的时代精神

创新是一个民族进步的灵魂，是一个国家兴旺发达的不竭动力，也是中华民族最深沉的民族禀赋。改革开放以来，党带领中国人民在继承和弘扬伟大民族精神的基础上，立足新的时代条件，赋予中华民族精神以新的时代内涵，形成了以改革创新为核心的时代精神。改革开放进程中涌现的一系列时代楷模和榜样群体，都生动地展示着当代中国的时代精神。"雕刻火药的大国工匠"徐立平，在悬崖绝壁上书写精彩传奇的"当代愚公"黄大发，用生命叩响"地球之门"、让中国进入"深地时代"的战略科学家黄大年，勇担民族复兴大任的"天眼巨匠"南仁东，对党忠诚、心系群众、忘我工作、无私奉献的优秀县委书记廖俊波……这些代表着当代中国精神高峰的时代楷模，他们在各自的岗位上心怀大我、至诚报国，书写了当代中国最美的时代华章。一个个英雄群体用智慧、汗水甚至生命谱写的“红船精神”“西迁精神”“两弹一星精神”“女排精神”“载人航天精神”“奥运精神”“抗震救灾精神”等，更是挺起了中华民族的精神脊梁。这些感动中国的先进典型、道德模范、时代楷模和英雄群体，是当今中国时代精神的生动写照。他们或承载人民至上、以人为本、公平正义、诚信友爱的价值追求，或体现廉洁奉公、爱岗敬业、淡泊名利、甘于奉献的职业品格，或展现解放思想、求真务实、积极探索、勇于创新的科学精神，或彰显自强不息、艰苦奋斗、顽强拼搏、敢于胜利的英雄情怀。这些都是中国人民在改革开放的伟大实践中体现出来的崭新精神风貌和高尚精神品格，是建设新时代中国特色社会主义、实现中国梦的强大精神动力。

改革创新精神是时代精神的核心，贯穿于改革开放的全部实践，体现在时代精神的各个方面。哲人认为，思想是地球上“最美丽的花朵”。人类社会的每一次重大变革，人类文明的每一个重大跨越，都离不开先进思想的引领和驱动。如果说改革开放是中国的第二次革命，那么，解放思想就是这一革命的先声。正是由于我们不断解放思想，开辟改革开放之路，贫弱的古国才焕发出盎然生机，中华民族才实现了从站起来、富起来到强起来的伟大飞跃。

（三）中国精神是民族精神与时代精神的辩证统一

民族精神与时代精神紧密关联，都是一个民族赖以生存和发展的精神支撑。一切民族精神都曾经是一定历史阶段中带动潮流、引领风尚、推动社会发展的时代精神。同时，一切时代精神都将随着历史的变迁逐步融入民族精神的长河之中，不断丰富和发展民族精神的时代内涵。弘扬和培育民族精神，必须自觉回应时代的要求，推动民族精神的不断革新，推动民族精神的创新性发展和创造性转化，从而为当下的实践提供精神力量；弘扬和培育时代精神，必须立足民族精神的根基、接续民族精神的血脉、承接民族精神的基因，使得时代精神既面向未来，又不忘本来，始终具有引领民族前行的强大吸引力和感召力。

民族精神和时代精神共同构成了我们当今时代的中国精神。民族精神赋予中国精神以民族特征，是中华民族的精神独立性得以保持的重要保证；时代精神赋予中国精神以时代内涵，是中国精神引领时代前行、拥有鲜明时代性和强大生命力的重要根源。民族精神和时代精神的交融汇通，使得中国精神既具有鲜明的民族性，又洋溢着强烈的时代性，成为中华民族共有的精神家园、奋力实现复兴的强大精神力量。

【课堂测试二】

以爱国主义为核心的民族精神是（　　）。

A. 中华民族生命机体中不可分割的重要成分

B. 中华民族生生不息、发展壮大的强大精神动力

C. 一个民族赖以生存和发展的精神支柱

D. 伟大的创造精神、伟大的奋斗精神、伟大的团结精神和伟大的梦想精神

【答案及解析】

本题答案为 ABCD。以上选项均正确表述了民族精神。

【课堂探究活动一　中国精神感悟】

抗疫精神

2020 年，新冠肺炎疫情肆虐，离汉通道关闭。对一个千万人口的城市封城，史无前例。偌大一个城市，街上空无一人，在街上行驶的只有救护车、警车及执行特殊任务的车辆。随着武汉封城之后，湖北几乎所有的地市也都封村封路，14 亿中国人民开始宅家过春节，不聚餐、不聚会、不走亲访友，通过网络传递温暖，隔离病毒。武汉超市的正常供给让老外感到意外，感叹道：没有骚乱，佩服中国的纪律性。中外互联网被世界卫生组织总干事高级顾问布鲁斯·艾尔沃德先生这样一句话刷屏："我们要认识到武汉人民所做的贡献。"习近平总书记在湖北省考察新冠肺炎疫情防控工作时称赞："武汉不愧为英雄的城市，武汉人民不愧为英雄的人民，全党全国各族人民都为你们而感动，而赞叹！党和人民感谢武汉人民！"

（本案例改编自《来自武汉一线的战"疫"日记》，新浪网，2020 年 2 月 23 日）

【设问思考】全体中华儿女在抗击疫情的战斗中展现出什么样的中国精神？

【讨论交流】大家分组讨论，畅所欲言。

【教师总结】这场战"疫"我们每一个中国人都参与其中并作出了自己的贡献。在凶猛的病毒面前，每一个人都是渺小的，像一只小蚂蚁；但一群中国人，就是一个强大的、分工有序的"蚁群"。这样的大规模动员，很多国家根本做不到，中华民族刻在骨子里的坚强和团结，再一次惊艳世界。中华民族以强大的凝聚力、向心力经受住一次又一次的严峻考验，向世人展示了永不褪色的伟大团结精神。今天，中国取得的令世人瞩目的发展成就，更是全国各族人民同心同德、同心同向努力的结果。中国人民从亲身经历中深刻认识到，团结就是力量，团结才能前进，一个四分五裂的国家不可能发展进步。相信只要 13 亿多中国人民始终发扬这种伟大团结精神，就一定能够形成勇往直前、无坚不摧的强大力量！同时，面对这场来势凶猛的疫情，全体中华儿女进行了千辛万苦、前仆后继、可歌可泣的斗争，进行了各种各样的尝试，敢于奋斗、敢于创造也生动地体现了伟大的创造精神和奋斗精神。勤劳勇敢的中国人民继承、培育、发展起来的以爱国主义为核心的伟大民族精神，是坚定中国特色社会主义道路自信、理论自信、制度自信、文化自信的底气，是中华民族风雨无阻、高歌行进的根本力量。

三、为什么要弘扬中国精神？

【课堂视频回顾】

用 PPT 展示并回顾"为什么弘扬中国精神"的课前教学视频内容。

中国精神是兴国强国之魂。实现中国梦，必须弘扬中国精神，以高扬的精神旗帜为指引，以强大的精神支柱为支撑，团结凝聚全体人民的智慧和力量，为实现中国梦而努力奋斗。

（一）中国精神是凝聚中国力量的精神纽带

推进民族复兴的时代伟业，我们必须有万众一心、众志成城的强大精神凝聚力。人民群众是历史发展和社会进步的主体力量。坚持和发展中国特色社会主义、实现中华民族的伟大复兴，最根本的力量在人民，最强大的力量在团结凝聚起来的人民。推进新时代的伟大事业，需要有万众一心、众志成城的强大精神内聚力。中国精神，是由56个民族共同培育、锻造和浇铸的，体现了全体中华儿女共同的理想和追求。正如习近平总书记所指出，中国要飞得高、跑得快，就得依靠13亿人民的力量。一个十几亿的人口大国，如果没有强大的精神内聚力，就会重演近代以来四分五裂、一盘散沙的悲剧，而一旦万众一心地团结凝聚起来，便会形成无比强大、不可战胜的磅礴力量。

（二）中国精神是激发创新创造的精神动力

当前，我们正在从事的中国特色社会主义事业是一项前无古人的创造性事业，中国精神作为兴国强国之魂的价值和意义更为凸显。纵观人类发展史，创新始终是一个国家、一个民族发展的重要力量，也始终是推动人类社会进步的重要力量。实现梦想、应对挑战、创造未来，动力从哪里来？只能从发展中来、从改革中来、从创新中来。

（三）中国精神是推进复兴伟业的精神定力

世界上没有一个民族能够亦步亦趋走别人的道路实现自己的发展振兴，也没有一个民族会在心神不定、游移彷徨中成就自己的光荣和梦想。只有自觉弘扬中国精神，增强民族自尊心和自信心，坚定不移走自己的路，才能使全体人民在实现复兴伟业的征途中拥有坚如磐石的精神和信仰力量，不为困难吓倒，不为诱惑所动，不为干扰迷惑，坚定不移把我们的事业不断推向前进，直至光辉的彼岸。鲁迅曾说："惟有民魂是值得宝贵的，惟有他发扬起来，中国才有真进步。"大学生是民族的希望和祖国的未来，要努力弘扬以爱国主义为核心的民族精神和以改革创新为核心的时代精神，将中国精神转化为青春行动，勇做弘扬和践行中国精神的时代先锋，为国家富强、民族振兴、人民幸福贡献自己的智慧和力量。习近平总书记在党的十九大报告中提出："更好构筑中国精神、中国价值、中国力量。"弘扬中国精神、中国价值，就是要积极弘扬以爱国主义为核心的民族精神和以改革创新为核心的时代精神，积极培育和践行社会主义核心价值观；汇聚中国力量，就是要将13亿多中国人民的智慧和力量汇集起来，形成为实现中国梦而不懈奋斗的磅礴力量。三者紧密关联、有机统一，共同推动中华民族伟大复兴进程中精神力量的建设和提升。

【课堂测试三】

1. 民族精神的核心是（　　）。

A. 不屈不挠　　B. 改革创新　　C. 爱国主义　　D. 民族团结

【答案及解析】

本题答案为C。民族精神以爱国主义为核心，时代精神以改革创新为核心。

2. （　　）是凝心聚力的兴国强国之魂。

A. 儒家文化　　B. 改革创新　　C. 中国精神　　D. 中国力量

【答案及解析】

本题答案为C。习近平总书记指出："实现中国梦必须弘扬中国精神。这就是以爱国主义为核心的民族精神，以改革创新为核心的时代精神。这种精神是凝心聚力的兴国之魂、强国之魂。”

【课堂探究活动二　中国精神感悟】

中国精神在抗疫斗争中的力量

2020 年的春节如一场梦魇，新型冠状病毒从滨江武汉向神州大地蔓延，使美好的节日失去了欢歌笑颜。人民生命重于泰山，防控疫情刻不容缓，党中央英明决断，坚决打赢疫情防控阻击战。疫情就是命令，防控就是责任。举国上下总动员：同舟共济，群防群联，驱除病疫，共渡难关。八十四岁的钟南山奔赴疫区最前沿，怀着对祖国和人民深沉的爱，不辱使命，精准研判。七十三岁的李兰娟，率领着她的科研攻关团，奔走于杭州、武汉，紧急提议封城方案。一座座院所，一批批专家，和时间赛跑。一间间灯火通明的实验室，向极限挑战。一个个忙碌的勇士天使，艰苦奋战，争分夺秒，彻夜不眠。千余名建设大军云集武汉，火神山、雷神山两座应急医院仅十天时间，拔地而起，中国速度承载着中国力量，为数千危重病人创造了最佳条件。国有难，召必至。驰援湖北，支援武汉！19 省对口支援大军火速降临到湖北的各个市县，全国各地两百多支医疗队、三万多医护人员加入“逆行者”的滚滚洪流。陆、海、空三军医大 450 名精英如天兵天将，除夕夜从西安、重庆、上海空降武汉，投入这场没有硝烟的决战中。疫无情，人有爱，驰援湖北，支援武汉！重任扛肩。这是一场生死抗争的鏖战，更是一场全民皆兵的决战。每一名中华儿女都是一滴水珠，万众一心，涌向大海，汇聚成磅礴之力；每一名中华儿女都是一名战士，众志成城，冲锋陷阵，构筑起铜墙铁壁。这就是中国力量！这就是中国精神！

（本案例改编自《众志成城坚决打赢疫情防控阻击战》，新华网，2020 年 2 月 7 日）

【设问思考】你所理解的中国精神是什么？中国精神在抗击疫情中发挥着什么作用？

【讨论交流】分组讨论，畅所欲言。

【教师总结】国家精神，是一个国家、一个民族的魂。国之魂者，立国之本！泱泱中华，上下五千年，纵横千万里，唯有“国魂”立中间！“国魂”是什么？国魂就是中华民族屹立于世界民族之林不倒，也绝不可撼动的“中国精神”！五千年中华文明孕育了中国古代精神，使中国精神具有深厚的历史基础和文化分量。一百七十多年的民族发展历程凝成中国近现代精神，使中国精神具有明确的民族指向和奋斗目标。中国共产党继承和创造的中国现当代精神，使中国精神迸发出巨大力量和绚丽光芒。习近平总书记提出中华民族伟大复兴的“中国梦”的总体理念，激励全国人民团结一心、发奋图强、和衷共济，实现伟大梦想。当然，实现中华民族的伟大历史复兴，绝不是轻轻松松、敲锣打鼓就能够实现的，需要靠具有实干精神的人在不懈的努力奋斗中实现的。

2020 年，新冠肺炎疫情从湖北武汉迅速向全国蔓延，习近平总书记专门赴湖北省考察新冠肺炎疫情防控工作。他饱含深情地点赞武汉人民，指出武汉人民用自己的实际行动，展现了中国力量、中国精神，彰显了中华民族同舟共济、守望相助的家国情怀。这份浓浓的谢意，体现了习近平总书记对武汉人民的牵挂和关怀，也说出了全国人民的心声。的确，中华民族在历史发展的长河中不断积淀，形成了我们稳定的核心价值追求，又在一次次磨难中不断生成、发展出新的精神气质，历练而成今时今日从不言败的精神。这种精神，充盈在抗疫时期中国人民、湖北人民、武汉人民的精神世界中。这次疫情，让我们看到普通中国人对家庭、社区的切身关怀和坚定守护，对民族、国家的绝对忠诚和无私奉献，每一个个体将其精神聚集融合，造就了中华民族新的精神上的共同财富，这是新时代中国人精神自觉的真实写照，同时是我们最终战胜疫情的内在仰仗。中华民族在历史发展的各个时期经历了各种艰难困苦，之所以能够屹立于世界民族之林，靠的就是从一代又一代中国人身上体现出的伟大的中国精神。中国精神作为兴国强国之魂，是实现中华民族伟大复兴不可或缺的精神支撑和精神动力。决胜战“疫”正是中国精神的又一次集中展现。中国精神就是以爱国主义为核心的民族精神，以改革创新为核心的时代精神。这种精神是凝心聚力的兴国之魂、强国之魂。医务人员、人民子弟兵、民警、社区工作者、志愿者、清洁工义无反顾奔赴抗疫一线，无论生死，不计报酬，展现出天下兴亡匹夫有责的爱国主义精神。全体中华儿女纷纷捐款、捐物支援湖北武汉，响应国家号召居家隔离，展现出万众一心、众志成城的伟大团结精神。千余名建设大军云集武汉，火神山、雷神山两座应急医院仅十天时间，拔地而起，展现出伟大的创造、奋斗和创新精神，这也是我们优秀传统思想道德的体现。中国精神，作为中华民族赖以强大昌盛的内在动力，作为中华文化赖以光大辉煌的民族灵魂，作为始终支撑中华民族的优秀儿女前赴后继、为民族救亡和振兴奋斗不息的坚强意志，是凝聚中国力量的精神纽带。当代中国，走兴国强国之路，首先需要兴国魂、强国魄，以强大的精神支柱为支撑，以高扬的精神旗帜为指引，团结凝聚全体人民的智慧和力量，为实现中国梦而努力奋斗。我们既要了解中华民族精神的基本内涵，还要不断传承弘扬，成为一个真正有灵魂、有血肉的中国人。作为当代大学生，我们担当着民族复兴的时代使命，要努力做忠诚的爱国者和走在时代前列的奋进者，用实际行动展现出中国精神的青春风采。

【课后作业】以抗疫典型人物故事为背景准备 10 分钟“中国精神民族的脊梁”主题演讲。

主题二：如何做忠诚的爱国者？

【课堂导问】

· 什么是爱国主义？
· 新时代爱国主义的基本内容是什么？
· 新时代大学生应当如何做忠诚的爱国者？

一、什么是爱国主义？

【课堂视频回顾】

用 PPT 展示并回顾“什么是爱国主义”的课前教学视频内容。

（一）爱祖国的大好河山

我们的祖国山河壮丽，风光秀美。她有着名山、大川、江河、湖海，构成了绚丽多姿、气象万千的美丽图景，成为世界各国旅游者所敬仰的旅游胜地，也陶冶了中华民族的高尚情操。祖国的大好河山，不仅是中华民族世代生息、繁衍、发展的基础和条件，而且还是主权、财富、民族发展和进步的基本载体。因此，祖国的山河与我们民族和个人息息相关。“禾苗离土即死，国家无土难存。”领土不存，民族焉附？以色列未建国前的犹太民族，就是典型生动的写照。所以，自古以来，每个国家和民族都把祖国看作母亲和家园，都会感谢祖国的滋养哺育之恩，都会誓死捍卫祖国领土的完整。一些背井离乡的人在离开时带上一抔泥土，以表达对祖国的无尽思念和热爱。因此，爱祖国，就要为祖国山河的壮美感到自豪。就像一首歌中唱的那样：“我和我的祖国一刻也不能分割，无论我走到哪里，都流出一首赞歌，我歌唱每一座高山，我歌唱每一条河。”保我国土、爱我家乡、维护祖国领土的完整和统一，是我们每个爱国者的神圣使命和义不容辞的责任。

（二）爱自己的骨肉同胞

爱国不仅要爱自己的国土，还要热爱生活在这片土地上的人民。各族人民都是伟大祖国的创造者，爱祖国其实最根本的是热爱那些创造悠久历史和灿烂文明的各族人民。我们国家是一个多民族组成的团结的大家庭，我们要爱每一个民族，爱每一个流着华夏儿女血液的骨肉同胞。邓小平曾经动情地说：“我是中国人民的儿子。我深情地爱着我的祖国和人民。”爱自己的骨肉同胞，最主要的是培养对人民群众的深厚感情，紧紧地和人民群众站在一起，想人民所想，急人民所急，有“先天下之忧而忧，后天下之乐而乐”的情怀。

（三）爱祖国的灿烂文化

文化传统作为一个民族群体意识的载体，常被称为国家和民族的“胎记”，是培养民族心理、民族个性、民族精神的“摇篮”，是民族凝聚力的基础。一个真正爱国的人不可能不以自己祖国的灿烂文化为荣。中华文化遗产是中华文明的重要代表，承载的历史文化信息弥足珍贵，它向全世界展示了伟大中国文明沧桑的深厚积淀，不仅是中华民族的骄傲，更是全人类的瑰宝。在现实生活中，人们或许会背井离乡，或许会彼此隔绝，但对祖国灿烂文化和历史传统的认同总会把彼此的心连在一起。爱祖国的灿烂文化，就是要认真学习和真正了解祖国的历史，在充分理解和尊重的基础上，积极推动祖国优良历史文化传统的传承和发展。

（四）爱自己的国家

“家是最小国，国是千万家”“没有国哪有家，没有家哪有我”，这些看似平常的话语，却道出了国家和个体之间相互依存、密不可分的关系，也道出了最深刻的爱国理由。祖国的大好河山，自己的骨肉同胞，民族的灿烂文化，都是同我们的国家联系在一起的，我们每个人的发展也都时刻同国家的发展进步紧密关联。失去国家的庇佑和保护，人们就将失去成长和发展最基本的屏障和最坚实的依托。因此，爱自己的国家，拥护国家的基本制度，遵守国家的宪法法律，维护国家安全和统一，捍卫国家的利益，为国家繁荣发展贡献自己的力量，是爱国主义的基本要求。

【课堂测试一】

以下对爱国主义的表述正确的是（　　）。

A. 爱国就是要爱祖国的大好河山　　B. 爱国就是要爱自己的骨肉同胞

C. 爱国就是要爱祖国的灿烂文化　　D. 爱国就是要爱自己的国家

【答案及解析】

本题答案为ABCD。以上表述都正确表达了爱国主义的内涵。

【设问思考】你对爱国主义如何理解？你认为青年大学生如何做一个忠诚的爱国者？

【讨论交流】大家分组讨论，畅所欲言。

【教师总结】爱国主义不仅是一种情感，它还有更深刻、更科学的内涵。一个人如果不爱国，甚至欺骗祖国，背叛祖国，那他在自己的国家、世界上都是没有立足之地的。爱国主义体现了人民群众对自己祖国的深厚感情，反映了个人对祖国的依存关系，是人们对自己故土家园、种族和文化的归属感、认同感、尊严感与荣誉感的统一。它是调节个人与祖国之间关系的道德要求、政治原则和法律规范，也是民族精神的核心。爱国主义不是空洞的，我们大学生应如何表达自己的爱国之情呢？它不能只停留在口头上，而要有实际的行动。培养强烈的爱国情怀，我们需要了解中国历史，需要以科学的态度对待历史，以强烈的民族自豪感和自信心实现振兴中华的夙愿。强烈的爱国情怀还表现在对祖国的忠诚，事业与祖国命运紧密联系，理顺与祖国和人民的关系，对祖国和人民利益的最高服从上。以各种方式为国家服务，始终牢记国家利益是最重要的。维护国家统一，促进祖国统一，必须自觉维护国家统一，促进祖国统一，这是爱国主义的重要表现形式之一。努力学习，用实际行动和贡献，努力履行爱国义务。刻苦学习科学文化知识，掌握建设和保卫祖国的能力。要树立正确的思想政治观念，自觉维护祖国的安定团结统一。“振兴中华，从我做起”，这个口号鼓舞着无数青年学子投身祖国的现代化建设事业，在各自的工作岗位上建功立业。我们相信，中国一定会有个更加光明的前途。正如这场战“疫”中数以亿计的中国人民饱含对祖国深沉的爱，响应国家召唤，终将取得战“疫”的胜利一般，我们每个人浓郁的爱国心、爱国情，必将汇聚成磅礴的洪流，成为推动国家进步的“中国力量”。

二、新时代爱国主义的基本内容

【课堂视频回顾】

用PPT展示并回顾“新时代爱国主义的基本内容”的课前教学视频内容。

（一）坚持爱国主义和社会主义相统一

自社会主义制度在我国确立以后，爱国主义就与社会主义密不可分。有人曾提出“不爱社会主义不等于不爱国”的论调，爱国主义并不是抽象的，它总是同国家的具体制度联系在一起。爱国主义与爱社会主义的统一是中国历史发展的必然结果。社会主义制度的建立，为中国的繁荣发展提供了可靠的保障。社会主义在中国并不是一句空洞的口号，而是集中代表着、体现着、实现着国家、民族和人民的根本利益。“没有共产党就没有新中国”，这是中国的历史和现实所昭示的真理。邓小平指出：“在今天，我们讲爱国就是要爱社会主义祖国。”在当代中国，爱国主义体现在对社会主义中国的热爱，体现在对领导中国特色社会主义事业的中国共产党的热爱，这是我们每一个公民必须坚持的立场和态度。爱国主义与爱社会主义、爱中国共产党、爱人民政府，具有深刻的内在一致性。

（二）维护祖国统一和民族团结

爱国主义是维护祖国统一和民族团结的纽带，热爱祖国就应包含着维护祖国的统一。回顾历史，我们清晰地看到，维护祖国的独立统一就像一条红线始终贯穿中华民族爱国主义发展史之中。中国古代先贤早就提出了“大一统”的政治哲学思想，维护国家统一也成为中华民族爱国主义传统中最重要的理念。当前，由于种种原因，台湾问题迟迟没有得到妥善解决，海峡两岸仍然被人为地分割着，“台独”势力依然十分猖獗。这种分裂状况严重违背了包括台湾同胞在内的中国各族人民的利益和愿望，也成为制约中华民族伟大复兴实现的一个最大障碍。在新的时代条件下，弘扬爱国主义精神，必须把维护祖国统一和民族团结作为重要着力点和落脚点。解决台湾问题、实现祖国完全统一，是不可阻挡的历史进程，也是全体中华儿女的共同心愿。

多民族是我国的一大特色，也是我国发展的一大有利因素。各民族共同开发了祖国的锦绣河山、广袤疆域，共同创造了悠久的中国历史、灿烂的中华文化，造就了我国各民族在分布上的交错杂居、文化上的兼收并蓄、经济上的相互依存、情感上的相互亲近，形成了你中有我、我中有你、谁也离不开谁的多元一体格局。中华民族和各民族的关系，是一个大家庭和家庭成员的关系；各民族的关系，是一个大家庭里不同成员的关系。弘扬新时代的爱国主义精神，就要自觉维护全国各族人民大团结的政治局面，不断增强对伟大祖国、中华民族、中华文化、中国共产党、中国特色社会主义的认同，坚决维护国家主权、安全、发展利益，筑牢国家统一、民族团结、社会稳定的铜墙铁壁。

（三）尊重和传承中华民族历史和文化

中华民族在五千多年的文明发展进程中，创造了博大精深的文化。它不仅积淀了中华民族最深沉的精神追求，包含着中华民族最根本的精神基因，还代表着中华民族最独特的精神标志，是中华民族生生不息、发展壮大的丰厚滋养。中华文化历经朝代更迭、外族入侵而绵延数千年不绝，成为世界文明史上唯一没有中断的文化，已经深深融入中华民族的血脉之中。

中华民族的优秀文化传统不仅是我们的“根”与“魂”，同时也是世界文明发展不可或缺的力量之源，因此我们应该传承和弘扬中华优秀传统文化。当然，中华民族的文化传统也面临过发展困境。近代以来，伴随着西方列强入侵，中华文化的优越感不断被击碎，有识之士开始看到我们的不足，由此，“师夷”之风渐开，直到西学蔚然成风。在这一过程中，一些人开始怀疑自己的文化，甚至一度出现了用西学取代国学的思潮。新中国成立后，中国人找到了民族的自信心，懂得了传统文化的珍贵，但“文化大革命”中的“破四旧”（破除旧思想、旧文化、旧风俗、旧习惯）再次让中华文化黯然神伤。及至改革开放，虽然拨乱反正让中华文化转危为安，但面对西方文化思潮和产品的大量涌入，有些人再次陷入迷失的危险境地，盲目追捧西方文化。直至今日，仍有人

“言必称希腊”，唯西学马首是瞻。

文化不自信、文化不自强、文化不自立是非常危险的，这不仅会给我们每个人带来精神上的困惑和迷茫，还会威胁国家的安全。当今世界，“文化软实力”“文化巧实力”已成为国家力量的重要组成部分，在一个国家的对外关系上发挥着越来越重要的作用。当前，国际竞争不仅表现在经济上、军事上，更表现在文化上。当前，国际文化竞争激烈，以美国为代表的西方国家正以各种形式对我国进行文化渗透和扩张。如果我们不能很好地传承和弘扬中华民族的优秀文化传统，就难以实现在文化上的自强，中华民族的伟大复兴也就会失去“根”与“魂”。

2016年11月30日，习近平总书记在中国文联十大、中国作协九大开幕式上的讲话中指出：“历史是一面镜子，从历史中，我们能够更好看清世界、参透生活、认识自己；历史也是一位智者，同历史对话，我们能够更好认识过去、把握当下、面向未来。”抛弃传统、丢掉根本，就等于割断了自己的精神命脉。历史和现实都表明，一个抛弃了或者背叛了自己历史文化的民族，不仅不可能发展起来，而且还很可能上演一场历史悲剧。“灭人之国，必先去其史。”一些人打着所谓“重评历史”的幌子，否定近现代中国革命历史、党的历史和中华人民共和国历史，抹黑英雄，诋毁革命领袖，企图混淆视听、扰乱人心，从根本上否定马克思主义指导地位和中国走向社会主义的历史必然性，否定中国共产党的领导。

（四）必须坚持立足民族又面向世界

中国的命运与世界的命运紧密相关。经过改革开放四十多年的发展，中国日益走近世界舞台的中央。当今社会越来越成为你中有我、我中有你的命运共同体。坚持新时代的爱国主义，要求我们正确处理好立足民族与面向世界的辩证统一关系，把弘扬爱国主义精神与扩大对外开放结合进来，既要尊重各国的历史特点、文化传统，尊重各国人民选择的发展道路，从不同文明中寻求智慧、汲取营养，增强中华文明生机活力，又要积极倡导求同存异、交流互鉴，促进不同国度、不同文明相互借鉴、共同进步，共同推动人类文明发展进步。

【课堂测试二】

爱国主义在不同的历史和文化背景下有着不同的内涵和特点。在新民主主义革命时期，爱国主义主要表现为致力于推翻帝国主义、封建主义和官僚资本主义的反动统治，把黑暗的旧中国改造成光明的新中国。在现阶段，爱国主义主要表现为心系国家的前途和命运，献身于社会主义现代化事业，献身于祖国统一大业。这表明（　　）。

A. 爱国主义是主观的、现实的　　B. 爱国主义是历史的、具体的

C. 爱国主义是客观的、抽象的　　D. 爱国主义是客观的、具体的

【答案及解析】

本题答案为B。爱国主义是历史的、具体的，在不同的历史时代和文化背景下产生的爱国主义，具有不同的内涵。爱国主义的丰富性和生命力，正是通过它的历史具体性表现出来的。爱国主义是随着国家的产生而产生的，是随着国家的发展而发展的，在阶级社会中，爱国主义具有阶级性，不同的阶级对待国家的感情既有一致的方面，也有差

异的方面，甚至有对立的方面。

【课堂探究活动一　课堂讨论】

【设问思考】有人说新中国成立时很穷，为什么世界上那么多优秀的科学家放弃他们在国外的优厚待遇，奋不顾身地回到祖国的怀抱，加入社会主义建设？为什么现在我们国家富足了，却有很多人奋不顾身地移民海外，加入他国的国籍？在人的生活中，精神生活和物质生活哪个占主导地位呢？

【讨论交流】大家分组讨论，畅所欲言。

【教师总结】新中国的成立，宣告了一个民族站起来，一些海外侨胞激动、骄傲，深受鼓舞。为了新中国的建设，很多优秀的科学家纷纷抛弃海外优越的生活，回到祖国怀抱，为祖国的建设贡献自己的力量。钱学森就是其中的一位。钱学森在美国的生活可以说是很优越的，但他不顾一切，冲破重重阻力，回到祖国的怀抱，投入社会主义的建设中去。尽管在国内的生活条件很艰苦，住房也很简陋，物质条件更是没有办法和美国相比，但就是因为他有着一颗报效祖国的拳拳之心，优越的物质条件在他的眼里如过眼云烟，毫不留恋。相反，他经常为自己取得的成绩而骄傲和自豪。就是他的这种精神境界，使他成为一个高尚的科学家，为祖国的国防事业做出了巨大的贡献，同时中国人民和世界人民也都记住了他的名字。我们中国人民就是靠这种精神境界，创造了很多世界奇迹，为社会主义建设提供了安全保证和物质保障，也为今后的改革开放奠定了雄厚的物质基础。

在中华民族五千多年绵延发展的历史长河中，爱国主义始终是激昂的主旋律，始终是激励我国各族人民自强不息的强大力量。实现中华民族伟大复兴的中国梦，是当代中国爱国主义的鲜明主题。青年大学生要继承中华民族爱国主义光荣传统，自觉做新时代的忠诚爱国者。

三、大学生如何做一个忠诚的爱国者？

【课堂视频回顾】

用 PPT 展示并回顾“大学生如何做一个忠诚的爱国者”的课前教学视频内容。

有人说，我只是个普通人，“爱国行为”太过遥远。爱国看似宏大，实际上只是我们每个人再朴素不过的情感。不用高谈阔论，用最细微的行动，最日常的点滴，做最好的自己，其实就是最好的爱国。有时只是举手之劳，对别人而言就如雪中送炭，每个人的善，托起了社会的正义，让人民更加幸福，让祖国更加强大。每个人，都有属于自己的角色，日复一日，年复一年，但求在自己的位置上精益求精、问心无愧。做最好的自己，这是爱国，也是最好的报国。爱国既需要情感的基础，也需要理性的认识，更需要实际的行动。只有把国家的安全、荣誉和利益放在高于一切的地位，始终做到爱国的深厚情感、理性认识和实际行动相一致，与祖国同呼吸、共命运，才能成为真正的爱国者。

（一）维护和推进祖国统一

香港、澳门长期繁荣稳定，实现祖国完全统一，是实现中华民族伟大复兴的必然要求，是不可阻挡的历史进程，也是全体中华儿女的共同心愿。“一国两制”是我国的一项基本国策，其成功实践取得了全世界的认可。

“一国两制”基本国策是实现香港、澳门长期繁荣稳定的必然要求，符合国家和民族根本利益，符合香港、澳门整体和长远利益，符合全国人民共同意愿。习近平总书记指出，继续推进“一国两制”事业，是中央政府、特别行政区政府和包括港澳同胞在内的全国各族人民的共同使命，无论遇到什么样的困难和挑战，我们对“一国两制”方针的信心和决心都绝不会动摇，我们推进“一国两制”实践的信心和决心都绝不会动摇！解决台湾问题、实现祖国完全统一，是全体中华儿女共同愿望，是中华民族根本利益所在，是不可阻挡的历史进程。“和平统一、一国两制”是解决台湾问题的基本方针，也是实现国家统一的最佳方式。

实现中华民族伟大复兴，是全体中国人民共同的梦想。只要包括港澳台同胞在内的全体中华儿女顺应历史大势、共担民族大义，把民族命运牢牢掌握在自己手中，就一定能够共创中华民族伟大复兴的美好未来。大学生要感悟两岸关系和平发展的潮流，担当起实现民族伟大复兴的历史重任，为推动两岸关系和平发展、实现祖国统一作出自己的贡献。

（二）促进民族团结

处理好民族问题、促进民族团结，是关系祖国统一和边疆巩固的大事，是关系民族团结和社会稳定的大事，是关系国家长治久安和中华民族繁荣昌盛的大事。境内外“三股势力”妄图分裂中国、亡我之心不死。为了达到其罪恶目的，他们打着“民族”的旗号，披着“宗教”的外衣，制造民族分裂、煽动民族仇恨、挑拨民族关系，大肆宣扬荒唐谬论，毒害、蒙骗、煽动信教群众，以残暴的方式进行所谓的“圣战”，通过暴力恐怖活动制造社会动乱，严重危害祖国统一、民族团结，严重危害各族人民生命财产安全。大学生都要像爱护自己的眼睛一样维护民族团结，像爱护自己的生命一样维护社会稳定，自觉做民族团结进步事业的建设者、维护者、促进者。

深化对党的民族理论和民族政策的认识，认真学习国家关于民族事务的法律法规，深入了解中华民族“多元一体”的发展历史，坚定“汉族离不开少数民族，少数民族离不开汉族，各少数民族之间也相互离不开”的思想观念。要牢固树立正确的祖国观、民族观，增强对伟大祖国的认同、对中华民族的认同、对中华文化的认同、对中国特色社会主义道路的认同。要铸牢中华民族共同体意识，加强各民族交往、交流、交融，促进各个民族像石榴籽那样紧紧抱在一起，共同团结奋斗、共同繁荣发展。

（三）增强国家安全意识

确立总体国家安全观。国家安全是指一个国家不受内部和外部的威胁、破坏而保持稳定有序的状态。当代大学生必须坚持总体国家安全观，坚持国家利益至上，以人民安全为宗旨，以政治安全为根本，以经济安全为基础，以军事、文化、社会安全为保障，以促进国际安全为依托，走出一条中国特色国家安全道路。

增强国防意识。强大的国防是国家生存与发展的安全保障。大学生既是社会主义现代化建设的有用人才，也是国防建设的后备人才，必须具有很强的国防观念和忧患意识，自觉接受国防和军事方面的教育训练，关心国防、了解国防、热爱国防、投身国防，积极履行国防义务，成为既能建设祖国又能保卫祖国的优秀人才。

履行维护国家安全的义务。大学生应自觉遵守国家安全法律，履行维护国家安全的法律义务，对每一项责任和义务，都应当勇于担当，尽职尽责。

【课堂测试三】

1. 在新时期，怎样做一个忠诚的爱国者？（　　）

A. 培育爱国情感，保持民族自尊和自信

B. 维护民族团结，促进祖国统一

C. 努力学习和工作，以实际行动和贡献履行爱国义务

【答案及解析】

本题答案为 ABC。所有选项均为做一个忠诚爱国者的要求。

2. 坚持总体国家安全观，以（　　）为根本。

A. 交通安全　　B. 经济安全　　C. 文化安全　　D. 政治安全

【答案及解析】

答案为 D，国家安全工作应当坚持总体国家安全观，以人民安全为宗旨，以政治安全为根本，以经济安全为基础，以军事、文化、社会安全为保障，以促进国际安全为依托，维护各领域国家安全，构建国家安全体系，走中国特色国家安全道路。

【课堂探究活动二　案例分析】

大学生为境外间谍搜集情报

广东省航海学校专科生徐某的父母都在农村，家里生活并不宽裕。2012 年 4 月，当徐某考入某重点大学时，他在 QQ 群里发了一条求助帖——“寻求学费资助 2000 元”。不久，一网民为“MissQ”的人回帖，表示愿意提供帮助。徐某喜出望外，把银行卡号告诉对方，第二天就收到 2000 元人民币汇款。“MissQ”自称是“一家境外投资咨询公司的研究员”，需要为客户“搜集解放军部队装备采购方面的期刊资料”，希望徐某协助搜集，作为资助学费的回报。徐某痛快地答应了，但他没能在航海学校的图书馆找到相关资料。2012 年 5 月，徐某主动联系“MissQ”，对方向他提供了一份“田野调研员”的兼职，月薪 2000 元。徐某所在的广东某大城市有一个军港码头和一家历史悠久的造船厂，他的“调研”工作就是到军港拍摄军事设施和军舰，到船厂观察、记录在造在修船舰的情况，并将有船舰方位标识的电子地图做成文档，提供给“MissQ”。23 岁的徐某后来承认，做“调研员”不久，就意识到对方是搜集我军事情报的境外间谍，曾因内心极度不安主动放弃了学校的一些荣誉，但利诱当前，又难以拒绝对方。2013 年 5 月，徐某被国家安全机关依法审查。

（本案例改编自《网络泄密案多发　间谍盯上大学生》，人民网，2015 年 4 月 20 日）

【设问思考】增强大学生国家安全意识有什么作用？增强国家安全意识，我们可以做些什么？

【讨论交流】大家分组讨论，畅所欲言。

【教师总结】国家安全问题事关国家安危和民族存亡。在国家安全形势越来越复杂的今天，大学生要增强国家安全意识，对境内外敌对势力的渗透、颠覆、破坏活动保持高度警惕，切实履行维护国家安全的义务。

【课堂探究活动三　故事分享】

“雨衣妹妹”的故事

2020年4月初，联合国秘书长青年特使办公室在联合国网站推荐了全球10位年轻人参与抗疫的故事，中国的“雨衣妹妹”上榜。“雨衣妹妹”本名刘仙，24岁，是一名四川成都女孩，疫情发生后她不顾自身危险，自带厨师和食材，驾车十几小时从成都“逆行”武汉。每天亲自开车免费奔赴前线为医护工作者烹饪可口菜肴。在短短40天的时间里，她制作了超过20000份盒饭，几乎每天就要做400份。因为她经常穿着雨衣奔走在路上为医护人员送餐，所以大家亲切地叫她“雨衣妹妹”。刘仙的行为不仅在中国引发了热烈的讨论，她的事例也鼓舞着世界同胞共同参与抗疫行动。当有人向她提出捐款，她霸气地喊出：“我不要捐款，我自己有！”有人问她：“这么送你能坚持多久？”她回答：“随时准备卖法拉利！”她说“我一生低调做人，但在爱国问题上我绝不低调”！

（本案例改编自《联合国点名表扬一位中国女孩：她鼓舞了很多人！》，中国青年网，2015年4月20日）

【设问思考】你对爱国主义如何理解？你认为青年大学生如何做一个忠诚的爱国者？

【讨论交流】大家分组讨论，畅所欲言。

【教师总结】爱国主义是中华民族的民族心、民族魂，是中华民族最重要的精神财富，是中国人民和中华民族维护民族独立和民族尊严的强大精神动力。爱国主义精神深深植根于中华民族心中，维系着中华大地上各个民族的团结统一，激励着一代又一代中华儿女为祖国的发展繁荣而自强不息、不懈奋斗。爱国主义不仅是一种情感，它还有更深刻、更科学的内涵。爱国，不能停留在口号上，要时时想到国家，处处想到人民，做到“利于国者爱之，害于国者恶之”。爱国，不能停留在口号上，而是要把自己的理想同祖国的前途、把自己的人生同民族的命运紧密联系在一起，扎根人民，奉献国家。

【课后作业】结合自身的实际，谈谈如何用实际行动践行爱国主义。

主题三：大学生如何坚持改革创新？

【课堂导问】

·为何要具有改革创新精神？

·新时代大学生如何做改革创新的生力军？

一、创新创造是中华民族最深沉的民族禀赋

【课堂视频回顾】

用PPT展示并回顾“创新创造是中华民族最深沉的民族禀赋”的课前教学视频

内容。

改革创新是当代中国最突出、最鲜明的特点。大学生富有想象力和创造力，是改革创新的生力军，要在改革创新的实践中奉献祖国、服务人民、实现价值，让改革创新成为青春远航的强大动力。

中华民族是世界上最富有创造性的民族。我们的先民很早就提出了“苟日新，日日新，又日新”等思想观念，革故鼎新，实事求是，与时俱进等思想观念逐渐积淀为中华民族的民族天赋。勇于创新创造的民族天赋成就了中华优秀的五千年文化。我国古代在天文历法、数学、农学、医学、地理学等众多领域取得了举世瞩目的成就。这些发明创造同生产紧密结合，为农业和手工业发展提供了有力支撑。英国哲学家培根曾说，印刷术、火药、指南针，这些发明改变了整个世界事物的面貌和状态。资料显示，16 世纪以前世界上最重要的 300 项发明和发现中，我国占 173 项，远远超过同时代的欧洲。唐诗、宋词、元曲、明清小说的源远流长，指南针、火药的发现开辟都是中国文化创新创造的最好证明。中国在思想文化、社会制度、经济发展、科学技术等方面为世界做出了巨大贡献，产生了深远影响。究其深层原因，就在于中华民族的创新创造这一民族禀赋。

近代以来，中华民族由领先走向衰退，其中一个重要的原因就是闭关锁国，错过了西方大国多次的科技革命和产业革命，在时代中被远远超越！但是中华人民共和国成立后，在中国共产党的带领下，中国人民不断奋斗、不断进步，终于走出了属于自己的康庄大道！1978 年，中共十一届三中全会的召开拉开了改革开放的序幕，使得中国人民走上了一条富强、创新、发展的道路！

二、改革创新是时代要求

【课堂视频回顾】

用 PPT 展示并回顾“改革创新是时代要求”的课前教学视频内容。

在当代中国，社会发展离不开改革创新，改革创新是社会发展的重要动力，坚持改革创新是新时代的迫切要求。

创新始终是推动人类社会发展的第一动力。16 世纪以来，人类社会进入前所未有的创新活跃期，几百年里，人类在科学技术方面取得的创新成果超过过去几千年的总和。特别是 18 世纪以来，世界发生了几次重大的科技革命，如近代物理学诞生、蒸汽机和机械、电力和运输、相对论和量子论、电子和信息技术发展等。在此带动下，世界经济发生多次产业革命，如机械化、电气化、自动化、信息化。每一次科技和产业革命都深刻改变了世界的发展面貌和力量格局。一些国家抓住了机遇，经济社会发展驶入快车道，经济实力、科技实力、军事实力得到迅速增强，甚至一跃成为世界强国。发端于英国的第一次工业革命，使英国成为世界霸主；美国抓住了第二次工业革命机遇，赶超英国成为世界第一。从第二次工业革命以来，美国就一直占据世界第一的位置，这是因为美国在科技和产业革命中都是领航者和最大获利者。从某种意义上说，创新决定着世界政治经济力量对比的变化，也决定着各国各民族的前途命运。

改革开放是新中国发展的必然要求，是中国特色社会主义的真实写照，是社会主义制度的自我完善和自我发展！改革开放是我国赢得未来的必然要求！我国能否在未来弯道超车，后来居上，不断向前，最重要的就是创新创造！必须把创新作为引领发展的第一动力，把人才作为发展的第一资源，把创新驱动作为国家发展战略，不断推进理论创新、制度创新、科技创新、文化创新等方面的创新，让创新在社会上蔚然成风！

三、大学生要做改革创新的生力军

【课堂视频回顾】

用 PPT 展示并回顾“大学生要做改革创新的生力军”的课前教学视频内容。

2013 年 5 月 4 日，习近平总书记在同各界优秀青年代表座谈时的讲话中指出：“生活从不眷顾因循守旧、满足现状者，从不等待不思进取、坐享其成者，而是将更多机遇留给善于和勇于创新的人们。青年是社会上最富活力、最具创造性的群体，理应走在创新创造前列。”新时期的大学生置身于实现中华民族伟大复兴的历史洪流之中，应当以时代使命为己任，把握时代脉搏，迎接时代挑战，增强创新本领，勇于实践，将弘扬改革创新精神贯穿于实践中，体现在行动上。为此，培养创新精神与能力要从以下几方面着手。

（一）责任担当是创新之魂

实现中华民族伟大复兴需要源源不断的青春力量，创新创业是时代和历史赋予这一代青年人的使命。在时代大潮中，有人选择安于现状、不思进取、随波逐流，有人则意气风发、力争上游、拼搏进取。这两种不同选择的根源，除信心和勇气外，更在于是否具有为推动社会发展进步贡献力量的责任感和使命感。作为“网络一代”，微博、微信、QQ 和手机构成了熟悉的虚拟世界，他们天然地习惯于通过网络了解社会；作为国家和民族振兴进程中成长起来的一代，他们有着天然的优越感。青年大学生应学会更全面更直接地认识现实社会，把优越感升华为责任感与奉献精神，承载信任与厚望。树立与时代主题同心同向的理想信念，勇于担当这个时代赋予的历史责任，勇做走在时代前列的奋进者、开拓者、奉献者，用中国梦激扬青春梦，在激情奋斗中绽放青春光芒、健康成长进步。

（二）勤学善思是创新之基

“非学无以广才，非志无以成学。”改革创新之所以能够推陈出新，提出前人不曾提出的新思想，推出令世人敬仰叹服的新创造，其中一个重要的原因就在于改革创新者具有扎实的专业知识基础。缺乏深厚的专业知识积淀，盲目追求改革创新，往往容易流于不切实际的空想，或者是“无知者无畏”的蛮干。博学是创新的必然要求，仅凭一腔热情，断不会推陈出新；没有厚积，就不可能薄发。古往今来，大凡创立新说者，莫不是求知若渴之人。大学的青春时光只有一次，应该好好珍惜。无数学子的成功再次证明，为学之要贵在勤奋、贵在钻研、贵在有恒。大学生正处于人生积累阶段，要像海绵汲水一样汲取知识，惜时如金、孜孜不倦，下一番心无旁骛、静谧自怡的功夫；要由“被动接受”向“主动探究”转变，坚持“学”与“思”相结合；要在学习中思考、在思考中领悟，敢于批判、勇于质疑，使创新的思想源泉充分涌流。

（三）知行合一是创新之本

“没有行动，思想永远不能成熟而化为真理。”新不是喊出来的，而是创出来的。无数的实践告诉我们，任何一个创新都不会是一蹴而就、一帆风顺的，在创新的过程中会有诸多磨难，甚至会陷入“山重水复疑无路”的境地，须历经艰难困苦，方能迎来“柳暗花明又一村”。在困难面前，要静下心来扎扎实实地学，不厌其博；坚定信念义无反顾地行，不厌其笃，创新便是水到渠成的事情。青年大学生要保持初生牛犊不怕虎的劲头，敢想、敢试、敢为，敢于做先锋，知行合一，让创新成为青春远航的动力，让青春年华在为国家、为人民的奉献中焕发出绚丽光彩。

【课堂测试】

1. 下列哪项不符合树立改革创新的自觉意识？（　　）

A. 树立突破陈规陋习的自觉意识

B. 循规蹈矩地做事情

C. 树立大胆探索未知领域的信心和勇气

D. 树立以创新创造为目标的志向

【答案及解析】

本题答案为 B。要树立改革创新的自觉意识必须懂得与时俱进，锐意进取，勤于探索，勇于实践，不能墨守成规，循规蹈矩。

2. 关于大学生怎样做改革创新的实践者，说法错误的是（　　）。

A. 树立改革创新的自觉意识

B. 培养改革创新的责任感

C. 大学生的任务就是学习，所以谈不上改革创新

【答案及解析】

本题答案为 C。改革创新是当代中国最突出、最鲜明的特点。大学生富有想象力和创造力，是改革创新的生力军。

【课堂探究活动　名人创业案例分析】

雷军的创业故事

雷军，小米手机创始人，1969 年出生于湖北仙桃，18 岁考入武汉大学计算机系。他用两年时间修完了所需学分，并完成了结业设计。大四那年，雷军和同学王全国、李儒雄等人创办三色公司，当时销售的产品是一种仿制的金山汉卡，在武汉电子一条街小有名气。但是，随后一家规模更大的公司盗版了他们的产品，价格更低，出货量更大。很快，三色公司经营艰难。半年后，公司解散。几番失利后，雷军找到了自己的“势”——智能手机和移动互联网的大爆发。2010 年 4 月，小米公司注册成立，第一个产品——移动操作系统 miui 在当年 8 月上线。2011 年 8 月 16 日，小米手机 1 正式发布。随后，在一片质疑或赞誉中，小米在 2012 年卖出 719 万部手机，2013 年卖出 1870 万部手机。在此过程中，小米完成四轮融资，估值迅速突破 100 亿美元。小米已成为业

界的现象级品牌。

（本案例改编自《雷军创业故事》，搜狐网，2017 年 3 月 23 日）

【设问思考】大学生创新创业的故事你怎么看？你认为大学生应该如何真正成为改革创新的生力军或者如何为未来的创新创业做准备？

【讨论交流】大家分组讨论，畅所欲言。

【教师总结】我们身边也有不少大学生创新创业的故事。大学生创新创业不是一时的心血来潮，大家不能盲目跟风。创业需要自身具有良好的素质、际遇、人脉等条件，因此不是所有人都能成功创业。不过国家鼓励广大青年创新创业，并出台相关政策给以支持，因此我们也要敢于创新，并积极锤炼自己增强本领。大学生要真正成为改革创新的生力军就必须以实现中华民族的伟大复兴为神圣使命，与时代同步伐、与人民共命运，以推进全面小康社会和构建社会主义和谐社会为历史重任，以提高大学生自身的综合素质为基本要求，不断地提升自我。除了要具备专业知识和技能，还要有较高的职业素养与道德水平，把握时代的脉搏，跟上时代发展的潮流，迎接改变的挑战，从而树立起为时代的发展和人类的进步作贡献的伟大志向与远大抱负。“聪者听于无声，明者见于未形。”改革创新永无止境，大学生要自觉树立敢为天下先的志向和信心，敢于担当、勇于超越，在攻坚克难中追求卓越，在改革创新中引领世界潮流。“少年强则国强，少年立则国立。”作为新时代的大学生，必须把改革创新作为自己成长发展的核心之一，进而成长为改革创新的生力军。

【布置任务】

请大家关注我即将推送的下节课的教学视频及学习任务。

【专题作业】

1. 围绕以“在新的历史时期大学生如何做一个忠诚的爱国者”为主题，通过课后对大学生进行采访调查，将收集的问卷调查、采访视频、照片等资料制作成调查报告，并进行课堂分享。

2. 教师安排时间组织学生到本地爱国主义教育示范基地参观，学生撰写参观后的心得体会在课堂分享交流，教师进行点评；也可以组织学生利用课余时间或班级开展爱国主义活动，如到烈士陵园扫墓、爱国主义演讲等，使学生接受爱国主义的教育和熏陶。

第三部分　教学后记

【教学反思】

本专题在整个教材的思想板块中起着承上启下的重要作用。人生的总题是世界观、人生观、价值观的问题，理想是一个人的世界观、人生观、价值观在奋斗目标上的集中体现，理想信念贯穿于中国精神之中，社会主义核心价值观又是中国精神的集中体现。理想信念为大学生提供方向指引，社会主义核心价值观为其提供价值指引，二者共同汇聚于中国精神，为其提供精神指引。

本专题的内容相对其他专题来说是最抽象的，理论难题也是最多的，不仅涉及爱国主义、时代精神内涵、民族精神与时代精神关系等理论问题，同时敏感性、复杂性问题也是最多的，比如涉及民族问题，这个问题对国家安全的影响是全方位的，它对国家领土和主权的完整、社会政治稳定、体制层面的安全和观念层面的安全都存在着隐性和显性的影响。对我国来说，正确认识和处理民族问题是关系到国家的前途和命运的重大问题。还有港澳台问题，目前妨碍台湾与祖国大陆统一的政治因素比较复杂，既有“台独”势力，又有国际反华势力等政治因素的影响。本专题的重点讲述应该放在爱国主义专题部分。引导新时期的大学生置身于实现中华民族伟大复兴的历史洪流之中，以时代使命为己任，把握时代脉搏，迎接时代挑战，增强创新本领，敢做先锋，知行合一，让创新成为青春远航的动力，让青春年华在为国家、为人民的奉献中焕发出绚丽光彩。

【教学建议】

本专题应着重讲清楚如下三个重点难点问题：一是讲清楚中国精神是什么，讲清楚民族精神和时代精神的辩证关系。二是讲清楚为什么必须弘扬中国精神。主要从理论层面讲清楚精神的一般作用，从现实层面讲清楚为什么实现中华民族伟大复兴中国梦必须弘扬中国精神。三是讲清楚如何弘扬中国精神，这也是本专题的重点内容。弘扬爱国主义精神就要讲清楚爱国主义的基本内涵，讲清楚新时代爱国主义的基本要求，讲清楚如何做新时代的忠诚爱国者；弘扬改革创新精神就要讲清楚中华民族是一个具有创新创造民族禀赋的民族，讲清楚弘扬改革创新精神具有重要的时代意义，讲清楚青年大学生如何弘扬和践行改革创新精神。本专题教师可以采取多种形式进行教学，比如到爱国主义教育基地实践教学；观看爱国主义教育主题影片；开展辩论赛、演讲等形式活动；运用微课视频教学设疑，启发学生思考，通过师生交流及信息反馈融入教学中。

为了使爱国主义教育更为落地，教学中教师要将课堂教学与实践教学有机结合起来，在课堂教学中善于发挥学生主体作用，采取互动式、启发式、交流式教学，增强思想性、理论性和针对性，在潜移默化中，引导学生树立国家意识、增进爱国情感。创新爱国主义教育的形式，丰富和优化课程资源，多种形式开发微课、微视频等教育资源和在线课程，开发体现爱国主义教育要求的音乐、美术、书法、舞蹈、戏剧作品等，进一步增强其吸引力和感染力。实践教学中，要用好爱国主义教育基地和国防教育基地。各级各类爱国主义教育基地，是激发爱国热情、凝聚人民力量、培育民族精神的重要场所。要加强内容建设，改进展陈方式，着力打造主题突出、导向鲜明、内涵丰富的精品陈列，强化爱国主义教育和红色教育功能，积极有效组织实践教学活动。

第四部分　教学参考

1. 习近平，《在全国抗击新冠肺炎疫情表彰大会上的讲话》，新华网，2020 年 9 月 8 日。

2. 习近平，《在纪念中国人民抗日战争暨世界反法西斯战争胜利 75 周年座谈会上的讲话》，人民网，2020 年 9 月 3 日。

3. 习近平，《在纪念中国人民志愿军抗美援朝出国作战 70 周年大会上的讲话》，新华网，2020 年 10 月 23 日。

4. 习近平，《在纪念五四运动 100 周年大会上的讲话》，人民网，2019 年 4 月 30 日。

5. 中共中央、国务院，《新时代爱国主义教育实施纲要》，《人民日报》，2019－11－13。

6. 习近平，《在第十三届全国人民代表大会第一次会议上的讲话》，人民网，2018 年 3 月 20 日。

7. 浦卫忠、李素菊、张金涛、袁曦、王斌，《爱国主义与民族精神》，社会科学文献出版社，2000 年。

8. 钱学敏，《钱学森在美国的 20 年》，《光明日报》，2006－06－07。

9. 吴潜涛，《中国精神教育读本》，人民出版社，2014 年。

10. 郑师渠、史革新，《历史视野下的中华民族精神》，广东省出版集团、广东人民出版社，2014 年。

11. 佘双好，《中国梦之中国精神》，武汉大学出版社，2015 年。

12. 张清华，《大学生民族精神教育研究：以民族地区为视角》，中国书籍出版社，2015 年。

13. 人民日报理论部，《精神的力量：中国共产党伟大精神最新阐释》，人民日报出版社，2011 年。

14. 金一南，《苦难辉煌》，作家出版社，2016 年。

15. 国家知识产权局直属机关党委，《伟大的中国精神》，知识产权出版社，2015 年。

16. 廖彬宇，《大成之道：中国精神的气质、气度、气势与气象》，北京时代华文书局，2018 年。

17. 戴立兴、黄宇、龚上华，《精神——新时代中国共产党的伟大精神》，人民日报出版社，2018 年。

18. 张维为，《这就是中国：走向世界的中国力量》，上海人民出版社，2019 年。

19. 王立胜、涂可国，《崇高的中国精神：共和国英雄模范人物的世界观、人生观和价值观》，社会科学文献出版社，2019 年。

20. 李长庚，《灾难与中华民族精神发展》，人民出版社，2020 年。

“青”听“习”语

广大青年要自觉践行社会主义核心价值观，不断养成高尚品格。要以国家富强、人民幸福为己任，胸怀理想、志存高远，投身中国特色社会主义伟大实践，并为之终生奋斗。

——《习近平在知识分子、劳动模范、青年代表座谈会上的讲话》(2016 年 4 月 26 日)

我们要立足中国，面向现代化、面向世界、面向未来，巩固马克思主义在意识形态领域的指导地位，发展社会主义先进文化，加强社会主义精神文明建设，把社会主义核心价值观融入社会发展各方面，推动中华优秀传统文化创造性转化、创新性发展，不断提高人民思想觉悟、道德水平、文明素养，不断铸就中华文化新辉煌。

——《习近平在纪念马克思诞辰 200 周年大会上的讲话》(2018 年 5 月 4 日)

新时代中国青年要自觉树立和践行社会主义核心价值观，善于从中华民族传统美德中汲取道德滋养，从英雄人物和时代楷模的身上感受道德风范，从自身内省中提升道德修为，明大德、守公德、严私德，自觉抵制拜金主义、享乐主义、极端个人主义、历史虚无主义等错误思想，追求更有高度、更有境界、更有品位的人生，让清风正气、蓬勃朝气遍布全社会！

——《习近平在纪念五四运动 100 周年大会上的讲话》(2019 年 4 月 30 日)

专题五　坚定价值自信　践行核心价值

第一部分　教学概况

一、教学目的与要求

科学阐明社会主义核心价值观是当代中国精神的集中体现，凝结着全体人民共同的价值追求；简要阐明社会主义核心价值观与社会主义核心价值体系互为依存、相辅相成的内在联系；科学阐发社会主义核心价值观的重大意义；系统阐明坚定社会主义核心价值观自信的充分理由，深刻论述坚定核心价值观自信是中国特色社会主义道路自信、理论自信、制度自信和文化自信的价值内核。引导和帮助大学生科学掌握社会主义核心价值观的基本内容和重大意义，深刻认识坚定社会主义核心价值观自信的科学依据，自觉坚定价值观自信。科学把握“勤学、修德、明辨、笃实”的具体要求，从现在做起，从自己做起，努力把社会主义核心价值观内化为自己的精神追求，外化为自觉的实际行动。

二、教学重点与难点

1. 社会主义核心价值观的基本内容。
2. 社会主义核心价值观是当代中国发展进步的精神指引。
3. 当代大学生应如何践行社会主义核心价值观？

三、教学方法与手段

（一）教学方法

1. 讲授法：用科学理论全面而系统地阐释相关概念，将新媒体和艺术元素融入理论讲授中，使枯燥的理论变得富有趣味，从而增强理论的感染力和吸引力，真正做到深

刻领会、精准把握新时代新思想的丰富内涵。

2. 讨论法：通过创设大学生普遍关注的社会现实问题引导大学生参与讨论，给学生表达观点的机会，更好地激发大学生对社会与人生问题的深入思考，培养学生的思维能力、口头表达能力，促进学生灵活地运用理论知识。

3. 案例分析法：案例分析教学法侧重于理论联系实际，通过对直观、生动地反映现实生活、社会问题的典型案例的剖析，尤其是将我们在抗击疫情中涌现的典型案例、人物故事转化为鲜活的思政教学素材融入课堂，让源于事实的理论解析更有说服力，学生能在案例本身的感知中明辨是非，培养学生独立的分析能力、判断能力及解决问题的能力。

（二）教学手段

1. 充分利用新媒体。运用智慧教学工具与课堂，让师生的教与学互动更加便捷、高效；通过发挥信息技术的正效应，积极探索线上线下融合发展的教学新模式，综合运用图像、音频、视频等信息技术，利用学堂在线、爱课程（中国大学 MOOC）等在线网络平台的国家精品课程，拓宽线上学习资源。

2. 教学中注重将多种教学方法和手段穿插、融入，避免纯理论说教、单一的教学媒介和手段教学。当需要讲透原理时，采用讲授法；当需要悟透原理时，采用案例分析法、情境教学法；当需要践行原理时，采用合作探究法。真正让理论入脑、入耳、入心，加深学生对相关原理的理解，激发学生学习的兴趣，满足学生成长发展的需求和期待，努力使“原理”有“知”更有“味”，不断增强思政课的思想性、理论性、亲和力和针对性。

四、课前准备

1. 录制 8～10 分钟的阐释“社会主义核心价值观的基本内容”的课前教学视频供学生提前观看自学，观看央视网的《培育和践行社会主义核心价值观》，以动漫的形式直观、全面地理解和把握社会主义和中心价值观。

2. 录制 3～5 分钟的阐释“当代中国发展进步的精神指引”的课前教学视频供学生提前观看自学，并思考为什么要培育和践行社会主义核心价值观。

3. 录制 8～10 分钟的阐释“社会主义核心价值观的历史底蕴和现实基础”的课前教学视频供学生提前观看自学，并思考为什么说社会主义核心价值观具有道义的力量，这种力量从何而来。

4. 录制 3～5 分钟的说明“本专题导学”的课前教学视频供学生提前观看学习，并思考大学生应该如何培育和践行社会主义核心价值观。

五、课时安排

理论教学 4 个课时，课堂探究活动及实践教学 2 个课时。

六、课堂主题

主题一：价值共识　凝心铸魂。
主题二：价值引领　源远流长。
主题三：道义力量　模范践行。

第二部分　教学过程

主题一：价值共识　凝心铸魂

【课堂导问】
• 坚定价值自信有何重要意义？
• 社会主义核心价值观的基本内容是什么？
• 坚持社会主义核心价值观有何重大意义？

一、凝心铸魂——坚定价值观自信

【课堂视频回顾】

用 PPT 展示并回顾“凝心铸魂——坚定价值观自信”的课前教学视频的讲授内容。

核心价值观对一个国家、一个民族而言，到底有多重要呢？发生在 120 多年前的中日甲午战争是中国近代史上一道惨痛的伤痕。正如梁启超所说，甲午战败是吾国四千年大梦之唤醒。之所以在当时的清朝出现一盘散沙的社会生态，有一个重要的原因就在于人民没有共同的社会信仰，没有统一的国家意志，缺乏凝聚全民族的精神支撑。人们各为其主、各谋其私、各争其利。2014 年 5 月 4 日，习近平总书记在北京大学师生座谈会上谈道：“如果一个民族、一个国家没有共同的核心价值观，莫衷一是，行无依归，那这个民族、这个国家就无法前进。”“明镜所以照形，古事所以知今。”我们回顾历史，一个民族的复兴或崛起，常常以民族文化的复兴和民族精神的崛起为先导，一个民族的衰落或覆灭则往往以民族文化的颓废和民族精神的萎靡为先兆，中华民族的伟大复兴要在现代化的艰难进程当中实现，就必须坚持社会主义核心价值观，因为社会主义核心价值观是实现现代化的坚实支撑和强力推动，是实现复兴梦想的最持久最深层的力量。

“民齐者强，民不齐者弱”，两千年前的大思想家荀子一语道破了核心价值观对于一个国家的重要性，没有一个最大公约数，没有一个占主导地位的核心价值观，没有一种大家能够依从的规则，没有一套判断是非的标准，这个民族就无法焕发生机、蓬勃发展。在我们这样一个有着 13 亿多的人口、56 个民族的大国，更加需要培育和践行社会主义核心价值观，从而固本培元、凝魂聚气，振奋起全民族的精气神。当前我国正处在大发展、大变革、大调整时期，国际国内的形势深刻变化，使我们的意识形态领域面临着空前复杂的情况。面对这种思想文化多元多样的情况，我们必须把培育和弘扬社会主义核心价值观作为凝魂聚气、强基固本的基础工程，让全社会焕发出社会主义核心价值观的强大自信。

【课堂测试一】

下列关于核心价值观对一个民族、一个国家的重要性的描述，不正确的选项是（　　）。

A. 核心价值观体现着一个社会评判是非曲直的价值标准

B. 核心价值观承载着国家和民族的精神追求

C. 核心价值观是推动民族和国家发展的最持久、最深层的力量

D. 一个民族、一个国家的核心价值观，同时应当是普世价值观

【答案及解析】

本题答案为 D。价值观是人类在认识、改造自然和社会的过程中产生并发挥作用的。不同民族、不同国家由于其自然条件和发展历程不同，产生和形成的核心价值观也各有特点。一个民族、一个国家的核心价值观必须同这个民族、这个国家的历史文化相契合，同这个民族、这个国家的人民正在进行的奋斗相结合，同这个民族、这个国家需要解决的时代问题相适应。我们提出的社会主义核心价值观，将涉及国家、社会、公民的价值要求融为一体，既体现了社会主义本质要求，继承了中华优秀传统文化，也吸收了世界文明的有益成果，体现了时代精神。

【课堂探究活动一　名言欣赏】

中国永远成不了世界强国，因为今天中国出口的是电视机，而不是思想观念。

——玛格丽特·希尔达·撒切尔

【设问思考】当年撒切尔夫人能预料到中国今天的崛起吗？思想观念要不要出口，能不能出口？中国当前思想观念的核心是什么呢？

【讨论交流】大家分组讨论，畅所欲言。

【教师总结】显然英国前首相撒切尔夫人当时没有预料到中国今天的崛起。每个国家都有自己的思想观念和核心价值，我们希望看到的是各美其美，美人之美，美美与共，天下大同。中国当前思想观念的核心就是我们二十四字的核心价值观，那就是富强、民主、文明、和谐，自由、平等、公正、法治，爱国、敬业、诚信、友善。

二、价值共识——社会主义核心价值观的基本内容

【课堂视频回顾】

用 PPT 展示并回顾“价值共识——社会主义核心价值观的基本内容”的课前教学视频的讲授内容。

（一）价值观的内涵

价值观指的是人们在认识各种具体事物的价值的基础上，形成的对事物的总的看法和根本观点。不同的人对于同一个事物，由于价值观的多样，他们的想法、态度和行为也会不一样。正所谓“横看成岭侧成峰，远近高低各不同”。举个例子，学生对于上学读书，各自的想法就不尽相同，有的学生认为“书中自有颜如玉，书中自有黄金屋”，有的学生追求“学而优则仕”，有的学生立志为中华之崛起而读书，等等。价值观是一种内心的尺度，不仅决定着人的思维方式，也决定着人的行为模式。它凌驾于整个人性当中，支配着人的行为和态度、理想和信念。也正是因为如此，有时候价值观上的困境会上升为生存意义上的困境和道德选择上的茫然，是尽忠还是尽孝？是一诺千金还是言而无信？是奋不顾身，还是明哲保身？是见利思义，还是见利忘义？在当今时代，不管是个人还是社会，都需要有一个能够被广泛认同的，可以为人生赋值、为社会定规、给国家赋形的核心价值观。

（二）核心价值观

核心价值观是一定社会形态、社会性质的集中体现，在一个社会的思想观念体系中处于主导地位，体现着社会制度、社会运行的基本原则和社会发展的基本方向。核心价值观具有全社会最大的道德公约数和价值认同感，是一国之为、一国之纲，是一个国家、民族的精神旗帜，是人民的精神家园。习近平总书记指出：“人类社会发展的历史表明，对一个民族、一个国家来说，最持久、最深层的力量是全社会共同认可的核心价值观。核心价值观，承载着一个民族、一个国家的精神追求，体现着一个社会评判是非曲直的价值标准。”在今天的中国，社会主义核心价值观就是我们身处复杂而深刻变化的环境，衡量社会万象，判断美丑是非，明辨思潮涌动的重要标尺。

（三）核心价值观的提出过程

2006 年 10 月召开的党的十六届六中全会，第一次明确提出了建设社会主义核心价值体系这一重大命题和战略任务。同时，明确提出了社会主义核心价值体系的基本内容，即马克思主义指导思想、中国特色社会主义共同理想、以爱国主义为核心的民族精神和以改革创新为核心的时代精神、社会主义荣辱观。这四个方面的内容是有机统一的整体，系统阐释了举什么旗、走什么路、实现什么目标、应当具备什么样的精神状态和精神风貌的问题。2007 年 10 月，党的十七大首次将建设社会主义核心价值体系纳入报告中，提出了建设社会主义核心价值体系，增强社会主义意识形态的吸引力和凝聚力的要求。在社会主义核心价值体系提出之后，2012 年 11 月党的十八大正式提出了社会主义核心价值观。党的十八大报告明确提出，倡导富强、民主、文明、和谐，倡导自由、平等、公正、法治，倡导爱国、敬业、诚信、友善，积极培育和践行社会主义核心价值观。党的十八大提出的这“三个倡导”，勾勒出了国家的价值内核、社会的共同理想和亿万人民的精神家园。社会主义核心价值观确立了当代中国最基本的价值观念。它是社会主义核心价值体系的内核，体现着社会主义核心价值体系的根本性质和基本特征，反映着社会主义核心价值体系的丰富内涵和实践要求，是社会主义核心价值体系的高度凝练和集中表达。

（四）核心价值观基本内容

党的十八大提出的“三个倡导”中的 24 个字，就是社会主义核心价值观的基本内容，它分为国家、社会、个人三个层面。

第一个层面：国家层面——富强、民主、文明、和谐。这个层面阐述了当代中国国家发展的价值目标，是现代化国家理想形态的价值表达。它回答了我们要建设什么样的国家的重大问题，揭示了中国在经济发展、政治文明、文化繁荣、社会进步等方面的价值目标，从国家层面标注了社会主义核心价值观的时代刻度。

富强，即国富民强，是社会主义现代化国家建设的应然状态，是中华民族梦寐以求的美好夙愿，也是国家繁荣昌盛、人民幸福安康的物质基础。一代又一代的中国人一直都有一个实现富强的梦，汉代雄风、两宋繁华、郑和下西洋、康乾盛世让中华文明远播海外，如今，我们要朝着“两个一百年”的奋斗目标努力再努力，让中国人普遍地、持久地富裕起来，让国家无论硬实力软实力都强大起来，从而实现中华民族的伟大复兴。

民主，是浩浩荡荡的世界潮流，是人类发展的共同目标。民主就是人民当家作主，既不是由别人作主，也不是由少数人作主。民主不但是一种价值观念，更是一种政治制度。

文明，对于一个国家来说，意味着高度繁荣的文化、高度自觉的精神；对于一个社会来说，意味着良好的秩序、优美的环境、淳朴的风气、人与人之间诚信友善；对于每一个公民来说，意味着较高的精神文化修养，从言谈举止到内在心灵都很美好。这样的文明境界，值得我们每一个人去不懈追求。

和谐，是指人与自然、人与人、人与社会之间恰到好处的状态。和谐始终是中国优秀传统文化的核心价值观，依旧是我们实现民族统一、实现可持续发展的原动力，是我们应对挑战的最高行为准则。追求和谐，建设和谐社会成为今天中华民族的最高共识和“立国之本”。

第二个层面，社会层面——自由、平等、公正、法治。这个层面讲的是当代中国社会进步的价值理念，是引领社会文明走向理想社会的目标。它回答了我们要建设什么样的社会这一重大问题，反映了人们对美好社会的期望和憧憬，揭示了社会主义社会发展的价值取向。

自由，不是绝对的，个人的自由不能违反宪法和法律，不能损害他人，自由意味着责任，也意味着自律，你有多大自由，就有多大的责任。自由是对各种规律的掌握，越是掌握了自然的规律、社会的规律、人自身的规律，就越自由。

平等，人人生而平等，没有人天生高人一等，这是平等的基本含义。平等是社会主义的根本追求，我国宪法规定，中华人民共和国公民在法律面前一律平等，同时规定男女之间、各民族之间都是平等的。

公正，如果说平等是一杆秤的话，公正就是那个掌秤的人，“天无私覆，地无私载，日月无私照”，公平正义如同日月光华，朗朗乾坤，让每一个人都平等地受惠。我们是共产党领导的社会主义国家，中国共产党代表的是最广大人民的根本利益，社会主义的本质是与特权、不公正格格不入的。

法治，是文明进步的体现，是对现代国家的基本要求。如今，依法治国已经确定为我国的基本方略，法治也已经成为我们的核心价值观。实现法治要加强宪法和法律实施，形成人们不愿违法、不能违法、不敢违法的法治环境，做到有法必依、执法必严、违法必究，切实保障人民权益，维护社会公平正义。

第三个层面：个人层面——爱国、敬业、诚信、友善。这个层面讲的是当代中国公民素养的价值规范，是个人道德生活的尺度和追求。它回答了我们要培育什么样的公民这个重大问题，爱国才能承担时代赋予的使命，敬业才能创造更大的人生价值，诚信才能赢得良好的发展环境，友善才能形成和谐的人际关系。

爱国，是千百年传承下来的对自己祖国的一种热烈的爱的情感。爱国是感性的、自发的，为自己国家的成就由衷地感到自豪。爱国是具体的，包括爱祖国的大好河山，爱自己的骨肉同胞，爱祖国的灿烂文化；爱国是理性的，因为爱国还需要守法。

敬业，就是要尽心尽力地对待工作。敬业离不开爱和忠诚，只有发自内心地爱一件事情才能做到恪尽职守、兢兢业业。敬业意味着勤业，干一行钻一行，才能成一行。一个敬业乐业的民族，必定会是一个取得非凡成就，令人尊敬的民族。

诚信，真实无妄叫作诚，不食言、不欺瞒谓之信。诚信是做人之本、诚信是交友之基、诚信是为政之道、诚信是经商之魂、诚信是心灵良药。

友善，是人与人和谐相处的润滑剂，是待人心平气和、谦虚有礼，是别人遇到困难时你伸出的一只手，是对陌生人的一个微笑。一个人偶尔对人热情容易，难的是永远做一个暖心人，这既需要善良的天性，也要靠自觉的修养。按照生态文明的要求，我们不仅要友善地对待人类，还应该友善地对待动物和自然界。

社会主义核心价值观的三个层面，直指我们心中的价值命题。什么样的中国才是我们引以为豪的伟大国家？什么样的社会才是令人向往的理想家园？什么样的人生才有内心的安宁和恒久的幸福？短短二十四个字，却让我们前进的方向有了明确的评判标准和社会共识，让人们找到了精神追求的方向盘和主心骨。

【课堂测试二】

社会主义核心价值观与社会主义核心价值体系的关系是（　　）。

A. 社会主义核心价值观体现社会主义核心价值体系的根本性质

B. 社会主义核心价值观是对社会主义核心价值体系的高度凝练

C. 社会主义核心价值观是对社会主义核心价值体系的内核

D. 社会主义核心价值观体现对社会主义核心价值体系的基本特征

【答案及解析】

本题答案为 ABCD。社会主义核心价值观与社会主义核心价值体系二者互为依存、相辅相成。社会主义核心价值观确立了当代中国最基本的价值观念，是社会主义核心价值体系的内核，体现着社会主义核心价值体系的根本性质和基本特征，反映着社会主义核心价值体系的丰富内涵和实践要求，是社会主义核心价值体系的高度凝练和集中表达。

【课堂探究活动二　案例分析】

案例一：操场埋尸案

2020年1月20日，遵照最高法下达的执行死刑命令，湖南怀化市中院对“操场埋尸案”故意杀人罪犯杜少平依法执行死刑。4月3日，怀化市中院采用远程视频宣判方式对该案相关公职人员渎职犯罪案进行二审宣判，裁定驳回黄炳松、杨学文等9名上诉人的上诉，全案维持原判。被害人邓世平老师的沉冤已经昭雪，杀人凶手杜少平及背后的“保护伞”19名公职人员均已受到了法律的严惩。同时“操场埋尸案”也被写入今年全国“两会”的最高检工作报告。

（本案例改编自《操场埋尸案邓世平工伤认定获补助金88万，家属全面放弃民事赔偿：无论多少，都无法弥补父亲逝去的生命》，《华商报》，2020年6月9日）

案例二：抗疫楷模张定宇

张定宇，时任武汉市金银潭医院（市传染病医院）党委副书记、院长，他业务能力突出，勤奋敬业，敢于迎难而上。当首批不明原因肺炎患者转入武汉市金银潭医院后，他当机立断组建隔离病区，采集病人支气管肺泡灌洗液送检，为实验室确认病毒赢得了时间。接诊新冠肺炎患者以来，他坚持吃住在医院，全身心投入患者救治工作，处理各类突发事件，确保医院有序高效运转。精心做好驻院援鄂医疗队的服务工作，有效保障救治资源。在身患“渐冻症”、妻子感染新冠肺炎的情况下，他仍坚守奋战在抗疫第一线，“我必须跑得更快，才能跑赢时间”的精神感动了干部群众，获得了社会的普遍赞誉。1月31日，湖北省委发出《关于授予张定宇同志“全省优秀共产党员”称号的决定》。决定指出，为表彰张定宇同志的先进事迹，激励全省广大党员干部不忘初心、牢记使命，勇于担当、主动作为，迎难而上、共克时艰，在打赢疫情防控阻击战中充分发挥先锋模范作用和骨干带头作用，授予张定宇同志“全省优秀共产党员”称号。

（本案例改编自《张定宇，提拔！》，网易新闻，2020年4月11日）

【设问思考】案例一体现了社会主义核心价值的什么精神内涵？张定宇的故事体现了社会主义核心价值的什么精神内涵？

【讨论交流】大家分组讨论，畅所欲言。

【教师总结】案例一，“操场埋尸案”终将沉冤昭雪，正义会迟到但从不缺席，这个案件集中反映了人们对社会正义的普遍诉求。全国扫黑办、最高检、公安部挂牌督办的“操场埋尸案”的成功办理，沉重打击了黑恶势力及背后的公职人员“保护伞”，也再次说明中国特色社会主义法治绝不是摆设。同时，“操场埋尸案”写入今年全国“两会”最高检工作报告，印证了在党中央的坚强领导下，我们的扫黑除恶专项斗争强势推进、成效显著。可见，该案例体现了社会主义核心价值观的公正、法治等精神价值。

案例二，疫情发生以来，张定宇同志一直坚守在急难险重的岗位上，带领全院医护人员连续奋战30多天。他曾说：“我必须跑得更快，才能跑赢时间；我必须跑得更快，才能从病毒手里抢回更多病人。”作为金银潭医院党委副书记、院长，身患渐冻症的张定宇同志忠诚履职、勇于担当，在新型冠状病毒肺炎阻击战中，冲锋在前、身先士卒，顾不上被感染的妻子，用他因患渐冻症而一瘸一拐的腿，夜以继日地奋力与病毒赛跑着。他是坚守平凡岗位，把自己的生命与热血奉献给病人的爱岗敬业的典范，同时也是我们学习的榜样。

三、精神引领——社会主义核心价值观的重大意义

【课堂视频回顾】

用PPT展示并回顾“精神引领——社会主义核心价值观的重大意义”的课前教学视频的讲授内容。

2018年3月11日，十三届全国人大一次会议通过宪法修正案，把国家倡导社会主义核心价值观正式写入了宪法，凸显了社会主义核心价值观的重大意义。可以说，在迈向民族复兴的伟大征程中，社会主义核心价值观标定了我们国家与民族的未来航向，是当代中国发展进步的精神指引。我们今天为什么还需要社会主义核心价值观作为精神指引呢?

（一）是坚持和发展中国特色社会主义的价值遵循

党的十九大报告庄严宣告:“中国特色社会主义进入了新时代。”在我国经过多年的砥砺奋进，各个领域都取得了辉煌发展成就的同时，习近平总书记也指出:“当高楼大厦在我国大地上遍地林立时，中华民族精神的大厦也应该巍然耸立。”中国特色社会主义是全面发展、全面进步的社会主义，它既需要不断完善经济、政治、文化、社会和生态文明等各方面的制度，也需要不断探索社会主义在精神和价值层面的本质规定性;既需要为人们描绘未来社会物质生活方面的目标，也需要为人们指出未来社会精神价值的归宿。社会主义核心价值观，勾画的正是这种本质规定性和精神价值归宿。毛主席曾经提出一个这样的问题:“人的正确思想是从哪里来的?”他是这样回答的，是从天上掉下来的吗?不是。是自己头脑里固有的吗?不是。人的正确思想，只能从社会实践中来。同样我们也可以问一下，这二十四字社会主义核心价值观是从哪里来的?社会主义核心价值观既不是无中生有，也不是横空出世，它不在天上的云雾中，也不在天才的头脑中，而是在我们社会主义现代化建设和改革开放的实践中形成的。正确的认识来源于实践，也能够指导实践。社会主义核心价值观是基于中国道路和中国实践，符合我国历史发展规律的价值观，也是明确中国特色社会主义事业到底追求什么、反对什么，反映社会前进方向的价值观。

（二）是提高国家文化软实力的迫切要求

2011年10月1日，在中华人民共和国62岁华诞之际，美国纽约时代广场的大幅户外显示屏上以富有感染力的水墨动画的形象展现了中国先哲孔子，伴随着街头熙来攘往的人群，中国与世界、传统与现代在这里交汇。这个特殊的场景展示出一个古老民族在全球化时代确立的自身坐标。美国纽约时代广场出现的这个特殊的场景说明了什么?近年来，越来越多的中国文化元素、中国文化图景，成为世界重新认识中国的亮丽符号，同时也是展示我国文化软实力的生动例证。软实力的核心是文化，而文化的核心是价值。因此，中国对世界的影响不仅仅在于文化吸引，还应当扩大到价值感召。

2014 年 2 月 24 日，习近平总书记在主持十八届中央政治局第十三次集体学习时指出，“核心价值观是文化软实力的灵魂，文化软实力建设的重点。这是决定文化性质和方向的最深层次要素”。党的十九大报告进一步指出，社会主义核心价值观是当代中国精神的集中体现，凝结着全体人民共同的价值追求；培育和践行社会主义核心价值观，不断增强意识形态领域主导权和话语权，推动中华优秀传统文化创造性转化、创新性发展，继承革命文化，发展社会主义先进文化，不忘本来、吸收外来、面向未来，更好构筑中国精神、中国价值、中国力量，为人民提供精神指引。这一系列重要论述，标志着当代中国对于培育和践行社会主义核心价值观的战略意义，特别是其对于提升国家文化软实力的重要性的高度自觉，对于我们正确理解社会主义核心价值观与当代中国文化软实力建设之间的关系具有重要的指导意义。文化的力量归根结底来自凝结其中的核心价值观的影响力和感召力。

文化软实力的竞争，本质上是不同文化所代表的核心价值观的竞争。这场竞争是激烈而残酷的。从东欧剧变、苏联解体，到颜色革命下的政治动荡、政权更迭，无不起因于文化软实力大厦坍塌，意识形态防线崩溃，核心价值观示范失去了舆论和人心的支持。因此，为了应对意识形态的竞争，打破西方舆论垄断和话语垄断，必须厚植我们民族和国家最持久最深层的精神力量，将培育和弘扬社会主义核心价值观，融于教、涵于制、载于文、化于境、行于众。不仅要书写举世瞩目的中国故事，更要铸造打动人心的中国精神。

（三）是增进社会团结和谐的最大公约数

当前，我国正处在经济转轨和社会转型的加速期，思想领域日趋多元化，各种思潮此起彼伏，各种观念交相杂陈，不同价值取向并存。所有这些表现出来的是具体利益的观念观点之争，但折射出来的是价值观的分歧。庄子曰：“夫道不欲杂，杂则多，多则扰，扰则忧，忧则不救。”历史和现实一再表明，只有建立共同的价值目标，一个国家和民族才会有赖以维系的精神纽带，才会有统一的意志和行动，才会有强大的凝聚力、向心力。

【课堂测试三】

人类社会发展的历史表明，对一个民族、一个国家来说，最持久、最深层次的力量是全社会共同认可的核心价值观。面对世界范围思想文化交流、交融、交锋形势下价值观较量的新态势，面对改革开放和发展社会主义市场经济条件下思想意识多元、多样、多变的新特点，积极培育和践行社会主义核心价值观，有利于（　　）。

A. 巩固马克思主义在意识形态领域的指导地位

B. 巩固全党全国人民团结奋斗的共同思想基础，促进人的全面发展和引领社会的全面进步

C. 聚集实现中华民族伟大复兴中国梦的强大正能量

D. 促进人的全面发展和引领社会的全面进步

【答案及解析】

本题答案为 ABCD。在迈向民族复兴的伟大征程中，社会主义核心价值观标定了我们国家与民族的未来航向。社会主义核心价值观作为当代中国发展进步的精神引领，是

坚持和发展中国特色社会主义的价值遵循，是提高国家文化软实力的迫切要求，是增进社会团结和谐的最大公约数。

【课堂探究活动三　名言欣赏】

一个国家的价值观应该像输电一样，输到每一个人的房间去，只有这样，这个国家才会有希望。

——约翰·杜威

【设问思考】结合当今社会现实生活谈谈你对杜威先生这句话的认识与思考。

【讨论交流】大家分组讨论，畅所欲言。

【教师总结】社会主义核心价值观的培育对国家有重大的意义，核心价值观要普及，就需要靠教育，“润物细无声”。社会主义核心价值观包含文化之治、价值之治、民心之治，是国家治理中最深厚、最内在的部分。社会主义核心价值观的提出，无疑能够纠正不良社会现象，抑制人们的道德迷乱和价值失衡，有利于建立健康、积极、协调、和谐的社会关系，有利于维护向上的道德文明，有利于提升公民的道德素质，纠正人们的价值取向。

【课堂小结】在多元多变的社会思潮中，我们需要一个反映全国人民最大公约数的起统摄和引领作用的价值观。恰似百川归海，树立理想信念，界定良莠是非，关涉道义人心。有了社会主义核心价值观这样一种价值共识，我们就会有共同的目标、共同的导向、共同的准则，就可以形成共同的行动，向着共同的追求去实现共同的梦想。

【主题小结】培育和践行社会主义核心价值观，能够在具体利益矛盾、各种思想差异上形成最广泛的价值共识，有效引领整合纷繁复杂的社会思想意识，有效避免利益格局调整可能带来的思想对立和混乱，以更加坚定的主流价值，更加高扬的道德旗帜，更加清朗的社会风气，锻造属于中华民族自己的价值理念与精神图景，凝聚起中华儿女万众一心、团结奋斗的磅礴力量。

【课后思考】坚定社会主义核心价值观自信的理由有哪些？

主题二：价值引领　源远流长

【课堂导问】

· 如何坚定社会主义核心价值观自信？
· 社会主义核心价值观自信的现实基础是什么？
· 社会主义核心价值观自信的底气来自哪里？

一、中华文明——社会主义核心价值观自信的历史底蕴

【课堂视频回顾】

用 PPT 展示并回顾“中华文明——社会主义核心价值观自信的历史底蕴”的课前教学视频的讲授内容。

2014 年 9 月 24 日，习近平总书记在纪念孔子诞辰 2565 周年国际学术研讨会上发表重要讲话，他强调包括儒家思想在内的中国优秀传统文化中，蕴藏着解决当代人类面临的难题的重要启示。任何一种价值观都不可能凭空产生，总有其特定的历史底色和精神脉络。牢固的核心价值观都有其固有的根本，社会主义核心价值观不是无源之水、无本之木，而是深深地扎根于优秀中华传统文化中。

（一）中华优秀传统文化是涵养社会主义核心价值观的重要源泉，是中华民族的精神命脉

在世界几大古代文明中，中华文明之所以没有中断并延续发展至今，一个重要原因就是中华民族有一脉相承的精神追求、精神特质、精神脉络。中华优秀传统文化蕴涵的思想观念，如革故鼎新、与时俱进、脚踏实地、实事求是、惠民利民、安民富民、道法自然、天人合一等为人们认识和改造世界提供了有益启迪，为治国理政提供了有益借鉴。中华优秀传统文化蕴含的人文精神，如求同存异、和而不同的处事方法，文以载道、以文化人的教化思想，形神兼备、情景交融的美学追求，勤俭节约、中和泰和的生活理念等滋养了中华民族独特丰富的文学艺术、科学艺术、人文学术，至今仍然具有深刻影响。

习近平总书记强调，深入挖掘和阐发中华优秀传统文化，讲仁爱、重民本、守诚信、崇正义、尚和合、求大同的时代价值，使中华优秀传统文化成为涵养社会主义核心价值观的重要源泉。中华优秀传统文化蕴含的道德规范，如天下兴亡、匹夫有责的担当意识，精忠报国、振兴中华的爱国情怀，崇德向善、见贤思齐的社会风尚，孝悌忠信、礼义廉耻的荣辱观念，体现着评判是非曲直的价值标准，潜移默化地影响着中国人的行为方式。

（二）培育社会主义核心价值观，必须立足继承和弘扬中华优秀传统文化

中华优秀传统文化是中华民族的根，是中华民族的魂。中国人民的理想价值观和精神世界是始终扎根于中华优秀传统文化的沃土之中的，同时又是随着历史和时代的前进而不断与时俱进的。社会主义核心价值观是对中华优秀传统文化的继承和升华，把涉及国家、社会、公民的价值要求融为一体，赋予中华优秀传统文化以新的时代内涵。从 2014 年 APEC 峰会到 2016 年 G20 峰会，从“一带一路”国际合作高峰论坛再到上合组织峰会，在一次次主场外交重大活动中，中华文化的魅力感染着整个世界。

培育和弘扬社会主义核心价值观，必须推动中华优秀传统文化创造性转化和创新性发展，激活其生命力，既立足本国又面向世界。

【课堂测试一】

（　　）是中华优秀传统文化的继承和升华，把涉及国家、社会、公民的价值要求融为一体，赋予中华优秀传统文化以新的时代内涵。

A. 社会主义核心价值观　B. 道义力量　　C. 中国实践　　D. 中国建设

【答案及解析】

本题答案为 A。社会主义核心价值观不是无源之水、无本之木，而是深深地扎根于优秀中华传统文化中。社会主义核心价值观是中华优秀传统文化的继承和升华。

【课堂探究活动一　案例分析】

案例一：钥匙阿姨

在广西南宁有一位看管车棚的陈阿姨，社区的孩子下午放学后，第一件事就是到陈阿姨这里取回家门钥匙。许多家长下班晚，为了让孩子早回家，他们习惯将钥匙交到陈阿姨手里保管。十多年来，人们亲切地叫她“钥匙阿姨”，一把钥匙打开一扇信任之门，传递着珍贵的邻里之情。

（本案例改编自《“将改革进行到底”　关注南宁正能量》，新浪新闻中心，2017年7月22日）

案例二：“江西好人”许诺

2017年3月16日晚，南昌市老福山立交桥发生3车相撞事故，江西南昌小伙许诺在路上遇到突发事故起火的汽车，他挺身而出，和其他路人一起成功救出4名乘客。3月17日，江西省文明办决定授予许诺“江西好人”荣誉。2017年11月，许诺荣获第六届全国道德模范提名奖。

（本案例改编自《许诺2017年见义勇为“中国好人”》，延安文明网，2018年5月29日）

案例三：抗疫志愿者郑能量

27岁长沙小伙郑能量，一个普通的年轻人，2020年1月25日，大年初一，他在朋友圈立下“生死状”，然后毅然驾车前往已经封城的武汉当志愿者。“知道此行凶险，已抱必死之心，始明不惧之志。如果我命数至此死在了疫区，就把我的骨灰无菌处理后洒在长江里，让它漂回湖南。”这是郑能量在朋友圈写下的话语。而后，他冒着生命危险用行动践行着诺言，“帮武汉同胞做点什么”。他说：忘记郑能量，记住正能量。忘记我这个人，记住温暖的感觉并传递，就是我此行所创造的社会价值。

（本案例改编自《凝聚志愿力量，传递温暖真情》，搜狐网，2020年4月29日）

【设问思考】他们身上彰显了什么品质？

【讨论交流】大家分组讨论，畅所欲言。

【教师总结】他们身上彰显的社会正能量正是社会主义核心价值观的精神内涵。培育和践行社会主义核心价值观的成果，正以多姿多彩的形式出现在我们身边，让我们倍感温暖。这种坚定不移朝着目标前进的精神状态，就是一个民族、一个国家高度自觉自信的状态。坚定的核心价值观自信是中国特色社会主义道路自信、理论自信、制度自信和文化自信的价值观内核，其本质就是建立在五千多年中华文明传承基础上的文化自信。

二、建设实践——社会主义核心价值观的现实基础

【课堂视频回顾】

用PPT展示并回顾“建设实践——社会主义核心价值观的现实基础”的课前教学视频的讲授内容。

四十多年的改革开放使中国迅速成长，跃升为世界第二大经济体，综合国力显著提高，人民生活极大改善，中国特色社会主义充满生机与活力。党的十八大以来，以习近平同志为核心的党中央，从实现“两个一百年”奋斗目标，实现中华民族伟大复兴的战略高度，统筹推进“五位一体”总体布局，协调推进“四个全面”战略布局。从党的十八大正式提出全面建成小康社会，到党的十八届三中全会吹响全面深化改革集结号，党的十八届四中全会提出全面依法治国，党的十八届五中全会以新发展理念布局“十三五”规划，党的十八届六中全会全面从严治党的新部署，再到党的十九大新的历史方位，一幕幕宏大布局渐次展开。中国特色社会主义建设的成功经验，是对社会主义核心价值观正确性、可信性的检验，同时中国特色社会主义建设的新推进，也不断为社会主义核心价值观注入丰富而鲜活的时代内涵。2014年5月4日，习近平总书记在北京大学师生座谈会上的讲话中指出：“一个民族、一个国家的核心价值观必须同这个民族、这个国家的历史文化相契合，同这个民族、这个国家的人民正在进行的奋斗相结合，同这个民族、这个国家需要解决的时代问题相适应。”我们积极弘扬和践行的社会主义核心价值观，要同我们所要解决的时代问题相适应，才具有坚实的现实基础。概括而言，这一现实的基础就是当今时代的中华民族所进行的人类历史上最为宏伟而独特的中国特色社会主义建设实践。

中国特色社会主义建设是社会主义核心价值观的实践根据。价值观是人类在认识、改造自然和社会的过程中产生与发挥作用的，不同民族、不同国家由于其自然条件和发展历程不同，产生和形成的核心价值观也各有特点。1900年，八国联军进攻北京，临时拼凑的1.8万多人，竟然在泱泱大国长驱直路，索取了4.5亿两白银的赔款，创新了世界战争史上的记录。从鸦片战争开始，西方列强强迫旧中国签订的不平等条约多达750多个。中国近代史上的一次次剜心之痛，警钟长鸣。建设富强民主文明和谐的社会主义现代化强国，实现中华民族伟大复兴，是鸦片战争以来中国人民最伟大的梦想，承载着几代中国共产党人的理想和探索，寄托着无数仁人志士的意愿和期盼，凝聚着千千万万革命先烈的奋斗和牺牲。

紧紧围绕使市场在资源配置中起决定性作用和更好发挥政府作用，深化经济体制改革，中国经济的发展更有效率、更加公平、更可持续；紧紧围绕坚持党的领导、人民当家作主、依法治国有机统一，深化政治体制改革，中国的人民民主更加广泛、更加充分、更加健全；紧紧围绕建设社会主义核心价值体系、社会主义文化强国，深化文化体制改革，为中华民族复兴凝聚强大的精神力量；紧紧围绕更好保障和改善民生、促进社会公平正义，深化社会体制改革，关照百姓冷暖，提高改善人民生活质量，促进人的全面发展；紧紧围绕建设美丽中国，深化生态文明体制改革，看得见山、望得见水，记得住乡愁，促进人与自然的和谐共处。事实雄辩地证明，要发展中国、稳定中国，要全面建成小康社会、加快推进社会主义现代化，要实现中华民族伟大复兴，必须坚定不移地坚持和发展中国特色社会主义。正如习近平总书记所指出，全面建成小康社会，是国家物质力量和精神力量都增强，全国各族人民物质生活和精神生活都改善的全面小康。推进中国特色社会主义建设，必然要求有自己鲜亮的精神旗帜，有明确有力的价值引领。社会主义核心价值观，从价值观的层面清晰地展现了我们所推进的中国特色社会主义建设的基本特征和根本追求，引领着中国特色社会主义建设铿锵前进。

中国特色社会主义建设以无可辩驳的事实生动展示着社会主义核心价值观的生机活力。《习近平谈治国理政》一书中四个自信的提出具有特殊重要的意义，它鲜明地指出，中国坚定的道路自信、理论自信、制度自信，其本质是建立在五千多年文明传承基础上的文化自信。而社会主义核心价值观是决定文化性质和方向的最深层次要素，这正说明了中国改革开放以来，坚持走中国特色社会主义道路所取得的伟大成就，不是从天上掉下来的，也不是什么复制品、舶来品，而是有其自身的独特品质。中国特色的价值理念就是其中的内核，中国特色社会主义建设的成功经验，是对社会主义核心价值观正确性、可信性的检验。中国特色社会主义建设的新推进，也不断为社会主义核心价值观注入丰富而鲜活的时代内涵。

【课堂测试二】

社会主义核心价值观的实践根据是（　　　）。

A. 中国特色社会主义建设　　B. 中国特色社会主义制度

C. 中国特色社会主义道路　　D. 中国特色社会主义文化

【答案及解析】

本题答案为A。中国特色社会主义建设是社会主义核心价值观的实践根据。推进中国特色社会主义建设，必然要求有自己鲜亮的精神旗帜，有明确有力的价值引领。社会主义核心价值观，从价值观的层面清晰地展现了我们所推进的中国特色社会主义建设的基本特征和根本追求，引领着中国特色社会主义建设铿锵前进。

【课堂探究活动二　文件解读】

文化企业应以弘扬核心价值观为己任

2015年9月，中共中央办公厅、国务院办公厅印发《关于推动国有文化企业把社会效益放在首位、实现社会效益和经济效益相统一的指导意见》（以下简称《指导意见》），强调经济效益要服从社会效益，市场价值要服从社会价值。《指导意见》第一次明确提出了国有文化企业“两效统一”的根本原则和管理要求，明确了文化企业务必弘扬和践行社会主义核心价值观，不能做市场的奴隶，更不能被市场牵着鼻子走。

【设问思考】《指导意见》的提出对我们培育和弘扬社会主义核心价值观有什么帮助和好处？

【讨论交流】大家分组讨论，畅所欲言。

【教师总结】《指导意见》的提出为社会主义核心价值观的弘扬和践行提供了制度保障。社会主义核心价值观之所以彰显出强大的生命力、吸引力和感召力，正因为其深深扎根于中国特色社会主义的生动实践之中。中国特色社会主义建设的新推进，也不断为社会主义核心价值观注入丰富而鲜活的时代内涵。

三、道义力量——社会主义核心价值观自信的底气

【课堂视频回顾】

用PPT展示并回顾“道义力量——社会主义核心价值观自信的底气”的课前教学视频的讲授内容。

只有真理的力量加上道义的力量，才能行之久远。社会主义核心价值观以其先进性、人民性和真实性，而居于人类社会的价值制高点，具有强大的道义力量。

（一）先进性

社会主义核心价值观的道义力量源于它的先进性。社会主义核心价值观的先进性体现在它是社会主义制度所坚持和追求的核心价值理念。社会主义制度建立在生产资料公有制的基础之上，消灭了剥削制度，劳动人民成为国家的真正主人，是人类社会迄今为止最先进的社会制度。中国特色社会主义制度是科学社会主义原则与中国实际的创造性结合，至今仍在不断地改革发展和完善之中。十八届三中全会以来，2014年中央全面深化改革领导小组决定的80个重点改革任务基本完成，各方面共出台370个改革方案；2015年中央全面深化改革领导小组确定的101个重点改革任务基本完成，各方面共出台415个改革方案；2016年中央全面深化改革领导小组确定的97个重点改革任务基本完成，各方面共出台419个改革方案；2017年上半年中央全面深化改革领导小组已审议60多个重点改革文件。社会主义核心价值观反映着我国社会主义基本制度的本质要求，渗透于经济、政治、文化、社会、生态建设的各个方面，是我国社会主义制度的内在精神之魂。

（二）人民性

社会主义核心价值观的道义力量源于它的人民性。社会主义核心价值观的人民性体现在它代表最广大人民的根本利益，反映最广大人民的价值诉求，引导最广大人民为实现美好社会理想而奋斗。作为全球最大的发展中国家，中国扶贫开发对全球减贫事业具有重要意义。2015年，在“10·17”世界消除贫困日到来之际，国家主席习近平于10月16日出席在北京举办的减贫与发展高层论坛，并发表主旨演讲。习近平主席在讲话中指出，未来五年我们将使中国现有标准下7000多万贫困人口全部脱贫，此时做出的减贫承诺一诺千金，这比联合国确定的全球消除绝对贫困的目标整整提前了十年。党的十八大以来，习近平总书记国内考察常到贫困地区，尤其是2015年，先后到云南、陕西、贵州等地调研考察扶贫工作，在延安和贵阳两次主持召开扶贫主题座谈会。地方大员签订脱贫攻坚责任书，不仅是向中央立军令状，更是向7000多万贫困人口立军令状。脱贫攻坚是如期实现全面小康的最大短板，立下军令状，就是向中国乃至全世界宣示，我们将实现真正的、没有任何水分的全面小康。马克思主义最根本的政治立场就是始终站在广大劳动人民的立场上，以广大劳动人民的解放为旨归，竭尽全力为人民求福利谋利益。《共产党宣言》庄严指出：“过去的一切运动都是少数人的或者为少数人谋利益的运动。无产阶级的运动是绝大多数人的、为绝大多数人谋利益的独立的运动。”与此相

应，人民性也是以马克思主义为理论基础，以社会主义运动为实践根据的社会主义核心价值观的根本特性。在引导中国特色社会主义建设的进程中，中国共产党也始终强调，中国共产党人的初心和使命就是为中国人民谋幸福，鲜明的人民性使得社会主义核心价值观具有强大的道义感召力。

（三）真实性

社会主义核心价值观的道义力量还源于它的真实性。“名非天造，必从其实”，在人类社会发展的进程中，许多统治阶级都曾提出了不少看上去非常美好的价值理念，其中有些在历史上也发挥了很大的积极作用，但由于其阶级性和历史局限性，这些美好的价值理念并未真正实现。民主、自由、博爱等便是资产阶级时刻挂在嘴边的价值主张，但正如列宁所指出的那样，“资产阶级民主同中世纪制度比较起来，在历史上是一大进步，但它始终是而且在资本主义制度下不能不是狭隘的、残缺不全的、虚伪的、骗人的民主，对富人是天堂，对被剥削者、对穷人是陷阱和骗局”。人民当家作主的社会主义制度，为社会主义核心价值观的真正实现奠定了根本的制度前提和制度保障，使得自由、民主、公正等价值观不是装饰品，不是用来做摆设的，而是要用来解决人民要解决的问题的，成为真切具体广泛的现实。例如，我国新型城镇化建设的深刻内涵不是让农民简单的进城，而是要让他们真正共享城市公共服务。户籍制度的改革首先填平了城里人与农村人之间的身份鸿沟，又分别统一了居民养老保险制度、城乡居民医疗保险制度，让社保制度的公平显著增强。解决了基本的生存问题，人民才会渴望得到全面的发展，对美好生活也才会有更高的追求。

【课堂测试三】

社会主义核心价值观以其先进性、人民性和真实性而居于人类社会的价值制高点，具有强大的（　　）力量。

A. 物质　　　　B. 精神　　　　C. 文化　　　　D. 道义

【答案及解析】

本题答案为D。社会主义核心价值观以其先进性、人民性和真实性，而居于人类社会的价值制高点，具有强大的道义力量。

【主题小结】社会主义核心价值观的历史底蕴、现实基础和道义力量，要求我们自觉以社会主义核心价值观来引领我们的接力前行，要求我们运用马克思主义客观辩证地分析各种错误价值观的实质，不断增强社会凝聚力和价值共识。虚心学习，借鉴人类社会创造的一切文明成果，但不能照抄照搬别国的发展模式，绝不接受任何国家颐指气使的说教，这就是坚定社会主义核心价值观自信赋予我们的历史新要求。寻找民主、和谐、法治、爱国、友善等12条社会主义核心价值观的文化根基，用古今经典、历史名人及身边的感人故事诠释。青年大学生要自觉践行社会主义核心价值观，不断养成高尚品格，以国家富强、人民幸福为己任，胸怀理想、志存高远，投身中国特色社会主义伟大实践，并为之终生奋斗。

【课后思考】社会主义核心价值观的道义力量源于哪里？

主题三：道义力量　模范践行

【课堂导问】

· 新时代大学生应如何践行社会主义核心价值观?

一、勤学——下苦功夫，求真学问

【课堂视频回顾】

用 PPT 展示并回顾“勤学——下苦功夫，求真学问”的课前教学视频的讲授内容。

勤学强调的是知识的学习，知识对于确立一种价值观念非常重要，它是树立社会主义核心价值观的重要基础。对于处于学习科学知识黄金期的大学生来说，要下得苦功夫，求得真学问，把学习作为一种精神追求、一种生活方式，努力学习，扩大知识半径，既读有字之书，也读无字之书，掌握真才实学，练就过硬本领。特别是要努力掌握马克思主义理论，形成正确的世界观和科学的方法论，形成一种对外部世界、对自我、对社会发展的客观现实的真切的、科学的理解，深化对社会主义核心价值观的认知认同。读书学习是获得知识最好的方式途径。

【课堂探究活动一　名言欣赏】

用知识缝制铠甲，不远的将来，各行各业都将由你们披甲上阵。希望你们不惧艰辛、勇敢前行!

——钟南山

读书这项精神功课对人潜移默化的感染，使人从世俗的渴望（金钱、物质、外在的美丽等）中解脱出来。

——严歌苓《读书与美丽》

【设问思考】两则名言给我们什么启示?

【讨论交流】大家分组讨论，畅所欲言。

【教师总结】习近平总书记曾在多个重要场合对读书学习有过高屋建瓴、精彩深刻的阐述。2013 年 3 月 19 日，习近平主席接受金砖国家媒体联合采访时说：“我爱好挺多，最大的爱好是读书，读书已成为我的一种生活方式。”2014 年 10 月 15 日，习近平总书记在文艺工作座谈会上的讲话中谈道：“我年轻时读了不少文学作品，涉猎了当时能找到的各种书籍，不仅其中许多精彩章节、隽永文字至今记忆犹新，而且从中悟出了不少生活真谛。”关于为什么要读书的问题，2014 年 2 月 7 日，习近平主席在接受俄罗斯电视台专访时谈道：“读书可以让人保持思想活力，让人得到智慧启发，让人滋养浩然之气。”2017 年 5 月 3 日，习近平总书记在五四青年节来临之际，在中国政法大学考察时的讲话中提出：“青年处于人生积累阶段，需要像海绵吸水一样汲取知识。广大青年抓学习，既要惜时如金、孜孜不倦，下一番心无旁骛、静谧自怡的功夫，又要突出主干、择其精要，努力做到又博又专、愈博愈专。特别是要克服浮躁之气，静下来多读经典，多知其所以然。”

二、修德——明大德、守公德、严私德

【课堂视频回顾】

用 PPT 展示并回顾“修德——明大德、守公德、严私德”的课前教学视频的讲授内容。

《大学》说：“德者，本也。”蔡元培也曾经说过，“若无德，则虽体魄智力发达，适足助其为恶”。道德之于个人、之于社会都具有基础性意义，做人做事第一位的是崇德修身。核心价值观其实就是一种德，既是个人的德，也是一种国家的德、社会的德。“国无德不兴，人无德不立”，一个人只有明大德、守公德、严私德，其才方能用得其所。修德既要立意高远，又要立足平实。立志报效祖国、服务人民，这是大德，“养大德者方可成大业”。同时，还得从做好小事、管好小节开始起步，“见善则迁、有过则改”，踏踏实实修好公德、私德，学会劳动、学会勤俭、学会感恩、学会助人、学会谦让、学会宽容、学会自省、学会自律。

【课堂探究活动二　案例分析】

案例一：暖心乘客

地铁上，年轻妈妈怀里抱着的孩子睡着了，她怕孩子踢到别人，弄脏别人的衣服，就用手捧着鞋子一直到地铁到站。

案例二：暖心妈妈

江苏溧阳，一位妈妈到学校给儿子送东西，因担心高跟鞋声音太响影响学生听课，她竟脱了高跟鞋赤脚跑了四层楼。

案例三：暖心农民工夫妇

一对农民工夫妇刚从工地回来，两人鞋上沾满了泥土。他们来到一家便利店，望着光洁的地板，丈夫毅然脱下鞋光脚走进店里买东西，妻子则站在门口等待，不时向里张望。

案例四：暖心小孩

一位小朋友出门扔垃圾的时候，在垃圾桶旁贴了一张字条，虽然字迹歪歪扭扭，可字条上的内容却无比暖心：“保洁阿姨，垃圾桶里有很多碎玻璃，这些玻璃是我妹妹打碎的，请你在拿垃圾袋的时候小心，不要碰伤了手。对不起，给你添麻烦了。”

（以上案例改编自《朋友圈最暖偷拍照：那些有教养的人，正在偷偷温暖这个世界》，中国教育网，2018 年 10 月 28 日）

【设问思考】这些画面是否让你感到温暖？这是什么力量呢？

【讨论交流】大家分组讨论，畅所欲言。

【教师总结】一个有德有教养的人，时时刻刻心里装着他人，懂得推己及人，顾及别人的感受。有德之人最美，所以大学生修德既要立意高远，又要立足平时，要从做好

小事、管好小节开始起步，踏踏实实修好公德私德，学会劳动、学会勤俭、学会感恩、学会助人、学会谦让、学会宽容、学会自省、学会自律。

三、明辨——明辨是非，抑恶扬善

【课堂视频回顾】

用PPT展示并回顾“明辨——明辨是非，抑恶扬善”的课前教学视频的讲授内容。

大学生培育和践行社会主义核心价值观，需要增强自己的价值判断力和道德责任感，辨别什么是真善美，什么是假恶丑，自觉做到常修善德、常怀善念、常做善举。当前在一些领域和一些人当中，价值判断没有了界限，丧失了底线，甚至以假乱真、以丑为美、以耻为荣，大学生一定要正视价值观选择和道德责任感，强化判断，善于明辨是非，善于决断选择，旗帜鲜明地弘扬真善美，贬斥假恶丑；树立正确导向，澄清模糊认识，匡正失范行为，形成激浊扬清、抑恶扬善的思想道德舆论，自觉做良好道德风尚的建设者，社会文明进步的推动者。

【课堂探究活动三　案例分析】

是否善恶与人性

案例一：疫期隐瞒行程事件

青海省西宁市湟中县某村村民苟某，长期在武汉市经营兰州拉面馆。2020年1月17日，自武汉返回西宁，乘朋友私家车在西宁市就餐后返回家中，当晚出现咳嗽、发热、乏力症状。1月19日探望亲戚，接触多人。1月25日，青海省人民政府启动重大突发公共卫生事件一级响应，苟某在工作人员两次前往其家中开展疫情排查时均谎称已返宁40余天。1月22日至1月26日，苟某为外甥筹备并参加婚礼，在此期间接触多人。1月27日，苟某病情加重，其母亲和妹妹陪同乘坐出租车至省红十字医院就诊。1月30日，经青海省疾病预防控制中心复核，被认定为新冠病毒肺炎确诊病例。苟某被诊断为感染新冠病毒后，对卫生疾控部门调查工作人员刻意隐瞒其行踪轨迹、密切接触人员情况，妨碍流行病调查等预防、控制措施实施，导致900人被隔离，密切接触人员中3人被确诊为感染新冠病毒。

（本案例改编自《被判1年！青海男子隐瞒武汉旅居史致900余人被隔离》，《人民日报》，2020年4月15日）

案例二：重庆公交坠江事件

2018年10月28日，重庆万州区一辆公交车在行驶过程中突然失控，越过道路中心线撞向一辆正常行驶的红色轿车后，冲破长江二桥防护栏坠入江中，造成车内乘客包括司机在内十几人全部遇难。事故原因是乘客刘某仅仅因错过下站而与司机发生激烈争执并上升到肢体冲突，从而导致车辆失控，酿成悲剧。

（本案例改编自《重庆公交车坠江事件的刑事法律分析及对策》，澎湃新闻，2018年11月21日）

【设问思考】以上案例给予我们什么启示？

【讨论交流】大家分组讨论，畅所欲言。

【教师总结】一个人，必须要有责任感，其生命才会有价值。学会负责，即承担责任，这是疫情对我们每个人的教育和警醒。面对新型冠状病毒肺炎疫情，大家一定要切实提高认识，克服麻痹思想。对于我们个人来说，在公共领域切不能以“个性飞扬之名”而行“自我中心之实”，要守理守法，遵循规范。

四、笃实——知行合一，脚踏实地

【课堂视频回顾】

用 PPT 展示并回顾“笃实——知行合一，脚踏实地”的课前教学视频的讲授内容。

“笃实”是古人为学的最后阶段，既然学有所得，就要努力践行所学，使所学最终有所落实，做到“知行合一”。笃实是价值实现的关键环节，再好的价值理念如果只是光说不做，就一点儿意义都没有。价值观的价值就体现在践行中。正所谓“道不可坐论，德不能空谈”，于实处用力，从知行合一上下功夫，核心价值观才能内化为精神追求，外化为自觉行动。“天下难事必作于易，天下大事必作于细”，成功的背后永远是艰辛努力。青年要把艰苦环境作为磨炼自己的机遇，把小事当作大事干，一步一个脚印往前走。滴水可以穿石，只要坚韧不拔、百折不挠，成功就一定在前方等你。

【课堂测试】

在全社会培育和弘扬社会主义核心价值观，需要大学生始终走在时代前列，成为社会主义核心价值观的（　　）。

A. 坚定信仰者　　B. 积极传播者　　C. 模范践行者　　D. 狂热崇拜者

【答案及解析】

本题答案为 ABC。在全社会培育和弘扬社会主义核心价值观，需要大学生始终走在时代前列，成为社会主义核心价值观的坚定信仰者、积极传播者、模范践行者。大学生既要目标高远、保持定力、不懈奋进，又要脚踏实地、严于律己、精益求精，将社会主义核心价值观转化为人生的价值准则。正所谓勤学以增智，修德以立身，明辨以正心，笃实以为公。

【课堂探究活动四　案例分析】

“最美快递员”汪勇：你来保护武汉，我来保护你

羽绒服、指甲刀、剃头的推子……只要医护人员有需要，汪勇都能“变”出来。甚至连酒店里的热水器坏了，医护人员也习惯性地求助“汪大哥”。医护人员需要防护鞋套，汪勇就发动志愿者在淘宝搜索，连夜奔赴距离武汉市区 55 公里的鄂州葛店取货，带回来 2000 双防护鞋套。上海驰援武汉医疗队的护士因频繁帮患者输液、换药，肩膀疼痛难忍，急需肩周炎药膏，汪勇又赶紧采购药物，送到他们所住的酒店。在医护人员眼里，汪勇就是哆啦 A 梦，没有他解决不了的问题。不论深夜 2 点，还是早上 5 点，他都会及时回复。

这就是汪勇，湖北顺丰速运的快递员，网约车兼职司机。在湖北武汉暴发疫情期间，他主动承担护送医护人员的重任，并组织了一支志愿者服务团队，不顾个人安危，主动帮助医护人员解难题、化烦忧，为打赢疫情防控阻击战作出了突出贡献。

（本案例改编自《最美快递员，武汉一束温暖的光》，《中国青年报》，2020 年 3 月 14 日）

【设问思考】“最美快递小哥”汪勇的故事给你什么样的感动？

【讨论交流】大家分组讨论，畅所欲言。

【教师总结】足够的用心，才能体会到别人的需求并给予帮助，汪勇就是一个细心的人，他把自己的视角放在了医护人员的每日生活，“假如我从外地到达一个陌生城市，每天忙碌在病床前，我需要什么”。一个社会，正是有很多人以这种正能量的方式站出来，才赋予更多人回到生活继续坚持的勇气。在非常时刻，他们没有温和地走进良夜，而是用自己的光，点燃更多的火，照亮前行更坦荡的路。2014 年 5 月 4 日，习近平总书记在北京大学师生座谈会上的讲话中勉励青年：“有人说：‘圣人是肯做工夫的庸人，庸人是不肯做工夫的圣人。’”青年有着大好机遇，关键是要迈稳步子、夯实根基、久久为功。心浮气躁，朝三暮四，学一门丢一门，干一行弃一行，无论是为学还是创业，都是最忌讳的。

【课堂小结】如果说曾经的中国是现代化道路上的追赶者，那么如今的中国正前所未有地走近世界舞台的中央。中国智慧与中国方案正在引领世界潮流的新方向，一代人有一代人的长征路，面对挑战层出不穷、风险日益增多的世界，面对新一轮产业变革和科技革命，新时代的中国如何勇立潮头、踏浪前行，是给全体中国人尤其是青年一代的必答题。在这发展的关键机遇期，正需要你们，没错，确认过眼神，就是年轻的你们。2014 年 2 月 24 日，习近平总书记在主持十八届中央政治局第十三次集体学习时指出：“一种价值观要真正发挥作用，必须融入社会生活，让人们在实践中感知它、领悟它……在落细、落小、落实上下功夫。”“细”就是要细化，要直入头脑，要沉淀心中，只有发自内心接受，才能真正自觉行动；“小”就是要从小事做起，从个人做起，坚持不懈抓养成，积小善为大善，积小德为大德；“实”就是要行动，就是不能玩虚的，内化于心，外化于行。古语有云：“纸上得来终觉浅，绝知此事要躬行”，对于大学生而言，就是要切实做到勤学、修德、明辨、笃实，使社会主义核心价值观成为自己一言一行的基本遵循。

【专题小结】2014 年 5 月 4 日，习近平总书记在北京大学师生座谈会上的讲话中强调：“我为什么要对青年讲讲社会主义核心价值观这个问题？是因为青年的价值取向决定了未来整个社会的价值取向，而青年又处在价值观形成和确立的时期，抓好这一时期的价值观养成十分重要。这就像穿衣服扣扣子一样，如果第一粒扣子扣错了，剩余的扣子都会扣错。人生的扣子从一开始就要扣好。”核心价值观的养成绝非一日之功，要坚持由易到难、由近及远，努力把核心价值观的要求变成日常的行为准则，进而形成自觉奉行的信念理念。大学生既要目标高远、保持定力、不懈奋进，又要脚踏实地、严于律己、精益求精，将社会主义核心价值观转化为人生的价值准则。

【布置任务】

请大家关注我即将推送的下节课的教学视频及学习任务。

【专题作业】

拍摄以“践行社会主义核心价值观”为主题的微电影（10 分钟），或撰写 800 字的“社会主义核心价值观之我见”心得体会。

第三部分　教学后记

【教学反思】

本专题聚焦于社会主义核心价值观。由于学生在中学阶段就已经学过社会主义核心价值观的内容，因此大学阶段需要循序渐进，螺旋上升，从学理上深入探讨，讲清楚社会主义核心价值观中的重要范畴与社会主义之前的社会形态，特别是与资本主义相关价值观的不同，体现出马克思主义的理论魅力。主要是引导大学生要始终走在时代前列，不仅要成为社会主义核心价值观的坚定信仰者、积极传播者、模范践行者，更要成为担当民族复兴大任的时代新人，肩负起实现中华民族伟大复兴的历史重任。大学生要努力切实做到习近平总书记提出的“勤学、修德、明辨、笃实”，做到“爱国、立志、求真、立行”，使社会主义核心价值观成为自己一言一行的基本遵循，把社会主义核心价值观的具体要求变成日常的行为准则，形成自觉奉行的信念理念，并身体力行将其推广全社会中去，为实现国家富强、民族振兴、人民幸福的中国梦，凝聚强大的青春能量。

【教学建议】

重点难点问题阐释：让学生认识到培育和践行社会主义核心价值观是贯穿“思想道德修养与法律基础”课的一条主线。在全面体现党的十九大精神的基础上，“思想道德修养与法律基础”课要做到“三个讲清楚”，要着重从思想道德教育和法制教育的角度，讲清楚要自觉运用习近平新时代中国特色社会主义思想武装头脑，讲清楚社会主义核心价值体系、社会主义核心价值观的科学内涵，讲清楚把党的领导贯彻落实到全面依法治国全过程和各方面，帮助学生自觉成为担负民族复兴大任的时代新人，成为德智体美劳全面发展的社会主义建设者和接班人。“培育和践行社会主义核心价值观”是贯穿本专题的一条主线，要讲清楚践行社会主义核心价值观在本专题中的总依据、总纲领地位，在大学生成长成才过程中的重要引领作用，其聚焦点就在于引导大学生接受、认同、坚信社会主义核心价值观。

教学中将习近平总书记 2014 年 5 月 4 日在北京大学师生座谈会上的讲话精神“青年要自觉践行社会主义核心价值观”融入教学中，帮助学生理解以下几个问题：其一，阐释核心价值观于一个民族的重要性，可引用讲话中的“人类社会发展的历史表明，对一个民族、一个国家来说，最持久、最深层的力量是全社会共同认可的核心价值观。核心价值观，承载着一个民族、一个国家的精神追求，体现着一个社会评判是非曲直的价值标准……如果一个民族、一个国家没有共同的核心价值观，莫衷一是，行无依归，那这个民族、这个国家就无法前进。这样的情形，在我国历史上，在当今世界上，都屡见不鲜”。其二，阐释为何不同国家、民族会有不同的核心价值观，可引用讲话中的“不同民族、不同国家由于其自然条件和发展历程不同，产生和形成的核心价值观也各有特点。一个民族、一个国家的核心价值观必须同这个民族、这个国家的历史文化相契合，同这个民族、这个国家的人民正在进行的奋斗相结合，同这个民族、这个国家需要解决的时代问题相适应”。其三，阐释我国所倡导的核心价值观的提出与形成，可引用讲话中的“每个时代都有每个时代的精神，每个时代都有每个时代的价值观念。国有四维，礼义廉耻，‘四维不张，国乃灭亡。’这是中国先人对当时核心价值观的认识。在当代中国，我们的民族、我们的国家应该坚守什么样的核心价值观？这个问题，是一个理论问题，也是一个实践问题。经过反复征求意见，综合各方面认识，我们提出要倡导富强、民主、文明、和谐，倡导自由、平等、公正、法治，倡导爱国、敬业、诚信、友善，积极培育和践行社会主义核心价值观。富强、民主、文明、和谐是国家层面的价值要求，自由、平等、公正、法治是社会层面的价值要求，爱国、敬业、诚信、友善是公民层面的价值要求。这个概括，实际上回答了我们要建设什么样的国家、建设什么样的社会、培育什么样的公民的重大问题……我们提出的社会主义核心价值观，把涉及国家、社会、公民的价值要求融为一体，既体现了社会主义本质要求，继承了中华优秀传统文化，也吸收了世界文明有益成果，体现了时代精神”。其四，阐释我们为何要十分重视青年人的核心价值观教育，可引用讲话中“我为什么要对青年讲讲社会主义核心价值观这个问题？是因为青年的价值取向决定了未来整个社会的价值取向，而青年又处在价值观形成和确立的时期，抓好这一时期的价值观养成十分重要。这就像穿衣服扣扣子一样，如果第一粒扣子扣错了，剩余的扣子都会扣错。人生的扣子从一开始就要扣好。‘凿井者，起于三寸之坎，以就万仞之深。’青年要从现在做起、从自己做起，使社会主义核心价值观成为自己的基本遵循，并身体力行大力将其推广到全社会去”。其五，对青年人如何践行社会主义核心价值观，可引用讲话中的“勤学、修德、明辨、笃实”部分的阐述。

教学方式上应形式多样，避免单一化，通过课前系列准备让学生在课堂中当主角，活跃课堂氛围，启发学生畅所欲言；倾听学生心声，了解学生困惑并及时引导；让学生体会到大学课堂不同于中学，改变学生上课被动的状况，引导其尽快适应大学生活。采取案例教学，通过直观、生动的案例深入浅出地阐述深奥理论，避免纯粹的说教，让学生反感。

第四部分　教学参考

1. 习近平，《培育和弘扬社会主义核心价值观》，《习近平谈治国理政》第 1 卷，外文出版社，2018 年。

2. 习近平，《青年要自觉践行社会主义核心价值观在北京大学师生座谈会上的讲话》，人民出版社，2014 年。

3. 徐萍，《新时期大学生社会主义核心价值观教育读本》，上海人民出版社，2010 年。

4.《中共中央关于深化文化体制改革推动社会主义文化大发展大繁荣若干重大问题的决定》，人民出版社，2011 年。

5. 郭建宁，《社会主义核心价值观基本内容释义》，人民出版社，2014 年。

6. 中共中央办公厅，《关于培育和践行社会主义核心价值观的意见》，新华网，2013 年 12 月 23 日。

7. 中央电视台科教频道，《社会主义核心价值观讲坛》，教育科学出版社，2015 年。

8. 人民日报评论部，《习近平用典》，人民日报出版社，2015 年版。

9. 杨谷，《核心价值观百场讲坛（第二辑）》，光明日报出版社、江西高校出版社，2016 年。

10.《中共教育部党组关于教育系统深入开展爱国主义教育的实施意见》，人民网，2016 年 1 月 19 日。

11. 中共中央办公厅、国务院办公厅，《关于进一步把社会主义核心价值观融入法治建设的指导意见》，新华社，2016 年 12 月 25 日。

12. 中共中央宣传部，《习近平总书记系列重要讲话读本（2016 年版）》，学习出版社、人民出版社，2016 年。

13. 韩震、章伟文，《中国的价值观》，中国社会科学出版社，2016 年。

14. 北京大学党委宣传部，《铸魂：社会主义核心价值观十二讲》，北京大学出版社，2017 年。

15. 丁燕，《当代中国公民核心价值观教育研究》，人民出版社，2017 年。

16. 赵正文，《社会主义核心价值观融入大学生思想政治教育的创新机制研究》，清华大学出版社，2018 年。

17. 中共中央宣传部，《习近平新时代中国特色社会主义思想学习纲要》，学习出版社、人民出版社，2019 年。

18. 中共中央、国务院，《新时代爱国主义教育实施纲要》，新华社，2019 年 11 月 12 日。

19. 中共中央宣传部、中央广播电视总台，《平“语”近人——习近平总书记用典》，人民出版社，2019 年。

20. 刘悦、王光福，《社会主义核心价值观二十四字解》，文汇出版社，2020 年。

“青”听“习”语

国无德不兴，人无德不立。必须加强全社会的思想道德建设，激发人们形成善良的道德意愿、道德情感，培育正确的道德判断和道德责任，提高道德实践能力尤其是自觉践行能力，引导人们向往和追求讲道德、尊道德、守道德的生活，形成向上的力量、向善的力量。只要中华民族一代接着一代追求美好崇高的道德境界，我们的民族就永远充满希望。

——《习近平在山东考察时的讲话》（2013 年 11 月 24 日—28 日）

一个人只有明大德、守公德、严私德，其才方能用得其所。修德，既要立意高远，又要立足平实。要立志报效祖国、服务人民，这是大德，养大德者方可成大业。同时，还得从做好小事、管好小节开始起步，“见善则迁，有过则改”，踏踏实实修好公德、私德，学会劳动、学会勤俭，学会感恩、学会助人，学会谦让、学会宽容，学会自省、学会自律。

——《习近平在北京大学师生座谈会上的讲话》（2014 年 5 月 4 日）

青年要把正确的道德认知、自觉的道德养成、积极的道德实践紧密结合起来，不断修身立德，打牢道德根基，在人生道路上走得更正、走得更远。面对复杂的世界大变局，要明辨是非、恪守正道，不人云亦云、盲目跟风。面对外部诱惑，要保持定力、严守规矩，用勤劳的双手和诚实的劳动创造美好生活，拒绝投机取巧、远离自作聪明。

——《习近平在纪念五四运动 100 周年大会上的讲话》（2019 年 4 月 30 日）

专题六　注重道德传承　遵守道德规范

第一部分　教学概况

一、教学目的与要求

通过本专题学习，大学生认识道德的概念、本质和作用，了解道德的历史发展；引导大学生在吸收借鉴中华传统美德、中国革命道德、人类文明优秀道德成果的基础上，深刻理解社会主义道德的核心和原则，遵守社会生活领域的道德规范，积极参与社会实践，自觉加强道德修养，锤炼高尚个人品德；引导学生在“学”中“做”、“做”中“学”，激发其自觉遵守社会主义道德的自觉性，学会辨析、判断、评价道德现象，正确选择道德行为，对所学内容能够内化于心，外化于行，做社会主义道德的践行者和道德风尚的引领者。

二、教学重点与难点

1. 道德的起源、本质、功能和作用。
2. 社会主义道德建设的核心和原则。
3. 如何吸收借鉴人类文明优秀道德成果？
4. 大学生如何投身道德实践，引领社会风尚？

三、教学方法与手段

（一）教学方法

1. 讲授法：用科学理论全面而系统地阐释相关概念，将新媒体和艺术元素融入理论讲授中，使枯燥的理论变得富有趣味，从而增强理论的感染力和吸引力，真正做到深

刻领会、精准把握新时代新思想的丰富内涵。

2. 讨论法：通过创设大学生普遍关注的社会现实问题引导大学生参与讨论，给学生表达观点的机会，更好地激发大学生对社会与人生问题的深入思考，培养学生的思维能力、口头表达能力，促进学生灵活地运用理论知识。

3. 案例分析法：案例分析教学法侧重于理论联系实际，通过对直观、生动地反映现实生活、社会问题的典型案例的剖析，尤其是将我们在抗击疫情中涌现的典型案例、人物故事转化为鲜活的思政教学素材融入课堂，让源于事实的理论解析更有说服力，学生能在案例本身的感知中明辨是非，培养其独立的分析能力、判断能力及解决问题的能力。

（二）教学手段

1. 充分利用新媒体。运用智慧教学工具与课堂，让师生的教与学互动更加便捷、高效；通过发挥信息技术的正效应，积极探索线上线下融合发展的教学新模式，综合运用图像、音频、视频等信息技术，利用学堂在线、爱课程（中国大学 MOOC）等在线网络平台的国家精品课程，拓宽线上学习资源。

2. 教学中注重将多种教学方法和手段穿插、融入，避免纯理论说教、单一的教学媒介和手段教学。当需要讲透原理时，采用讲授法；当需要悟透原理时，采用案例分析法、情境教学法；当需要践行原理时，采用合作探究法。真正让理论入脑、入耳、入心，加深学生对相关原理的理解和学习的兴趣，满足学生成长发展的需求和期待，努力使“原理”有“知”更有“味”，不断增强思政课的思想性、理论性、亲和力和针对性。

四、课前准备

1. 录制 3~5 分钟的阐释“什么是道德”的课前教学视频供学生提前观看自学，并思考道德产生所需要的主客观条件是什么。

2. 录制 8~10 分钟的阐释“道德的本质及道德的功能和作用”的课前教学视频供学生提前观看自学，观看《平“语”近人——习近平总书记用典》（第三集国无德不兴），并思考道德对于国家、社会、个人的作用和意义。

3. 录制 3~5 分钟的阐释“红色基因——中国革命道德”的课前教学视频供学生提前观看自学，并思考当代大学生可以通过哪些渠道吸收借鉴优秀道德成果。

4. 录制 8~10 分钟的阐释“尚德修身——遵守不同领域的道德规范”的课前教学视频供学生提前观看自学，并思考作为公民我们应该遵守哪些道德规范。

5. 录制 3~5 分钟的阐释“向善向上——向道德模范学习”的课前教学视频供学生观看自学，并思考何为道德模范，学习道德模范有何重要意义。

6. 录制 8~10 分钟的阐释“知行合一——以志愿服务引领社会风尚”的课前教学视频供学生提前观看自学，并思考在向道德模范学习的同时，如何积极投身志愿服务活动中去，做知行合一的践行者。

7. 录制 3~5 分钟的说明“本专题导学”的课前教学视频供学生提前观看学习，并思考大学生应该如何加强道德修养，追求崇高道德境界。

五、课时安排

理论教学 4 个课时，课堂探究活动及实践教学 2 个课时。

六、课堂主题

主题一：溯源明德　知德崇德。
主题二：文化之髓　红色基因。
主题三：扬德铸魂　尚德修身。
主题四：向上向善　知行合一。

第二部分　教学过程

主题一：溯源明德　知德崇德

【课堂导问】
· 什么是道德？道德起源于何处？什么是马克思主义道德起源说？
· 道德在本质上是什么？
· 道德之于个人和社会有何重要意义？

一、道德的起源

【课堂视频回顾】
用 PPT 展示并回顾“道德的起源”的课前教学视频的讲授内容。

什么是道德？从古至今，人类对道德的探索从未停止过，道德作为人类社会特有的一种社会现象，是发展到一定阶段的必然产物。人类对于道德的认识把握也经历了漫长的探索过程。了解道德的起源和本质是道德认识的前提，把握道德发展的规律是道德认识的关键，而最终践行正确的道德观才是认识的目的。首先，让我们穿梭时间长廊，沿着历史发展的轨迹，探寻道德的起源。关于道德的起源大致可以分为两类，非马克思主义道德起源说和马克思主义道德起源说。

（一）非马克思主义道德起源说

天意神启论把道德起源归结于上天的命令或者神的旨意，试图以人以外的某种所谓客观意志来说明道德的起源。汉代董仲舒认为“人之受命于天也”“道之大原出于天”，孔子也有类似的观点如“天生德于予”，他们都把道德起源归于天。所以中国人在勉励人自律时会说“人在做，天在看”，在谴责人的恶行时会说“这样会遭天谴的”。在欧洲中世纪的哲学家看来，道德起源于上帝，被称为黄金定律的“摩西十诫”便是上帝的启示。天意神启论从本质上是一种客观唯心主义。

先天人性论把道德起源归结于与生俱来的天性或先天存在的良知良能、理念或精神。孟子基于他的性善论提出了四端说，“仁义礼智，非由外铄我也，吾我有之也”。在孟子看来四端即四德（仁、义、礼、智）并不是后天形成的，归源于先天固有的良知良能，这是一种主观唯心主义的思想。

动物本能论认为道德观念是动物本能的延续，进而把动物基于本能的活动与人类有目的、有意识的活动画上等号。比如羔羊跪乳此类的母爱，狼结群而居的合群都是有道德的体现，人的道德就是从动物本能演化而来的，这是一种达尔文式的自然主义观点。

情感欲望论认为道德起源于人们的情感欲望，是人们为实现情感欲望而形成的行为要求。英国功利主义哲学家杰里米·边沁曾说，人性使人类之于两位君主的统治之下，即痛苦和快乐……无论何时，我们的所做、所说和所思都在他们的牢牢控制之下：一个人该做的就是使其快乐最大化和使其痛苦最小化。他认为痛苦和快乐是主宰人的两种先天情感。

综上所述，以上四种非马克思主义道德说尽管内容不同，性质有别，也包含某种历史和认识的价值。但它们都是离开人的社会实践和社会的历史发展去考察和研究道德现象，因而不可能科学地说明人类道德的起源和本质。

（二）马克思主义道德起源说

马克思、恩格斯在《德意志意识形态》中阐述了社会存在决定社会意识的基本观点。马克思主义道德观认为道德作为一种上层建筑和社会意识形态，其根源是主客观条件的统一。

社会关系的形成是道德赖以产生的客观基础。在马克思恩格斯看来，人首先要有生活，才能谈有道德的生活，而社会是人类生活的前提，在社会生活当中，人与人交流互动必然会产生利害冲突、矛盾分歧，这样就会出现善恶评价的问题，就会出现协调人与人、人与物关系的需求，道德就会应运而生。

人类自我意识的形成和发展是道德起源的主观条件。心理学家皮亚杰做了一个著名的实验“三山实验”，他在桌面上错落有致地摆放三个立体沙丘模型，首先让儿童从前后左右不同的方位来观察这座模型，观看四张从四个方位所拍摄的沙丘的照片，然后让儿童指出和自己站在不同方位的另一个人所看到的沙丘情景与哪张照片一样。研究表明，2 到 7 岁的儿童是做不好这项工作的，他们只能从自己所处的位置来看待客体，而没有意识到同一个客体从另外的位置来看是怎么样的。“三山实验”表明儿童在自我意识方面发展不成熟，处于自我中心，不能区分我与他人、我与他物，那么此时的自我中心就不具备道德意义。因此，只有人的意识发展成熟，道德才会逐渐产生。

道德产生所需要的主客观条件统一于生产实践——劳动。道德是人类社会特有的现象，动物的本能行为中不存在真正的道德。劳动将人与动物区分开来，创造了人、社会和社会关系，也创造了道德。因此，劳动是道德产生的首要前提。

以上我们主要探讨了道德的起源学说，其实就是在探讨人为什么需要道德这个问题。道德不是与生俱来的，而是与人的生命历程、人的社会实践紧密相连的。因此，作为当代大学生只有积极投身于实践，积极进行人际交往才能提高道德修养。

【课堂测试一】

（　　）是道德起源的首要前提。

A. 直立行走　　　　B. 劳动

C. 人的意识的产生　　　　D. 社会的产生

【答案及解析】

本题答案为B。道德是人类社会特有的现象，动物的本能行为中不存在真正的道德。劳动将人与动物区分开来，创造了人、社会和社会关系，也创造了道德。因此，劳动是道德产生的首要前提。

【课堂探究活动一　电影赏析】

当你可以隐身的时候

想必大家都看过电影《哈利·波特》，都会羡慕他有一款超级装备“隐身斗篷”，穿上它就可以瞬间从别人眼前消失，其实古今中外都有各种关于“隐身衣”的神话传说。20世纪70年代以来，人类就开始用科学技术来研究“隐身”，下面请观看视频《隐身人》。

【设问思考】如果真的有了隐身衣，你想做什么？如果人人都可以及时拥有隐身衣，你会喜欢这样的世界吗？

【讨论交流】大家分组讨论，畅所欲言。

【教师总结】我想大多数人都会觉得这将是一件极其过瘾的事情，因为你与别人是隔绝的，那就不必考虑行为是否得当，是否符合道德。如果人人都可以及时拥有隐身衣，随时可以成为孤岛，那么道德便随时可以消失。因此，只有形成人与人、人与社会之间的相互关系，才会产生道德。

二、道德的本质

【课堂视频回顾】

用PPT展示并回顾“道德的本质”的课前教学视频的讲授内容。

（一）道德是反映社会经济关系的特殊意识形态

德国著名古典哲学家伊曼努尔·康德说：“有两种东西，我对它们思考越是深沉和持久，在我心灵中唤起的惊奇和敬畏，就会日新月异，不断增长。这就是我头上的星空和心中的道德规范。”在康德看来，星空与道德是宇宙运行的两条法则。道德如同星空，它是高尚的——人生只有在道德的照耀下才是美丽动人的。同时，道德如同星空，它又是无处不在的。正因为它的如影随形，我们经常用而不知，察而不觉，甚至还会扭曲它的存在。接下来我们一同去回溯历史，聆听贤者先人的智慧，以此认识道德的本质，从而廓清我们生活的世界。关于道德大家都知道是什么，但要说起道德的本质就有些深奥，道德起源和道德的本质是一回事吗？我们通过对道德来源的追问，认识到道德的产生和发展都经历了一个漫长的历史过程，一开始它往往表现为各种风俗、习惯、禁忌，到后来逐渐获得了自己独立的表现形式，并且获得了发挥自身功能和作用的途径。具体来看，道德是物质关系的产物，作为一种特殊的社会意识形态，道德从实践寄生的角度来把握世界。

道德的性质与相应的社会经济关系的性质相关。譬如，与封建社会的经济文化相适应的社会道德是封建社会道德，因为封建社会存在着地主阶级和农民阶级这样两个相互对抗的阶级，地主阶级占有绝大部分的土地和生产资料，因此在道德关系上面就表现为封建森严的等级制度。一方面封建统治者用这种道德来欺骗、麻痹农民阶级，巩固自身的统治，致力于将被统治者驯化为终身的奴仆；另一方面，农民阶级不断为实现人身独立而斗争，并且发扬了勤劳、节俭等美德，其他社会形态也是如此。

道德随着社会经济关系的变化而变化。在人类道德史上，不难看出一切道德的兴衰起伏、进退消长，从根本上来说源于社会经济关系的变革。譬如，人类社会从奴隶社会过渡到封建社会的过程，也是伦理道德观念从天然观过渡到人性论的过程。在殷商时期，由于生产力低下，人类在自然面前依旧显得极其渺小，认识自然、改造自然的能力也很有限，因此上天有着至高无上的权威，人匍匐在其脚下对之顶礼膜拜，不敢有任何的越轨之想。人类只有有了独立的力量，有了自主的意识的时候，才会去讨论人自己的本性。春秋战国时期，正是生产力大发展的时期，所以思想家率先认识到人的伟大，用了很多崇高的字眼来赞美人本身，如“故道大，天大，地大，人亦大”（老子《道德经》），人“最为天下贵”（荀子·王制篇）。

道德具有阶级性。道德在阶级社会中具有阶级性，是阶级社会的历史事实，这些历史事实是不以人们的意志为转移的，是不可抹杀的。从奴隶社会到封建社会，一直都存在着至少两个方面相互对立着的阶级道德。在奴隶社会存在公开维护人与人之间不平等的代表着奴隶主利益的道德，反抗和起义对于奴隶而言，才是合乎道德的正义行为。在封建社会，一方面存在着诸如“三纲五常”“三从四德”之类的反映封建贵族和地主阶级利益维护封建制度的道德，另一方面也存在着反抗封建礼教、反对封建秩序的道德规范。在资本主义社会，一方面存在着资产阶级的道德，另一方面也存在着无产阶级和其他劳动人民的道德。

（二）道德是社会利益关系的特殊调节方式

道德既是一种善恶评价，又是一种行为标准，道德常用善恶标准来进行判断评价。例如，针对偷窃抢劫这一事件，当人们听说某人抢劫时，就会立马对此人进行道德上的批判，认为这种行为是不道德的。但是在武侠小说中当绿林好汉劫富济贫时，人们却认为这些人是人间正义的化身，这种行为在穷人看来确实是一种良善的行为，尽管这些行为在当时都是违法的行为。人们会根据社会的习惯和自身的善恶标准得出不同的道德评判。道德不同于法律或政治，它不是强制化的规范，它靠社会舆论、人们的信念和习惯来维持。古人云：“夫道，无为无形，内以修身，外以治人。”道德是无形的，道德不是被颁布或者制定出来的，它往往是处于同一社会或环境中的人们，在长期的共同生活中逐渐积累形成的要求、秩序和理想。在古人的头脑中常常会出现“桃花源”这样的方外之地，人们对其的描述通常是物产丰富、民风淳朴、乡邻和睦的熟人社会。这种村落的流动性较小、稳定性很强，少有利益之争，邻里之间相安无事，这里的道德风尚正是居住于此的乡邻在共同生活实践中积累起来的。

（三）道德是一种实践精神

道德在本质上是知行合一的，它对世界的把握不是被动的反映，不是对世界的简单再现和描述，而是从人的需要出发，从特定的价值出发以改造世界。习近平总书记以“人无德不立，国无德不兴”来反映道德的巨大实践意义，它对于个人、社会、国家而言，都具有不可小觑的规范和调试作用。

通过对道德本质的认识了解，我们可以归纳出道德的定义，即道德是由社会经济基础所决定的一种社会意识形态，它通过社会舆论、传统习俗和人们的内心信念来维持，是对人们行为进行善恶评价的心理意识、原则规范和行为活动的总和。

【课堂测试二】

道德的本质是（　　　）。

A. 人主观自生的

B. 上天的意志

C. 所有统治阶级意志的反映

D. 由一定社会的经济基础所决定的社会意识形态

【答案及解析】

本题答案为D。道德的一般本质：道德是一种社会意识。社会关系的形成是道德赖以产生的客观基础，而不是主观自生的，更不是上天的意志。一切道德的兴衰起伏、进退消长，从根本上来说源于社会经济关系的变革。

【课堂探究活动二　案例分析】

易子而食

《左传·宣公十五年》：“寡君使元以病告，曰：‘敝邑易子而食，析骸以爨。’虽然，城下之盟，有以国毙，不能从也。”“易子而食”原指春秋时宋国被楚国围困，城内粮尽，百姓不忍心吃自己饿死的孩子，但是为了生存，两家交换子女，作为自己的食物。后来用来形容灾民极其悲惨的生活。

（本案例改编自《“易子而食”一段沉重的历史》，网易，2018年9月21日）

【设问思考】对此现象你怎么理解？

【讨论交流】大家分组讨论，畅所欲言。

【教师总结】恩格斯在《反杜林论》中说道，一个时代和另一个时代的道德变化是显著的，有时甚至可以截然相反。在当时的经济条件下，这并非不道德的事情。可如今这绝对不能接受，因为我们的道德要求尊老爱幼。这只能用经济关系的变化来解释，经济基础决定道德的性质、内容、变化。当今，我们已经初步建立起社会主义市场经济体制，道德的变化也是显而易见的，对人们的道德要求也有许多新的、更高的要求。

三、道德的功能和作用

【课堂视频回顾】

用 PPT 展示并回顾“道德的功能和作用”的课前教学视频的讲授内容。

（一）道德的功能

道德对于个人和社会具有重要意义，没有道德的人就是没有是非观念，没有任何同情心、正义感的人，其行为与动物无异；没有道德的社会就是蒙昧野蛮的社会。道德的功能就是道德对人类自身生存、发展和完善的功效及意义。道德源于人的社会生活需要，又服务于人的社会生活需要，人性中有许多冲突与欲望驱使人们做出许多破坏社会关系的越轨行为，为了矫正和预防这种行为，人们需要道德规范的约束。道德所追求的是人性的不断完善，谁放弃自己人性的道德规范，谁就是在放弃自己成为人的权利。道德对人来说，起着不可替代的行为指南的作用，使人能够在社会生活中有效地识别方向和确定人在世界中的地位，唤醒人的自觉性和积极性，并通过目标、准则、禁令、评价理想的体系调整人们的行为。

1. 认识功能。道德是引导人们追求至善的老师。作为人类掌握现实世界的一种特殊方式，它教导人们认识自己对家庭、对他人、对社会、对国家应负的责任和应尽的义务，教导人们正确地认识社会道德生活的规范和原则，从而正确地选择自己的行为和生活道路。道德意识的提高、道德价值目标的确立都与道德认识密切关联。道德的认识功能主要是通过道德意识和道德评判来实现的。通过道德意识和道德判断，人们可以获得关于现实社会关系状况的知识，确定现实社会的价值目标和价值体系，并预见或预测社会和人类发展的前景。对于人自身来说，道德认识还能帮助人们了解人生的价值、认识个人在社会中的地位、生活的意义，以及对社会整体的责任、道德理想的抉择等问题，从而引导人们按照趋善避恶的原则去积极创造完善的社会关系和自身完美的人格。

2. 规范功能。道德规范是公正的执行官，它利用道德向人们提出要求和约束，要求人们对道德要求和命令做出回应。道德规范通常是通过制定某种道德约束条款，唤醒人们的良知和羞耻感、内疚感，从而实现自我控制和社会控制的理性目标。道德规范是一种控制社会生活的现实伦理力量，具有渗透性，能够营造一种道德氛围并进一步影响社会成员。例如，各种道德职业规范就是与人们的职业活动紧密联系的，符合职业特点要求的道德准则、道德情操和道德品质的总和。职业道德规范是社会道德和职业生活中的具体化，譬如，职业道德规范就要求审计人员在遵守法律的基础上保持诚实正直、严肃认真、作风端正等道德品质。

3. 调节功能。这是道德最突出也是最重要的社会功能。道德评价是道德调节的主要形式，传统习俗和人们的内心信念是道德调节所赖以发挥作用的力量，道德的调节功能主要是通过不断调节社会整体和个人的关系，调节个人与个人的关系，使个人、社会与他人的关系逐步完善和谐。人们耳熟能详的“负荆请罪”的典故，就在一定程度上反映了道德的调节功能。廉颇与蔺相如将相和好的根本原因在于蔺相如的高风亮节，这充分显示了道德的调节功能。调节功能是道德的一个重要功能，在调节角度上，道德是从现实利益关系的角度，特别是现实生活中个人对待社会整体利益和其他个人利益的态度的角度，去调节人们的各种社会活动和社会关系的；在调节尺度上，道德以“应该怎样”的道德准则为尺度，强调的是“合道德性”；在调节方式上，道德主要诉诸舆论褒奖、沟通疏导、教育感化等，尤其注重于唤起人们的知耻心，培养人们的道义责任感和善恶判断能力。

尽管道德调节的效率是有限的，其效益却是长久的。道德调节并不单独发挥作用，通常它与法律或者纪律密切结合，共同发挥作用。正所谓法安天下，德润人心，法律是成文的道德，道德是内心的法律。法律是外在于人的他律，由国家制定或认可，必须由国家强制力保证实施；道德则是内在于人的自律，道德通过社会的教育和人们的自我修养，培育道德良知去择善去恶，以防止和消除人们的违法犯罪行为。除了上述的主要功能，道德还具有其他方面的功能，如导向功能、激励功能、辩护功能、沟通功能等，这些功能都是道德的认识功能和调节功能在某些方面的具体体现。

（二）道德的作用

作为中华优秀传统文化的继承者，中国共产党人深刻理解道德及其建设的重要性。党的十八大以来，习近平总书记十分重视立德的问题，多次站在战略高度多场合、多角度谈到“国无德不兴，人无德不立”，恰如其分地说明了道德之于个人、之于社会的重要作用。

不知大家是否还记得在2012年国庆节、中秋节双节之前，为了迎接党的十八大，央视记者到基层倾听大家的心声“你幸福吗”，一时间“幸福”成为媒体热词。这个简单的问题也引发了今天富裕起来的国人对幸福的深入思考。幸福其实是个古老的哲学问题，古希腊哲学家亚里士多德认为“幸福在于个人的完善”。在我国，儒家提倡向内要养成仁、义、礼、智、信良好品质，向外要齐家、治国、平天下，这样才是幸福的人生。由此可见，在儒家看来，幸福只是道德的伴随物，一个人有了美德，幸福也就随之产生，康德、笛卡尔、黑格尔都有着与儒家一致的思想。人生最大的幸福在于奉献，在于为人类谋福利，马克思主义认为，德性本身就是幸福的构成部分。道德指引人走向幸福的具体路径是什么呢？现实生活是琐碎的，当我们行善助人时，脸上的微笑、眼里的温暖、内心的坦然，其实就是一种幸福。

1. 道德对个体的作用。首先，道德是个体认识和把握社会的重要窗口。马克思在《1857—1858年经济学手稿》中把人类认识世界的方式划分四种，即科学的、艺术的、宗教的和实践精神的（即道德的），通过科学我们认识了世界的真，通过艺术我们认识了世界的美，通过道德我们认识了世界的善，这三种方式的有机结合就构成了我们对整个世界真善美的全面把握。道德是社会观念的表现，道德规范的这一应然之责依据于社会生活的必然之理，把握了道德，也就把握了社会和人生。其次，道德是个体协调人际关系的根本手段。仲弓问仁，子曰：“己所不欲，勿施于人。”能站到别人的角度待人接物，就是仁，就是德。道德一方面指导人们在行动之前采取正确的做法；另一方面在出现矛盾时，可以纠正错误的行为，使人们的行为合乎道德标准。生活中我们大家都有这样朴素的处世秘诀，德高者必望重。最后，道德是个体成长、发展和完善的核心内容。道德具有激励功能，通过自我评价能够激发个体的道德情感，培养道德意志，使之能够去恶从善。善作为一种来自个别又高于个别，来自现实又高于现实的价值，推动着个体不断地把现实的“我”提升为理想中的我。道德能够成就人生，最鲜明的就体现在道德模范的身上，他们的道德情怀、无畏精神、纯粹品格、高尚情操彰显了人间大爱，展现了人性大美，感动了全中国，温暖了全社会。对于个体而言，道德连接了两个向度。向外能够发现无比辽阔的世界，向内可以体察无比深邃的自己。个体在道德的指引、熏陶和润泽之下，可以实现人格完善、品格升华，最终无限接近完美的自我。

2. 道德对社会的作用。首先，道德为经济基础的形成、巩固和发展服务，是一种重要的精神力量。也就是说，道德通过形成一种社会舆论力量和精神力量，来为产生和形成它的经济关系服务。经济学鼻祖亚当·斯密在其经典著作《道德情操论》中就阐述了价值观和经济的关系，市场经济是有道德的经济，每个市场的参与者都有一个共同遵守的道德价值观体系，即遵守合约规则、尊重合作者、信守交易承诺、参与自由竞争等，只有建立在有共享价值体系的基础上，该市场经济才能顺利运行。其次，道德对其他社会意识形态的存在有着重大的影响。道德是法律的评价标准和推动力量，是法律的有益补充。最后，道德还可以通过调整人们之间的关系维护社会秩序和稳定。这是道德的调节和规范功能的体现。我们从个体和社会两个视角领略了道德的作用，从中我们可以深刻体会到，道德的力量是深刻的、广泛的，它不仅影响着人们的意志、行为和品格，同时也深刻地影响着社会的存在和发展。因此，只有我们人人崇德向善、见贤思齐，社会积善成德、明德惟馨，中华民族伟大复兴的中国梦才会有强大的精神力量和有力的道德支撑。

【课堂测试三】

道德的功能为（　　）。

A. 利于生产力的发展

B. 调节功能、规范功能和认识功能

C. 舆论功能

D. 强制功能

E. 维持社会秩序和保护社会成员利益

【答案及解析】

本题答案为 B。道德具有认识功能、规范功能和认识功能。

【课堂探究活动三　案例分析】

季某某“辱国”事件

2020 年 6 月 27 日，一则疑似中国科学院大学在校学生在国外社交平台上发表侮辱国人和同胞言论的爆料在网络上引起轩然大波，此人不仅用侮辱性词语形容自己的国家和民族及同胞，令人发指的是，他竟然公然美化南京大屠杀，甚至贴出南京大屠杀日本军人的图片，在图片上、文字中侮辱自己的国家及受难同胞。随后，中国科学院大学发布情况通报，调查证实相关言论为该校 2019 级硕士生季某某所为，并表示其言行背离了该校的价值观和培养理念，严重伤害了国民的民族感情。

（本案例改编自《疑似学生在国外平台发布不当言论，中国科学院大学通报：为本

校 2019 级硕士生》，环球网，2020 年 6 月 27 日）

【设问思考】从道德层面谈谈你对季某某的行为看法。

【讨论交流】大家分组讨论，畅所欲言。

【教师总结】季某某在祖国适逢灾难之时，公然嘲笑中国社会的公平正义，嘲笑中国人民对祖国无比热爱的真挚感情，贬低自己的同胞，毫无道德底线，是对社会道德的羞辱和撕裂，是对国家尊严的践踏和挑衅！作为普通的网民大众，对于任何人和事我们都只拥有道德评判的资格，却没有道德审判的权利。我们生活在一个法治国家，只有通过法治来对不文明行为予以约束和制裁，才是对道义的最好捍卫。因为“以暴制暴”未必能让不文明的人变得文明，却有可能给文明的一方带来瑕疵。

【课堂测试四】

道德功能的发挥和实现所产生的社会影响及实际效果，就是道德的社会作用。下列关于道德的社会作用表述正确的是（　　　）。

A. 道德能够影响经济基础的形成、巩固和发展

B. 道德通过调整人们之间的关系维护社会秩序和稳定

C. 道德是提高人的精神境界、促进人的自我完善、推动人的全面发展的内在动力

D. 只有反映先进生产力发展要求和进步阶级利益的道德，才会对社会的发展和人的素质的提高产生积极的推动作用

【答案及解析】

本题答案为 ABCD。道德功能的发挥和实现所产生的社会影响及实际效果，就是道德的社会作用。道德的社会作用主要表现在：道德能够影响经济基础的形成、巩固和发展，道德对其他社会意识形态的存在和发展有着重大的影响，道德是影响社会生产力发展的重要的精神力量，道德通过调整人们之间的关系维护社会秩序和稳定，道德是提高人的精神境界、促进人的自我完善、推动人的全面发展的内在动力。在阶级社会中，道德是阶级斗争的重要工具。我们在看到道德具有重大的社会作用的同时，也必须看到道德发挥作用的性质并不都是一样的。道德发挥作用的性质与社会发展的不同历史阶段相联系，由道德所反映的经济基础、代表的阶级利益所决定。只有反映先进生产力发展要求和进步阶级利益的道德，才会对社会的发展和人的素质的提高产生积极的推动作用；否则，就会不利于甚至阻碍社会的发展和人的素质的提高。

【课堂探究活动四　名言赏析】

名言集锦

人类最重要的努力莫过于在我们的行动中力求维护道德准则，我们的内心平衡甚至我们的生存本身全部有赖于此。只有按道德行事，才能赋予生活以美和尊严。

——爱因斯坦

良心呀！良心！你是圣洁的本能，永不消逝的天国的声音。是你安安当当地引导一个虽然是蒙昧无知然而是聪明和自由的人，是你在不差不错地判断善恶，使人形同上帝！

——卢梭

【设问思考】两位大师的名言旨在说明什么道理？

【讨论交流】大家分组讨论，畅所欲言。

【教师总结】两位大师都在强调道德对人的发展和社会发展的重要作用。道德在社会生活中所起作用越来越重要，对于促进社会和谐与人的全面发展的作用越来越突出。道德调控的范围不断扩大，调控的手段或方式不断丰富、更加科学合理，成为衡量社会文明程度的重要尺度。

【主题小结】道德并不能创造奇迹，但它却驱使人们去行动，正是由于人们的行动，才创造了奇迹——建设文明或毁灭文明。自党的十八大以来，我国道德水平在不断进步。以习近平同志为核心的党中央对公民的道德建设给予了高度的重视，习近平总书记曾多次发表重要讲话，强调用道德精神“富矿”更好地构筑中国精神、中国价值、中国力量，为中国特色社会主义事业提供精神动力和道德滋养。

【课后思考】道德的本质、功能和作用是什么？

【课堂导问】

- 什么是道德？道德起源于何处？什么是马克思主义道德起源说？
- 道德在本质上是什么？
- 道德对于个人和社会有何重要意义？

主题二：文化之髓　红色基因

【课堂导问】

- 中华传统美德的基本精神是什么？
- 中国革命道德的内容是什么？中国革命道德有何当代价值？

一、文化之髓——中华传统美德的基本精神

【课堂视频回顾】

用 PPT 展示并回顾“文化之髓——中华传统美德的基本精神”的课前教学视频的讲授内容。

（一）重视整体利益，强调责任奉献

中华民族自古以来重视整体利益，在公私抉择时强调公义胜私欲，“苟利国家生死以，岂因祸福趋避之”正是这种抉择的充分体现。现实生活中，这样的典范比比皆是，中国的航天事业突飞猛进，背后有多少人为此做出巨大的牺牲，航天英雄杨利伟搭乘首艘航天飞船——神舟五号在太空漂泊了 21 个小时，从一张不慎传出的照片可以看到，他的嘴角挂着血丝，在访谈节目上，当主持人邀请杨利伟对当年航天做一个概括时，短暂的沉默之后这位辽宁汉子只挤出“九死一生”这个词。当年发生了什么，或许我们永远不得而知，但有一点毋庸置疑，就是他们为了航天事业置个人生死于不顾的事实。

（二）推崇仁爱原则，注重以和为贵

以孔、孟为代表的儒家思想、东方文化的主要特征之一便是提出了著名的“仁”的思想，以至于后来有人把孔子的思想概括为“仁学”。孟子曰：“无恻隐之心，非人也。”在儒家学者看来，世界上一切美德无不可归于“仁”的统辖之下。“仁”的核心是爱人，做到爱人就要由亲始，由近及远，“亲亲而仁民，仁民而爱物”。从这种仁爱的思想出发，古人主张“和为贵”，“和”并非盲目的附和，不是不分是非，不是无原则的苟同，而是“和而不同”。从仁爱精神出发，古人强调社会和谐，讲求和睦友善，倡导团结互助，追求和平共处。在人际关系上，主张与人为善、推己及人，建立和谐友爱的人际关系；在民族关系上，主张各民族相互交融、和衷共济，建设团结和睦的大家庭；在对外关系上，倡导亲仁善邻、协和万邦，与世界其他民族在平等相待、相互尊重的基础上发展友好合作关系。

新时代我们的党和国家秉承“和而不同”的理念发扬仁爱精神，提出彰显仁爱理念的中国智慧、中国方案，推动“一带一路”建设，提出构建人类命运共同体等。“仁爱”美德越来越得到全世界的认可。

（三）提倡人伦价值，重视道德义务

《尚书·舜典》中提出了“五教”的思想，即“父义”“母慈”“兄友”“弟恭”“子孝”。到了战国时期，孟子又提出了影响深远的“五伦”说，即“父子有亲”“君臣有义”“夫妇有别”“长幼有序”“朋友有信”。汉代以后，思想家为了更好地调整不断变化着的人际关系，相继提出了一些新的原则，如董仲舒提出了“仁、义、礼、智、信”，宋代的思想家又提出了所谓“忠、孝、节、义”四大德目。“五教”“五伦”等这些伦理思想影响中国形成差序格局社会，对于社会的稳定和谐发挥了巨大的作用。正如《吕氏春秋·慎行论》中所言：“先王所恶，无恶於不可知。不可知，则君臣、父子、兄弟、朋友、夫妻之际败矣。十际皆败，乱莫大焉。凡人伦，以十际为安者也，释十际则与麋鹿虎狼无以异，多勇者则为制耳矣。不可知，则知无安君、无乐亲矣，无荣兄、无亲友、无尊夫矣。”

（四）追求精神境界，向往理想人格

在物质生活基本满足的情况下，我们应追求崇高的精神境界。把道德理想的实现看作人生诸种需要中最高层的需要。从先秦儒家所强调的“孔颜之乐”，到范仲淹所提出的“先天下之忧而忧，后天下之乐而乐”，这种精神已经凝聚成为中华民族一种特有的价值追求。在中国传统文化中，我们往往把具有理想人格的人称为君子。君子在《论语》中出现107次，是出现频率第二高的字，仅次于“仁”。正像余秋雨所说，君子之道之于中国，犹如骑士精神之于欧洲，武士道之于日本，不了解君子之道，就像一个中国人无法讲清楚自己是谁。

（五）强调道德修养，注重道德践履

在道德原则确立之后，最重要的就是要使这些道德原则和道德规范转化成为人们的思想品德和行为实践，养成良好的道德习惯，形成完善的道德人格。当代著名哲学家冯友兰先生提出了自己对于人生境界的划分。他将人生划分为四个境界，即自然境界、功

利境界、道德境界和天地境界。他指出，道德境界、天地境界的人是人应该成为的人。为什么要提升道德境界呢？正如传统文化中，有一个大家熟知的词——厚德载物所强调的，厚德必须与载物实现统一，知行合一。党的十八大以来，习近平总书记在多次讲话中谈及中国知识分子要传承传统文化“修身、齐家、治国、平天下”的家国情怀，要把提升自己的道德境界与服务社会有机统一起来。

【课堂测试一】

1. 中华文化的精髓是（　　）。

A. 中国革命道德精神　B. 中华传统美德　C. 集体主义　D. 为人民服务

【答案及解析】

本题答案为 B。中华传统美德是中华文化的精髓，包括重视整体利益，强调责任奉献；推崇仁爱原则，注重以和为贵；提倡人伦价值，重视道德义务；追求精神境界，向往理想人格；强调道德修养，注重道德践履。

2. 林则徐提出的“苟利国家生死以，岂因祸福避趋之”体现了传统美德基本精神的（　　）。

A. 重视整体利益，强调责任奉献

B. 推崇仁爱原则，注重以和为贵

C. 提倡人伦价值，重视道德义务

D. 追求精神境界，向往理想人格

【答案及解析】

本题答案为 A。中华传统美德是中华文化的精髓，包括重视整体利益，强调责任奉献；推崇仁爱原则，注重以和为贵；提倡人伦价值，重视道德义务；追求精神境界，向往理想人格；强调道德修养，注重道德践履等。“苟利国家生死以，岂因祸福避趋之”，只要对国家有利，即使牺牲自己生命也心甘情愿，绝不会因为自己可能受到祸害而躲开，很显然是在强调整体利益。

【课堂探究活动一　案例分析】

钟南山院士的“抗疫故事”

面对来势凶猛的疫情，84 岁钟南山院士在第一时间赶往第一线，日夜操劳。面对记者的提问，在介绍疫情时，展现在全国人民面前的那张刚毅的脸，让多少热血沸腾。当钟南山院士奔赴第一线时，我们仿佛看到中国式的“蜘蛛侠”来到了眼前，给我们无限的希望和信心。钟南山院士一直都在努力学习，刻苦钻研学术，60 多岁时还带领医护工作者在前线抗击非典。今天，80 多岁的他依然第一时间，赶到武汉，与居住在武汉的民众一起战斗，着实令人钦佩。

（本案例改编自《有一种精神叫钟南山》，新浪网，2020 年 2 月 11 日）

【设问思考】钟南山院士的事迹体现了什么精神？

【讨论交流】大家分组讨论，畅所欲言。

【教师总结】举国上下，万众一心，同心合力地对抗病毒的传播。在抗战的前线，除了一个个冰冷的数据让人担忧，更让人关注的是，一波波辛劳的工作者不断地被媒体人“曝光”，看着一个个辛劳的背影，让我们感受到了国人这一股股战胜病毒的坚韧之心。钟南山院士和许多一线医务人员的事迹体现出中方与西方个人本位文化的不同，中国文化结构的核心是家，整个国家是一个大家庭，没有大的国，哪有小的家，家国情怀、责任奉献一直是我们民族的基本精神。正如习近平总书记在统筹推进新冠肺炎疫情防控和经济社会发展工作部署会议上的讲话中指出：“中华民族历史上经历过很多磨难，但从来没有被压垮过，而是愈挫愈勇，不断在磨难中成长、从磨难中奋起。”一部中国历史，印刻着洪水、干旱、地震、瘟疫等灾难的记忆，而每一次灾难又是对民族精神的再一次凝练和升华。中华民族就像一个虽经磨难却永不低头的斗士，以不屈不挠、自强不息的精神战胜各种灾难，繁衍发展至今。中华民族在磨难中成长奋起的根本在于精神的伟力，这种精神就是伟大的中华民族精神。人无精神不立，国无精神不强。精神是一个民族赖以长久生存的灵魂，唯有精神上达到一定的高度，这个民族才能在历史的洪流中屹立不倒、奋勇向前。习近平总书记将中国人民在长期奋斗中培育、继承、发展起来的伟大民族精神，概括升华为伟大创造精神、伟大奋斗精神、伟大团结精神、伟大梦想精神。这是中华民族的特质、禀赋，是一种无与伦比的力量。回望中华文明五千多年源远流长，新中国七十多年蓬勃发展，历久弥新的伟大民族精神是中国人民自信自强的底气之源，是中华儿女代代相传的精神基因，是中华民族历经磨难而不倒的根本动力。历史已经并将继续证明，只要中国人民始终发扬伟大民族精神，我们就一定能够战胜前进道路上的任何艰难险阻。

【课堂探究活动二　案例分析】

司机的故事

一位司机主动为行夜路的陌生孩子照亮 20 多分钟，直到前面出现了灯光，才放心离去。一位司机停下车来给一位素昧平生的老人让路，老人脱下帽子向司机深深地鞠躬。世界虽小，但是都让我们感受到一种仁爱的力量，如一股暖流温暖心田。

（本案例改编自《司机为夜间山路骑行小学生照路　照亮孩子的心灵》，搜狐网，2018 年 9 月 4 日）

【设问思考】这些故事中打动你的是什么？体现了传统文化什么精神？

【讨论交流】大家分组讨论，畅所欲言。

【教师总结】这体现了中华传统美德基本精神：推崇仁爱原则，注重以和为贵。

【课堂探究活动三　案例分析】

案例一：“孝心青年”张刚厄运面前不低头

张刚原本有个不算富裕但很幸福的家。母亲在家务农，父亲在外务工，还有一个在湖北工业大学上大学的姐姐。然而，病魔却突然笼罩了这个普通的家庭，张刚的生活也发生了翻天覆地的变化。2011 年，母亲积劳成疾，突发急病不幸去世。张刚没能来得及看母亲最后一眼，留下了深深的遗憾。坚强的他强忍着悲痛，办完丧事继续学业，一心想着通过学习来改变命运，让家里人过上好日子。福无双至，祸不单行。2012 年 9 月初，张刚的父亲突发脑梗死，幸亏被及时送到医院进行抢救才得以脱离危险。但父亲右侧部分肢体瘫痪，丧失了大部分认知能力。接踵而至的噩耗让张刚感觉仿佛天塌下来一般，但看到病床上父亲那失神无助的眼神，作为家里唯一的男孩子，他坚强地承受了下来，尽最大努力，和家里人共渡难关。在张刚贴身陪护、悉心照料下，父亲的病情终于有了好转。可回校的日期越来越近，经过深思熟虑，张刚决定：把父亲带在身边。“父亲养育我二十多年了，现在是时候回报父亲了。”10 月底，张刚把父亲从老家接到青岛。在他的悉心照料下，父亲的身体渐渐好转，已经能下地了，只要搀扶着，行动没什么问题，但因为家里没有条件，不能给父亲做语言康复方面治疗。于是，张刚买来了少儿识字表贴在墙上，从最简单的字母学起，每天都耐心地教父亲识字，这也成了张刚父子俩常用的交流方式。每天，张刚都会早早起床，给父亲做饭洗衣，上完识字课，张刚会陪着父亲到外面走走。晚上，张刚将父亲安顿好，让他在家躺在床上听收音机，他则到学校教室学习到深夜。张刚相信自己既能把学业做好，也能把父亲照料好。张刚获得“感动青岛 2012 年度十佳人物提名奖”。

（本案例改编自《背起爸爸上学：记山东科技大学张刚》，齐鲁网，2013 年 5 月 25 日）

案例二：“寒门贵子”庞众望自强不息

庞众望，吴桥县庞庄村人。他的父亲患有精神分裂症，母亲下肢残疾，常年瘫痪在床。自懂事起，庞众望便主动承担家务，扫地、烧水、收拾房间，用自己的方式减轻家里的负担。七岁时，庞众望被查出患有先天性心脏病，为了给他做手术，家里欠下了一大笔外债。为尽快还清债务，庞众望在学习不受影响的同时，利用每天放学后的时间捡废品。然而祸不单行，初中二年级时，庞众望的母亲因贫血住院，双亲都丧失了劳动能力。绝境中，庞众望毅然接过重担，一边努力学习，一边打零工补贴家用，以稚嫩的肩膀扛起了整个家。艰难困苦没有将他打到，而是让他变得更加坚忍不拔。2017 年，他以 684 分的优异成绩被清华大学录取。他被视为“寒门也能出贵子”的代表性人物，他让所有人都看到了向上的曙光，他就是河北沧州的庞众望。

（本案例改编自《“寒门贵子”庞众望》，新华网，2017 年 9 月 26 日）

【设问思考】他们的故事中最让你感动的是什么？为什么大家都称他们为生活的强者？

【讨论交流】大家分组讨论，畅所欲言。

【教师总结】背着瘫痪父亲上学的张刚，孝敬父母、自强不息的庞众望，生活的困苦没有压倒他们，反而面对困难自强不息，尽孝尽责，所以得到大家的一致认可。中华文明延绵数千年，有其独特的价值体系。中华优秀传统文化已经成为中华民族的基因，植根在中国人内心，潜移默化影响着中国人的思想方式和行为方式。习近平总书记列举的古为今用的优秀古代思想：道法自然、天人合一，天下为公、大同世界，自强不息、厚德载物，以民为本、安民富民乐民，为政以德、政者正也，苟日新日日新又日新、革故鼎新、与时俱进，脚踏实地、实事求是，经世致用、知行合一、躬行实践，集思广益、博施众利、群策群力，仁者爱人、以德立人，以诚待人、讲信修睦，清廉从政、勤勉奉公，俭约自守、力戒奢华，中和、泰和、求同存异、和而不同、和谐相处，安不忘危、存不忘亡、治不忘乱、居安思危。

【课堂探究活动四　案例分析】

“六尺巷”的故事

据《桐城县志》记载，康熙时期文华殿大学士兼礼部尚书张英的老家的人与邻居吴家在宅基地问题上发生了争执，家人飞书京城，让张英打招呼“摆平”吴家。而张英回复给老家人的是一首诗：“千里修书只为墙，让他三尺又何妨。万里长城今犹在，不见当年秦始皇。”家人见书，主动在争执线上退让了三尺下垒建墙，而邻居吴氏也深受感动，退地三尺，建宅置院，于是两家的院墙之间有一条宽六尺的巷子。六尺巷由此而来。这条巷子作为中国文化的遗产现存于桐城市城内，这是中华民族和睦谦让美德的见证。

（本案例改编自《六尺巷的故事：千里修书只为墙，让他三尺又何妨》，快资讯，2019 年 12 月 13 日）

【设问思考】六尺巷的故事对我们今天有何借鉴作用?

【讨论交流】大家分组讨论，畅所欲言。

【教师总结】“六尺巷”的故事告诉我们礼让、和睦是中华民族的传统美德。古代开明之士尚能如此，今天同学之间、邻里之间处理小是小非，更应该做得更好。争一争，行不通；让一让，六尺巷。“六尺巷”是一把人生的尺子，值得我们经常拿出来量一量；更是一种人生修养境地的隐喻，值得我们经常去走一走。在今天“和谐社会”“和谐团队”“和谐家庭”，都需要我们弘扬中华传统美德，体现一种胸怀。中华传统美德具有特有的魅力，它更重视人究竟应该以怎样的方式生活，以什么样的心态去面对这个世界。正如英国历史学家汤因比所言，现在越来越多的西方人开始转向古老的东方文化从中华民族的优良传统美德中去寻求答案。中华传统文化已经成为中华民族的基因，潜移默化影响着中国人的思想方式和行为方式，也成为衡量、评价一个人的基本准则。那么作为中国大学生，你能成为适应新时代发展的大学生吗？你的思想方式、行为方式能不能得到大家的认可呢？这就需要你好好学习，践行传统美德的基本精神。

二、红色基因——中国革命道德

【课堂视频回顾】

用 PPT 展示并回顾“红色基因——中国革命道德”的课前教学视频的讲授内容。

中国革命道德是对中华传统美德的延续和发展，传承和发扬中国革命道德，是弘扬中华传统美德的应有之义，是加强社会主义道德建设的客观需要。

（一）中国革命道德的形成和发展

十月革命一声炮响，给我们送来了马克思主义，中国无产阶级的先锋队在十月革命以后学习了马克思主义，而后创立了中国共产党。但是找到了马克思主义这个崭新的思想并不意味着中国共产党就能够按图索骥般地解决中国革命所面临的问题，还必须把马克思主义的基本原理同中国具体实践结合起来，实现马克思主义的中国化。革命精神和革命道德的发展、完善，正是在马克思主义中国化的大背景下展开的。

中国革命道德是指中国共产党人、人民军队、一切先进分子和人民群众在中国革命、建设、改革中所形成的优秀道德，是马克思主义与中国革命、建设、改革的伟大实践相结合的产物，是中华民族极其宝贵的道德财富。以井冈山精神为例，井冈山精神产生于井冈山革命斗争的伟大实践。井冈山斗争期间，除了带领红军创建革命根据地，毛泽东还对中国革命的道路、前途等问题进行了深入思考，先后写成了《井冈山的斗争》《中国的红色政权为什么能够存在?》《星星之火，可以燎原》等文章，提出“工农武装割据”理论，基本形成了农村包围城市的革命道路思想。实践证明这些理论是正确的，符合马克思主义基本原理，符合中国革命的实际。提出和实践这种理论过程中所体现出来的这种精神，如勇于开拓创新的革命胆略、实事求是的科学态度、浴血奋战的拼搏精神、艰苦奋斗的优良作风、坚定不移的崇高信念等构成了井冈山精神的基本内容。从一定意义上来说，没有中华传统美德的长期发展和丰厚积淀，就不可能有中国革命道德的形成和发展，如果没有忧国忧民、整体利益高于个人利益的传统道德的滋养，中国人民又何以在危难时刻不顾个人生命扛起枪，为全国的解放而斗争呢?

（二）中国革命道德的主要内容

中国革命道德具有丰富而独特的内涵，既包括中国革命道德的原则、要求、态度、修养、风尚等方面，也包括革命理想、革命精神等方面。

1. 为实现社会主义和共产主义理想而奋斗。坚持社会主义、共产主义理想和信念的不屈不挠的精神是革命道德的灵魂。无数革命先烈正是为了实现这样一个崇高的理想，毫不犹豫地献出了自己的生命。像董存瑞、刘仁堪这些革命先辈和他们的英勇事迹，为什么能够载入史册? 1929 年井冈山斗争时期，34 岁的莲花县委书记刘仁堪在刑场上慷慨陈词，揭露国民党的残酷罪行，宣传共产党的主张。敌人用匕首割下刘仁堪的舌头，虽然他不能讲话了，但他没有屈服，也没有倒下，而是咬紧牙关，忍着剧痛，用脚趾蘸上直流的鲜血，在饭桌上写下了“革命成功万岁”六个大字。社会主义和共产主义理想，何以成为这一批批共产党人如此强大的动力，使得他们能够不惜牺牲自己? 共产主义伟大理想，向我们描绘的是物质生活得到极大丰富、每个人都能得到全面发展的理想社会。从圣西门、傅里叶、欧文，进而到马克思、恩格斯，到列宁再到毛泽东，一直到现在，这一理想成为一代又一代人的价值追求。

习近平总书记指出：“尽管我们所处的时代同马克思所处的时代相比发生了巨大而深刻的变化，但从世界社会主义 500 年的大视野来看，我们依然处在马克思主义所指明的历史时代。”这告诉我们资本主义固有的基本矛盾没有改变，人类历史发展的总趋势没有改变，资本主义社会的不合理现状及人类摆脱这种不合理现状的追求没有改变。社会主义和共产主义的理想，是中国革命、建设时期共产党人的重要精神支柱，也是新时代的青年继续为之奋斗的重要动力来源。方志敏曾说过：“敌人只能砍下我们的头颅，绝不能动摇我们的信仰。”革命先烈之所以能够排除万难、坚持斗争、无私无畏，正是因为他们拥有坚定的社会主义、共产主义的理想和信念。

2. 全心全意为人民服务。毛泽东曾经在纪念革命战士张思德时，明确把“为人民服务”作为张思德及一切革命者崇高品质的概括，强调一切革命者都要想到大多数人民的利益，彻底地为人民的利益工作。全心全意为人民服务是贯彻中国革命道德始终的一根红线，中国革命道德从一开始就特别强调要为群众服务、为大众谋幸福、为人民利益而献身。

3. 始终把革命利益放在首位。共产党人和革命者从事革命活动的目的，就是要为革命利益而奋斗。在个人利益与革命利益发生矛盾时，个人利益要服从革命利益。始终把革命利益放在首位，极大地激发了革命者为集体献身的斗志，使革命队伍形成了前所未有的向心力和凝聚力，也使革命事业不断蓬勃向前发展。以“两弹一星”精神为例，“两弹一星”是一个极其复杂的系统工程，涉及部门广、人员多，只要一个环节出问题，就会影响整个研制工作的完成。因此，许多部门和广大科技工作者，千方百计完成任务。无论是科研设计、产品生产，还是现场实验，都保证安全、保证质量，按时完成，只要“两弹一星”研究工作需要，许多科研部门和生产单位都以大局为重，把自己最优秀的科研人才和优秀的技术人才调出，这种顾全大局和团结协作的行为，充分体现了中国革命道德中始终把革命利益放在首位。

4. 树立社会新风，建立新型人际关系，也是中国革命道德的重要一点，体现了中国革命道德在社会生活层面上的重要意义。除此之外，中国革命道德还体现在共产党人对自身道德修养的重视方面，把加强个人道德修养看成是能够影响革命成败的大事。因此，践履中国革命道德的重要环节就是共产党人修身自律，保持节操。

（三）中国革命道德的当代价值

自小到大我们唱着革命歌曲、听着革命故事、看着革命电影，为什么这么做呢？因为它们都包含着中国革命道德精神，传承着红色基因，具有正能量的当代价值。正如伦理学家罗国杰教授所言，革命道德是近代以来中国社会大变革的时代性结果，它的生成和发展是伦理道德领域的一次空前革命，标志着封建主义伦理道德体系的终结，开创了中国伦理道德发展的崭新阶段，具有不可磨灭的划时代意义。深刻认识和正确评价革命道德，对于大力弘扬中华民族优良传统，推进新时期精神文明建设，具有重大意义。

1. 发扬中国革命道德，传承红色基因，有利于加强和巩固社会主义和共产主义的理想信念。革命先驱夏明翰在《就义诗》中所言：“砍头不要紧，只要主义真。杀了夏明翰，还有后来人。”他视死如归，为共产主义事业不惜付出生命的代价。在和平年代、在建设改革的时期，像“两弹之父”邓稼先、“核潜艇之父”黄旭华这样一批爱国人士舍小家顾大家，为社会主义共产主义事业生死相许，奋斗不息。正是这种革命道德精神，激励着中国共产党人在历史上创造了无数的奇迹，历史经磨难而信念弥坚，饱尝艰辛而斗志更强，千锤百炼而意志愈刚，由小变大，由弱变强，这就是因为他们有强大的精神力量支撑。

2. 坚持中国革命道德，有利于培养和践行社会主义核心价值观。中国革命道德和社会主义核心价值观在内容上具有一致性。实现国家富强、民主、文明、和谐，离不开我们坚定的社会主义共产主义信念，离不开我们全心全意为人民服务的觉悟，离不开我们在国家集体利益跟个人利益发生冲突时，把国家利益放在首位。营造自由、平等、公正、法治的社会环境，离不开树立社会新风，建立新型人际关系。此外，社会主义核心价值观对个人层面提出的爱国、敬业、诚信、友善的要求，也离不开中国革命道德的服务意识、自律意识、保持节操等精神的支撑。

3. 坚持中国革命道德有利于引导人们树立正确的道德观。革命党人在革命战争的年代如何经受住严峻的考验？在顺境时如何保持革命的节操？在国家集体与个人利益发生冲突时如何坚持正确的价值取向？在新时代如何正确把握历史、认识社会、审视人生？新时代如何响应习近平总书记提出的以壮士断腕的决心将改革进行到底？历史告诉我们，一个革命者，唯有牢固树立并自觉坚持革命道德观，才能坚定信念，才能逆境中不变节，顺境中不迷失，才能始终不忘全心全意为人民服务的宗旨。

4. 坚持和发扬中国革命道德，有利于培育良好的社会道德风尚。改革开放以来中国取得了举世瞩目的成就，人们的精神面貌发生了极大的变化，但是仍然存在着诸如金钱至上、诚信缺失等不容忽视的问题。如何解决道德领域出现的突出问题呢？要充分发挥革命道德的精神力量，培育良好的社会道德风尚，净化社会人际关系，抵制各种腐朽思想，树立浩然正气，凝聚崇德向善的正能量。

（四）传承中国革命道德

中国革命道德的内容丰富，历久弥新，是我们革命、建设、改革时期的精神支撑和思想武器，对于我们走好新时代的“长征路”、实现中华民族的伟大复兴具有重要的现实意义。发扬中国革命道德、传承红色基因，需要深入了解中国社会和中国革命的历史，了解中国共产党人带领广大人民群众进行革命斗争的艰苦实践，真正体会中国革命道德的本质内涵、历史意义和当代价值，自觉同各种歪曲历史、诋毁英雄的历史虚无主义思潮做斗争，努力在坚持和发展中国特色社会主义伟大进程中创造无愧于时代、无愧于人民、无愧于先辈的业绩。正像习近平总书记所言，站在新的历史起点上，我们永远不能忘记自己是从哪里来的，永远都要从革命的历史中汲取智慧和力量，把理想信念的火种、红色传统的基因一代代传下去，让革命事业薪火相传，血脉永续。

【课堂测试二】

1. 中国革命道德是指（　　）在中国新民主主义革命和社会主义革命、建设与改革中所形成的优良道德。

A. 中国共产党人　　B. 人民军队　　C. 一切先进分子　　D. 人民群众

【答案及解析】

本题答案为 ABCD。中国革命道德是指中国共产党人、人民军队、一切先进分子和人民群众在中国革命、建设、改革中所形成的优秀道德，是马克思主义与中国革命、建设、改革的伟大实践相结合的产物，是中华民族极其宝贵的道德财富。

2. 中国革命道德传统的基本内容是（　　）。

A. 追求真理的精神　　B. 全心全意为人民服务的精神

C. 艰苦奋斗的精神　　D. 顾全大局、严守纪律的精神

【答案及解析】

本题答案为 ABCD。中国革命道德具有丰富而独特的内涵，既包括中国革命道德的原则、要求、态度、修养、风尚等方面，也包括革命理想、革命精神等方面。因此 ABCD 都属于中国革命道德的基本内容。

3. 中国革命道德的当代价值主要包括（　　　）。

A. 有利于加强和巩固社会主义和共产主义的理想信念

B. 有利于培育和践行社会主义核心价值观

C. 有利于引导人们树立正确的道德观

D. 有利于培育良好的社会道德风尚

【答案及解析】

本题答案为 ABCD。革命道德是近代以来中国社会大变革的时代性结果，它的生成和发展是伦理道德领域的一次空前革命，标志着封建主义伦理道德体系的终结，开创了中国伦理道德发展的崭新阶段，具有不可磨灭的划时代意义。深刻认识和正确评价革命道德，对于大力弘扬中华民族优良传统，推进新时期精神文明建设具有重大意义。

【课堂探究活动五　问题思考】

东方魔力

美国著名记者斯诺在《西行漫记》中赞叹中国共产党人身上有种神奇的力量，他称之为“东方魔力”，这也就是最令今人缅怀和追忆的革命道德。但目前，社会上有些人将革命精神和革命道德都说成是假话、大话、空话，甚至还有一些人认为革命道德已经过时了。

（本案例改编自《一个外国人眼中的陕甘宁》，学习时报网，2019 年 4 月 9 日）

【设问思考】结合所学的内容，讲述一段你最难忘的中国革命道德的人物或者故事。并谈谈你对革命道德的看法?

【讨论交流】大家分组讨论，畅所欲言。

【教师总结】当前，虽然我们处在和平发展的新时代，但来自国外的挑战仍十分严峻，国际局势仍错综复杂，我们的社会主义事业任重道远。继承和弘扬中国革命道德传统，对推进中国特色社会主义伟大事业，加强社会主义精神文明建设，特别是在加强道德建设中，有着特别重要的现实意义。弘扬中国革命道德传统，有利于加强和巩固社会主义和共产主义的理想和信念，有利于培养和形成马克思主义的世界观、价值观和人生观；弘扬中国革命道德传统，是对个人主义、个人本位和利己主义思想的一种有力的抵制和批判；弘扬中国革命道德传统，也是对否定中国革命和宣扬改良主义思潮的有力回击。

【课堂小结】中国传统美德和中国革命道德是一脉相承的，继承和发扬中国革命道德既是弘扬中华传统美德的应有之义，是加强社会主义道德建设的客观要求，也是激励大学生锤炼优良道德品质的必然要求。不忘本来，才能开辟未来；善于继承，才能更好创新。弘扬中华民族传统美德是进一步发挥精神财富的力量、丰富精神文明建设的内容和时代赋予我们的要求。在新时代，作为当代大学生，我们要大力弘扬和践行中国传统美德和中国革命道德，引领社会道德风尚。

【课后思考】结合“不忘本来，吸收外来，面向未来”，思考如何积极吸收、借鉴古今中外一切优秀道德成果。

主题三：扬德铸魂　尚德修身

【课堂导问】

· 社会主义道德的核心和原则是什么？

· 不同领域有何不同的道德规范？

· 什么是明大德、守公德、严私德？新时代大学生如何明大德、守公德、严私德？

一、扬德之魂——社会主义道德的核心和原则

【课堂视频回顾】

用 PPT 展示并回顾“扬德之魂——社会主义道德的核心和原则”的课前教学视频的讲授内容。

社会主义道德建设对于提高公民的思想觉悟、道德水准、文明素养具有至关重要的作用。弘扬社会主义道德，就必须坚持以为人民服务为核心，以集体主义为原则。

（一）为人民服务是社会主义道德建设的核心

为什么人服务是道德的核心问题，决定并体现着道德建设的性质和方向，规定并制约着所有道德现象。为人民服务是 1944 年 9 月 8 日毛泽东主席在延安张思德追悼会上做的一个演讲，毛主席为何亲赴他的追悼会？又为何要做这个演讲？当时抗日战争异常艰苦，毛主席号召大家学习张思德为人民服务的精神，团结起来打败侵略者。于是，张思德的名字伴随着为人民服务的声音响彻中华大地，这是一个民族对英雄的永远记忆。后来，在中共七大上全心全意为人民服务被确定为中国共产党的根本宗旨。时光流转，70 多年后的今天，积贫积弱、倍受欺凌已成为历史，战火纷纷、民不聊生已成为过去。在和平发展的今天，在欣欣向荣、繁花似锦的背后，在新时代的最强音当中，也充斥着一些不和谐的杂音。为人民服务是全体中国人民需要共同遵守的道德要求，是社会主义道德区别和优越于其他社会形态道德的显著标志。

在党的十九大报告中，人民二字一共出现了 203 次，直抵人心，激发共鸣。中国共产党人的初心和使命，就是为中国人民谋幸福，为中华民族谋复兴。“不忘初心、牢记使命”，是中国共产党人始终不变的心系人民的初心和情怀，“永远把人民对美好生活的向往作为奋斗目标”，这是党的十九大再次向人民作出的庄严承诺。正如习近平总书记所言，历史是人民书写的，一切成就归功于人民。全党人民一定要不忘初心，继续前进，继续在这场历史性考试中经受考验，努力向历史、向人民交出新的更加优异的答卷。为人民服务不仅是党的根本宗旨，也是对全体中国人民的道德要求。

1. 为人民服务是社会主义经济基础和人际关系的客观要求。在我国以公有制为主体、以按劳分配为主的经济基础，为人民服务提供了根本保证。由于社会分工不同、岗位责任不同，每个人既在为他人服务，同时又在接受着他人的服务，“我为人人，人人为我”，说的就是这个道理。只有我们在自己的岗位上为他人提供优质的服务，才可以

期待他人同样也为我们提供良好的服务。美美与共、良性互动，全社会就形成了团结互助、平等友爱、共同进步的人际关系。

2. 为人民服务是社会主义市场经济健康发展的要求。有人说，为人民服务是为公，社会主义市场经济是求私，二者是相互矛盾的。其实，为人民服务与社会主义市场经济并不对立，因为市场经济主体只有为社会提供最优质的服务，才能实现其利益的最大化。因此，市场经济本质上就要求为人民服务，只有大力弘扬为人民服务，才能保证社会主义市场经济健康有序发展。

3. 为人民服务体现着社会主义道德建设的先进性要求和广泛性要求的统一。为人民服务并非高不可攀、遥不可及，可以通过不同层次、不同形式表现出来。在今天，毫不利己、专门利人是为人民服务；顾全大局、先公后私、奉献社会、先人后己是为人民服务；办事公道、公私兼顾、互相爱护、互相帮助是为人民服务；热心公益、乐于助人、见义勇为、扶贫帮困是为人民服务；遵纪守法、与人为善、爱岗敬业、服务他人也是为人民服务。只要一个人对社会、对他人尽了心、尽了力、尽了职，那他就是在为人民服务。时代需要为人民服务的精神，在实现中华民族伟大复兴的新征程中，这种精神将焕发出越来越强大的生命力。大学生要弘扬为人民服务的精神，知行合一，不负使命。

（二）集体主义是社会主义道德建设的原则

集体主义强调国家利益、社会利益和个人利益的辩证统一，强调国家利益、社会利益高于个人利益，同时也注重和保障个人的正当利益。集体主义也并非高不可攀、遥不可及，它可以通过不同层次、不同形式表现出来。顾全大局、公私兼顾是最低要求，先公后私、先人后己值得标榜，无私奉献、一心为公就是学习的楷模。有人认为，现在的年轻人个性飞扬、崇尚自我，更加注重自我的发展。其实，集体主义就在我们身边，就在日常的学习、工作、生活中，我们每个人的学业、事业都与国家、民族息息相关，家是最小国，国是千万家。我们生活在一个和平年代，不需要像革命先烈那样做出那么沉重的抉择，我们有千万种绽放青春的方式，但正确的青春打开方式依然是“修身、齐家、治国、平天下”“先天下之忧而忧，后天下之乐而乐”“为天地立心，为生民立命，为往圣继绝学，为万世开太平”。

【课堂测试一】

1. 道德建设的核心体现着社会道德建设的根本性质和发展方向，道德建设的原则体现着社会道德建设的根本要求。下列关于我国社会主义道德建设的核心和原则的说法中，正确的是（　　）。

A. 以爱国主义为核心，以改革创新为原则

B. 以公平正义为核心，以团结互助为原则

C. 以诚实守信为核心，以知荣明耻为原则

D. 以为人民服务为核心，以集体主义为原则

【答案及解析】

本题答案为D。社会主义道德建设对于提高公民的思想觉悟、道德水准、文明素养

具有至关重要的作用。弘扬社会主义道德，就必须坚持以为人民服务为核心，以集体主义为原则。为什么人服务是道德的核心问题，决定并体现着道德建设的性质和方向，规定并制约着所有道德现象。集体主义强调国家利益、社会利益和个人利益的辩证统一，强调国家利益、社会利益高于个人利益，同时也注重和保障个人的正当利益。

2. 在我国，社会主义集体主义道德原则具有多层次的道德要求，其中最基本的道德要求是（　　）。

A. 无私奉献、一心为公　　B. 损公肥私、损人利己

C. 先公后私、先人后己　　D. 顾全大局、公私兼顾

【答案及解析】

本题答案为 D。集体主义强调国家利益、社会利益和个人利益的辩证统一，强调国家利益、社会利益高于个人利益，同时也注重和保障个人的正当利益。顾全大局、公私兼顾是最低要求，先公后私、先人后己值得标榜，无私奉献、一心为公就是学习的楷模。

【课堂探究活动一　视频品读】

【播放视频】《张定宇——向极限挑战》

（视频来源：央视网，http：//tv. cctv. com/2020/02/02/）

【设问思考】你如何看待张定宇院长和他的同事们的付出？

【讨论交流】大家分组讨论，畅所欲言。

【教师总结】新冠肺炎疫情暴发初期，张定宇医生就带领金银潭医院 600 多名医护人员不分白天黑夜，硬扛了 20 多天。每天凌晨 2 点躺下，4 点就又得重新爬起来，处理各种突发事件。身患“渐冻症”的张定宇，走路摇摇晃晃，那番景象不仅让人为之动容，更让人肃然起敬。于张定宇等人来说，他们一心扑在工作上，在防控疫情斗争中经受住了考验，并给出了优异答卷。特别是他们自我奉献和牺牲、对生命的呵护，并非为了个人目的，而是基于对责任的理解。在疫情防控一线还有千万个“张定宇”，他们在这场严峻斗争中，舍小家为大家，白衣执甲，逆行出征，将家庭的前途命运同国家和民族的前途命运紧密相连，将国家利益、社会利益放在第一位，顾全大局、先公后私、先人后己、无私奉献，真正坚持了以为人民服务为核心，以集体主义为原则，是对社会主义道德最好的弘扬。

二、尚德修身——遵守不同领域的道德规范

【课堂视频回顾】

用 PPT 展示并回顾“尚德修身——遵守不同领域的道德规范”的课前教学视频的讲授内容。

尚德修身，遵守不同领域的道德规范。让我们和全社会一起努力，来推进社会公德、职业道德、家庭美德、个人品德的建设。

（一）社会公德

《公民道德建设实施纲要》指出：“社会公德是全体公民在社会交往和公共生活中应

该遵循的行为准则，涵盖了人与人、人与社会、人与自然之间的关系。在现代社会，公共生活领域不断扩大，人们相互交往日益频繁，社会公德在维护公众利益、公共秩序，保持社会稳定方面的作用更加突出，成为公民个人道德修养和社会文明程度的重要表现。要大力倡导以文明礼貌、助人为乐、爱护公物、保护环境、遵纪守法为主要内容的社会公德，鼓励人们在社会上做一个好公民。”这段话界定了社会公德的内涵，突出了社会公德的作用，提出了公共生活中具体的道德规范。

1. 社会公德与公共生活。公共生活是相对于私人生活而言的，私人生活以家庭内部活动和个人活动为主要领域，私人空间里人们的行为是相对独立，因而具有一定的封闭性和隐蔽性。在公共生活中，一个人的行为必定与他人发生直接或间接的联系，具有鲜明的开放性和透明性，对社会的影响更为直接和广泛。在当今世界，公共生活的领域更为广阔，公共生活的重要性更加凸显。一是交往范围的不断扩大。全球化和信息化的深入发展，扩展了人们的公共生活领域，今天我们不仅能够在真实的社会中开展面对面的交流联系，还能够通过互联网在虚拟的社区中与他人随时进行互动。二是交往内容日益开放。公共生活涉及的内容本身是向社会开放，而微博、微信、直播平台等大型大众媒体的崛起，使得信息传播突破了时空的界限，全社会都能以几乎同步的频率知悉公共事件，进一步强化了交往内容的开放性。三是交往的对象渐趋复杂。随着科学技术的快速发展，人们在公共生活中的交往对象不再局限于熟识的人，而是进入公共场所的任何人，这就增加了人际交往信息的不对称性和行为后果的不可预期性。四是交往方式的多样性。社会的不断发展使人们的生活方式发生了新的变化，人们可以根据自身的需要及年龄、兴趣、职业、经济条件等因素，选择和变换参与公共生活的具体方式。公共生活需要公共秩序。秩序是由社会生活中的规范来制约和保障的，公共秩序是由一定的规范维系人们公共生活的一种有序的状态，公共生活领域越扩大，对公共秩序的要求就越高。规范公共生活，保障公共秩序的道德规范，这就是社会公德。

2. 真实生活中的道德规范。《公民道德建设实施纲要》指出了真实生活中社会公德调节的三对关系，并提出了五个具体内容方面的要求，文明礼貌、助人为乐是就人与人之间的关系来说的；爱护公物、遵纪守法，是就人与社会的关系来说的；保护环境是就人与自然的关系来说的。

文明礼貌、助人为乐体现了对他人的尊重和关心，强调在公共交往中应以尊重人为尺度，不能不讲文明礼貌，也不能礼仪失度。强调人们既要做到关心人、帮助人，同时也不能以自己的意见代替他人的意志。这两个道德规范，希望实现的是平等和谐的人际关系。

爱护公物、遵纪守法是调节人与社会关系的规范。爱护公物是指对社会共同劳动成果的珍惜和爱护，是每个公民应该承担的社会责任和义务，它既显示出个人的道德修养水平，也是社会文明水平的重要标志。如果社会公共财物遭到破坏，社会的利益就会受到损害，遵纪守法是一个合格公民的底线标准。法律、规章、纪律是社会公共意识的直接体现。在社会生活中，每个社会成员既要遵守国家颁布的有关法律法规，也要遵守特定公共场所和单位的有关纪律规定。

保护环境是调节人与自然关系的基本规范。人不仅仅生活于社会环境中，还生活于自然环境中，生态环境的健康程度，对人类社会的和谐稳定、可持续发展具有至关重要的影响。因气候反常、环境污染造成的人类迁徙、社会动荡，乃至国家覆灭的例子，在人类历史上比比皆是。恩格斯在《自然辩证法》一书中警告我们："不要过分陶醉于我们人类对自然界的胜利。对于每一次这样的胜利，自然界都对我们进行报复。每一次胜利，起初确实取得了我们预期的结果，但是往后和再往后却发生完全不同的、出乎意料的影响，常常把最初的结果又消除了。"

3. 网络生活中的道德要求。网络生活是真实生活在互联网平台的延伸，是信息时代公共生活的重要组成部分。真实的公共生活需要道德规范来促进公共秩序的建立，网络生活的有序进行也需要有调节交往关系的行为规范。但由于网络交往具有不同于真实生活中人与人交往的特点，比如交往对象的匿名性、交往的自主性、更依赖于符号系统进行互动，且这种符号与真实生活中的语言文字区别较大等特点，因而用以规范网络公共空间的道德要求也有其特殊性，网络生活中的底线是遵纪守法。2017年6月施行的《中华人民共和国网络安全法》为保障各类网络主体的权利、确保网络主体履行义务提供了基本遵循。就个人主体而言，应当在遵守宪法法律，遵守公共秩序，尊重社会公德，不危害网络安全，不利用网络从事危害国家安全、荣誉和利益，不编造、传播虚假信息，不侵害他人名誉、隐私、知识产权和其他合法权益的框架内，开展网络交往。

【课堂测试二】

1. 社会公德的内容有（　　）。

A. 文明礼貌　　B. 助人为乐

C. 爱护公物　　D. 保护环境

E. 遵纪守法

【答案及解析】

本题答案为ABCDE。随着时代的发展，公共生活涉及的领域越来越宽广，人们对于公共秩序的期待也越来越高，公共生活井然有序是社会文明的重要标志。我们应当自觉培养公德意识，养成遵守公德的习惯，文明礼貌、助人为乐、爱护公物、保护环境、遵纪守法，一个都不能少。

2. 大学生应当如何在网络生活中加强自身的公德自律？（　　）

A. 正确使用网络工具　　B. 健康进行网络交往

C. 自觉避免沉迷网络　　D. 养成网络自律精神

【答案及解析】

本题答案为ABCD。大学生是肩负国家和民族未来发展重任的知识青年，大学生在做到遵纪守法的道德底线规范之上，还应当积极引导网络舆论，对模糊认识要及时廓清，对怨气怨言要及时化解，对错误看法要及时引导和纠正，积极营造清朗的网络空间。

【课堂探究活动二　案例分析】

案例一：成都女司机被打事件

2015年5月3日下午，成都市三环路娇子立交桥附近发生一起打人事件，卢女士在驾车前往三圣乡途中，因行驶变道在娇子立交被张某驾车逼停，随后遭到殴打致伤。事件视频在网络上发布后，人们先是对男司机张某下手之狠表示震惊。然而，当张某行车记录仪的视频出来以后，舆论又转而谴责女司机卢某开车太没规矩、太危险。她先是在几秒钟的时间里连续变道两次，直接从张某的车前切了出去，又压着实线下了主路，明显属于违章驾驶。

（本案例改编自《“成都女司机被打事件”给我们提供了自省契机》，人民网，2015年5月7日）

案例二：“疫”案追责

疫情防控期间，全国各地出现多起向他人乱吐口水事件。2020年2月4日，重庆的郭某某因与女友争吵后心情郁闷，为发泄情绪，向路人吐口水，多人受到惊吓。2月11日，郭某某被依法批捕。2月5日，柳州一小区公共视频显示，一名头戴奇怪面罩的男子进入电梯按下楼层按键后，立即脱下面罩，往电梯门吐口水。事后调查发现，这竟是一名15岁少年恶作剧所为。2月10日，在北京大兴区黄村镇某村庄内，因不戴口罩出门，38岁的女子刘某某与村防疫人员发生争执，在民警赶到后，刘某某依旧不配合。刘某某被民警带回派出所，在测量体温时向民警吐口水。因涉嫌阻碍执行公务，刘某某被大兴分局行政拘留7日。

（本案例改编自《“疫”案说法：疫情期间乱吐口水，追责!》，《工人日报》，2020年2月27日）

【设问思考】你对此类事件有何看法？社会中常见的公德缺失现象有哪些？校园不文明行为有哪些？如何治理不文明行为？

【教师总结】案例一，不管打人事件发生前两车有多大的“别扭”，男司机“将人像物品一样踢打”的街头暴行都应该受到严厉谴责和法律严惩。如此嚣张的暴力伤害，不能因“有愤怒的理由”而被原谅。而网络上那些“该打”“打得好”的杂音，既是混淆是非对生命的不尊重，更是以暴制暴思维对法律底线的漠视。女司机的“野蛮”变道的确是整个事件的诱因，通过行车记录仪还原的现场，我们不难发现，这种违法变道行为会产生巨大的危险性。

案例二，此类在疫情期间乱吐口水等不文明行为，缺乏公共安全意识和公德心，更有可能因此涉嫌违法犯罪。在特殊时期，举国上下共克时艰的关键时刻，自觉遵守国家最基本的公共卫生秩序是每个人的义务，即便尚未构成犯罪，也属恶意扰乱社会秩序行为。

遵守公共秩序，秉持公共道德，既是对自己的尊重，也是对他人的尊重，更是对文明之举的有效践行；遵守社会公德是文明社会每位公民应有的自觉。在公共场所万万不可只图自己舒适方便，毫不顾忌他人权益，做出不文明行为。在我们身边也存在一些缺乏社会公德的行为，如高速路“生命通道”应急道被占用，交通拥堵时加塞，将垃圾从自身车内抛出，各种不文明游览行为等。而在校园也存在一些不文明行为，如在图书馆、教室等公共场所随意占座、高声喧哗，食堂就餐插队，在桌椅乱刻乱画，随意扔垃圾、吐痰，上课迟到、缺勤、睡觉等不遵守课堂纪律等行为。作为当代大学生，杜绝不文明行为是我们的责任。我们应增强社会责任感，多一些对别人的关心，同时把文明礼貌当成一种文明理念，自觉坚守。

（二）职业道德

职业道德是职业生活中必须遵循的道德规范，在职业生活中必须牢固树立劳动最光荣的观念，自觉遵守职业道德，诚实守信、爱岗敬业、办事公道、服务群众、奉献社会。诚信实守对个人而言是高尚的人格力量，对社会而言是和谐的社会秩序，对国家而言是良好的国际形象。爱岗敬业就是要大力弘扬工匠精神，工匠精神又称为劳动精神、职业精神、匠人精神、达人精神，其特质相同。工匠不仅有高超的技艺、精湛的技能，而且要有严谨的、负责的工作态度和精雕细琢、精益求精的工作理念，以及对职业的荣誉感和使命感。

【课堂测试三】

在下列职业活动中，体现了职业道德要求的有（　　）。

A. 干一行爱一行，安心本职工作，热爱自己的工作岗位

B. 诚实劳动，有一分力出一分力，出满勤，干满点，不怠工，不推诿

C. 自觉遵守规章制度，平等待人，秉公办事，不违章犯纪，不滥用职权

D. 处处为职业对象的实际需要着想，尊重他们的利益，满足他们的需要

【答案及解析】

本题答案为 ABCD。职业道德是职业生活中必须遵循的道德规范，在职业生活中必须牢固树立劳动最光荣的观念，自觉遵守职业道德，爱岗敬业、诚实守信、办事公道、服务群众、奉献社会。

【课堂探究活动三　案例分析】

案例：视频品读

播放视频《大国工匠》

（视频来源：央视新闻，http：//news. cctv. com/special/zgmdggj/）

【设问思考】大国工匠精神体现了怎样的职业精神？

【讨论交流】大家分组讨论，畅所欲言。

【教师总结】大国工匠精神主要表现为执着专注、作风严谨、精益求精、敬业守信、推陈出新。大国工匠平凡而感人的事迹，充分说明了只要干一行、爱一行、钻一行，在平凡的岗位上也能干出不平凡的成绩。爱岗敬业，首先要顺利地就业。大学生要想顺利地走进职场，就要树立正确的择业观和创业观，树立崇高的职业理想，服从社会发展的需要，做好充分的就业准备，培养创业的勇气和能力。在面对职业选择时，认真和热爱缺一不可，只认真不热爱，难以持续；只热爱不认真，荒废青春。两者都满足，才是最舒服最满意的状态，愿大家都找到这种状态，勇敢地去追寻自己的梦。

（三）家庭美德

1. 美满家庭。事业的成功往往与美满的婚姻家庭密切相关，因为家和才能万事兴。我们要自觉遵守家庭美德，尊老爱幼、男女平等、夫妻和睦、勤俭持家、邻里团结。

2. 美好爱情。爱情是人类最美好的情感之一，古往今来，文人墨客歌唱爱情、赞美爱情，在浩如烟海的古典诗词当中，留下太多与爱情相关的经典名篇。爱情是一对男女基于一定的社会基础和共同的生活理想，在各自内心形成的互相倾慕，并渴望对方成为自己终身伴侣的一种强烈、纯真、专一的情感。爱情有三个基本要素，激情、亲密、承诺缺一不可。爱情有三个基本特征：一是尊重人格平等。恋爱双方在人格上是独立的、平等的。二是自觉承担责任。执子之手，与子偕老，无论健康还是疾病，无论富裕还是贫穷，都不离不弃，长相厮守。三是彼此成就。爱情是两个人共同合作创作的艺术，是两个人的彼此成全。大学生应处理好恋爱与学业、友情的关系，这既是对自己的祝福，也是对爱情的祝福，更是对未来人生的祝福，衷心祝福每一位同学都收获属于自己的美好爱情。

【课堂测试四】

家庭美德主要包括（　　）。

A. 家庭成员之间、家庭和邻里之间的关系及持家精神

B. 家庭成员之间、家庭和邻里之间的关系

C. 家庭成员之间的持家精神

D. 家庭和邻里之间的关系以及持家精神

【答案及解析】

本题答案为 A。家庭美德不仅指家庭成员之间、家庭和邻里之间的关系，还包括持家精神，如注重家庭、良好家教、家风的传承。

【课堂探究活动四　课堂讨论】

【设问思考】大学里你会不会谈恋爱？大学生恋爱是利大还是弊大？大学生恋爱中存在哪些不良现象需要注意？

【讨论交流】大家分组讨论，畅所欲言。

【教师总结】不能误把友谊当爱情。有些同学在与异性的交往中不能准确区分友谊与爱情两种性质不同的感情，以致给双方增添许多烦恼。异性之间要理智地把握好友谊与爱情的界限，异性之间完全可以建立和保持健康的友谊。不能错置爱情的地位。有些同学把爱情放在人生最高的地位，奉行爱情至上主义，沉湎于感情缠绵之中。这样的恋爱观，很容易导致对人生目标的误解，对需要将主要精力用于学习上的大学生来说危害尤大。不能片面或功利化地对待恋爱。无论是在自己心中勾画出一个脱离现实的恋爱偶像，还是只追求外在形象，或者只看重对方的经济条件，或者仅仅把恋爱看成是摆脱孤独寂寞的方式，都无法产生真挚的感情，也得不到真正的爱情。不能只重过程不顾后果。责任是爱情得以长久的重要保障，是忠贞爱情的试金石。自愿担当的责任，丰富了爱情的内涵，提升了爱情的境界。如果把爱情当成游戏，既会伤害对方也会伤及自己。不能因失恋而迷失人生方向。恋爱过程是恋爱双方互相熟悉和情感协调的过程，恋爱成功与失败都是正常现象。大学生应该正确对待失恋，做到失恋不失志，失恋不失德，不影响学业和生活，不丧失对爱的憧憬和追求。

（四）个人品德

1. 个人品德的含义。遵守公共生活、职业生活和婚姻家庭生活中的道德规范和法律规范，锤炼高尚品格，最终都要落实到个人品德的养成上。从个人品德的构成因素来看，个人品德由道德认识、道德情感、道德意志和道德行为等因素构成。其一，道德认识。这是品德形成的基础。个人通常是从家庭、学校、社会等场合获取的基本的道德观点，譬如，利用家风、家训来对个人进行道德观点、道德态度的教育。其二，道德情感。人们在掌握一定的道德认识之后，在面对个人和社会的一些表现时会形成一定的道德评价判断，这种判断中通常都带有情感色彩。例如，人们在面对校园凌虐事件时，会从批判的角度出发，对凌虐者进行道德谴责，这种谴责中通常带有愤怒、厌恶的情绪。其三，道德意志。这是人们在履行道德义务或决定道德行为的过程中，自觉自愿地做出抉择，克服困难的顽强力量和坚守精神。

2. 个人品德的作用。首先，个人品德对道德和法律作用的发挥具有重要的推动作用。一方面，个人品德是道德和法律作用发挥的重要推动力量。社会道德、法律规范如果仅仅是作为一种他律，那么它对社会、个人的影响终究是有限的，而且是容易出现矛盾和不一致的，只有每个个体将社会道德、法律内化为自身的道德要求，才能够实现道德和法律作用的最大化。另一方面，个人品德的提升过程也是能动地作用于社会道德和法律的过程。其次，个人品德是个体人格完善的重要标志。个人品德决定着一个人在实际生活和社会实践中的行为选择。它直接地显示出个人境界和素质的高低，譬如，把一个人的人生比作是一栋高楼，那么德行和人格就是高楼的地基，德行和人格越厚重，人生的高楼才稳固。最后，个人品德是经济社会发展进程中重要的主体精神力量。个人品德的提升，不但是社会道德水平的有机组成部分，而且还可以为社会道德更大程度的发展进步开辟道路、提供动力。在当代，社会个人品德的状况，影响着社会主义市场经济制度的完善和社会主义民主制度的性质。例如，在市场经济中，当每个个体都能诚实劳动、公平竞争，能够拥有正确的义利观时，那就会为社会主义市场经济营造健康的道德氛围。

3. 提升道德修养的正确方法。其一，学思并重。孔子曾说，“学而不思则罔，思而不学则殆”，在提升个人品德的过程中，首先要掌握各种道德伦理知识，在掌握并且内化这些道德知识时加以思考。其二，省察克治。曾子曾说：“吾日三省吾身，为人谋而不忠乎？与朋友交而不信乎？传不习乎？”这种省察克治的方法，就是通过反省自身，找出自己思想和行为中的不良倾向，并及时纠正。这一方法主要是针对自身已有或已内化的认识，对自身的习气、道德品行进行反思和改造。其三，慎独自律。慎独是一种关于个人善于独处、乐于隐楚、慎于微处，自觉坚信、坚守道德情操的修炼功夫。自律就是慎独达到一种自觉的修养境界的表现。其四，知行合一。当道德认识内化为自己的个人品德后，还应该将自身的道德外化为具体的行为，实现知行一致。孔子曾经明确告诫自己的学生，判断一个人的品行，不能只听其言论，更重要的是关注其行为。其五，积善成德。它强调道德修养需要日积月累的坚持，成就理想的人格要靠积累。我们常说，“勿以善小而不为，勿以恶小而为之”，在个人品德的修养过程中，唯有持续不断的坚持和努力，才能最终塑造个人优秀的人格。

4. 锤炼高尚道德品格。大学生锤炼高尚道德品格，就需要在知情意行等方面加强道德修养，提高道德实践能力。其一，形成正确的道德认识和道德判断。不同民族、不同文化、不同的社会发展阶段里道德品格有历史性、民族性和时代性的特征。当代青年人在面对世界的复杂变化时，需要增强道德判断能力，学会理性地辨析，形成正确的道德认知和道德观念，尤其是在对待古代传统文化和资本主义道德观念时，应该以更加清醒的目光去审视和借鉴。其二，激发正向的道德认同和道德情感。青年人在道德修养的过程中，要激发正向的、积极乐观的情感认同，亲近真善美，抵制假恶丑。对待家庭，要以亲亲之情来对待；对待他人，要以善意友爱的态度；对待民族，要有责任意识，并培养自身归属感；对待国家，要有国家认同的意识。其三，强化坚定的道德意志和道德信念。道德意志和道德信念是人们在践行道德原则和规范的过程中表现出来的，自觉克服一切困难和挫折的毅力。俗话说"从善如登"，只有历经道德锤炼，我们才能够坦然面对诱惑、懈怠和干扰，并坚定不移地践行道德理念。

【课堂测试五】

个人品德是通过社会道德教育和个人自觉的道德修养所形成的稳定的心理状态和行为习惯。它是个体对某种道德要求认同和践履的结果，集中体现了道德认知、道德情感、道德意志和道德行为的内在统一。这表明个人品德是（　　）。

A. 在实践活动锤炼而形成的特殊品质

B. 在实践活动表现出来的行为的稳定倾向

C. 偶然的、短暂的道德行为现象

D. 个人行为的统一整体及知、情、意、行的综合体现

【答案及解析】

本题答案为 ABD。个人品德是通过社会道德教育和个人自觉的道德修养所形成的稳定的心理状态和行为习惯，而非是偶然的、短暂的道德行为现象。

【课堂探究活动五　故事感悟】

案例一：哲理启示

一位哲学家带着弟子们来到一片长满杂草的荒地上，他问弟子们有什么办法可以除掉杂草？弟子们纷纷给出自己的答案，有人说拔草，有人说铲掉杂草，有人说等草干了以后烧掉。哲学家对弟子们的答案都不满意，摇摇头说："这都不是最好的办法，因为'野火烧不尽，春风吹又生'，要知道用什么办法最好，明年你们再来这里的时候就会明白了。"第二年，弟子们又来到了这片荒地。哇！原来长满杂草的荒地变成了绿油油的庄稼地。这时弟子们才明白，庄稼多了，杂草就没有了立身之地，这才是最好的除草办法！

（本案例改编自《哲学家的最后一课》，快资讯，2019 年 6 月 3 日）

案例二：视频品读

播放视频《自筹食材为医护送饭"雨衣妹妹"被联合国点名表扬》

（视频来源：中国新闻网，http：//www. chinanews. com/sh/2020/04-12/9154783. shtml）

【设问思考】哲理故事对成就高尚的个人品德有什么启示？为什么被联合国点名表扬的“雨衣妹妹”值得我们尊敬？

【讨论交流】大家分组讨论，畅所欲言。

【教师总结】哲理故事启示我们，要让灵魂无纷扰，唯一的方法就是用美德去占据它。个人品德为何如此重要呢？《菜根谭》中有这样一句话：“德者，才之主；才者，德之奴。有才无德，如家无主而奴用事矣，几何不魍魉猖狂？”意识是说，一个人的品德是才能的主人，而才能不过是品德的奴隶而已。一个人假如只有才能而没有品德修养，就等于一个家庭没有主人而由奴隶当家，这样哪有不使家中遭受精灵鬼怪肆意祸害的道理？这句话强调个人品德是个人才能的主宰，个人才能是个人品德的体现。

案例二中四川志愿者“雨衣妹妹”刘仙的艰辛付出为的就是能够为前线医护人员出一分力，贡献一分温暖。爱心是可以传递的，温暖是可以接力的。还有很多像刘仙一样的志愿者们，有的是前线医护人员，有的是社区工作者，有的是快递员，有的是送餐员，无论他们来自何地，无论他们身份如何，疫情当前，他们都不惧艰险，来到了祖国最需要、人民最需要的地方，尽己所能，共克时艰。志愿者们这种“国家富强，匹夫有责”的精神，本身就蕴含着一种道德意识。只有在道德实践中，个人品德才能形成、巩固、成熟，成为人生整体行为的一贯倾向和稳定特征。社会实践不仅是人类形成品德的客观基础，而且是人们改变自己已形成的品德的基础。因此，个人品德是通过个人自觉的道德修养和社会道德教育所形成的稳定的心理状态和行为习惯。

【课堂小结】社会公德、职业道德、家庭美德，最终都是以个人品德为基础的，提升个人品德积极有效的方法是学思并重、省察克治、慎独自律、知行合一、积善成德，但最重要的是要身体力行、砥砺前行、持之以恒、久久为功，从而成就高尚的个人品德。习近平总书记指出，我们党在选人用人上历来坚持德才兼备、以德为先，就是因为德是首要、是方向，一个人只有明大德、守公德、严私德，其才方能用得其所。如何立德修身？他强调，要多积尺寸之功。坚持从小事小节上加强修养，从一点一滴中完善自己。慎独、慎初、慎微、慎欲，培养和强化自我约束、自我控制的意识和能力，做到“心不动于微利之诱，目不眩于五色之惑”。管好自己的生活圈、交往圈、娱乐圈，在私底下、无人时、细微处更要如履薄冰、如临深渊，始终不放纵、不越轨、不逾矩，增强拒腐防变的免疫力。

【课后思考】请列举你认为当今中国有哪些严重的道德失范现象，并就其中的两种现象分析原因，给出解决方案。

主题四：向上向善　知行合一

【课堂导问】

- 何为道德模范？你的身边有道德模范吗？
- 为什么要向道德模范学习？他们身上有什么值得我们学习的地方？
- 作为新时代大学生应如何引领良好的社会风尚？

一、向上向善——向道德模范学习

【课堂视频回顾】

用 PPT 展示并回顾“向上向善——向道德模范学习”的课前教学视频的讲授内容。

（一）明德惟馨，何为道德模范

2013 年 9 月 26 日，习近平总书记在会见第四届全国道德模范及提名奖获得者时的讲话中强调：“道德模范是社会道德建设的重要旗帜，要深入开展学习宣传道德模范活动，弘扬真善美，传播正能量，激励人民群众崇德向善、见贤思齐，鼓励全社会积善成德、明德惟馨，为实现中华民族伟大复兴的中国梦凝聚起强大的精神力量和有力的道德支撑。”被誉为儒家集大成者的宋代理学家朱熹曾说，“知之愈明，则行之愈笃”，我们首先来了解一下什么是道德模范。道德模范主要是指其思想和行为能够激励人们不断向善且为人们所崇敬、模仿的先进人物。道德模范既包括在一定社会道德实践中涌现的、符合特定道德理想类型的人物，又包括人们日常生活中能够近距离感受的、具有积极道德影响的人物。学习道德模范的高尚品格和先进事迹，有利于提升全体社会成员的道德素质和社会整体道德水平。大学生要向道德模范学习，崇德向善、见贤思齐，弘扬真善美，传播正能量。

改革开放以来，各个地区、各行各业都涌现出一大批具有先进事迹和高尚品格的道德模范，有助人为乐模范、见义勇为模范、诚实守信模范、敬业奉献模范、孝老爱亲模范等。他们有的用自己的平凡举动扶贫助困，让许多人感受到社会大家庭的温暖，用爱和付出奏响了社会和谐的主旋律；有的在死神和灾害面前大义凛然、知险而上，把平安和生的机会留给他人，用鲜血和生命将灾难和危机化解，展现出了人民至上、他人至上的英雄壮举；有的把困苦留给自己，把幸福送给他人，无怨无悔，彰显了中华文明代代相传的高尚品格。榜样的力量是无穷的，道德模范用自己的行动诠释着道德的内涵，展示着道德的力量。

（二）见贤思齐，向道德模范学习

尊崇道德模范、学习道德模范，是时代的呼声、是群众的心声。道德模范是群众身边看得见、摸得着的榜样，是可以学、能够学的标杆。大学生向道德模范学习，就是要学习他们助人为乐、关爱他人的高尚情怀，在关心他人、帮助他人的过程中创造人生价值；学习他们见义勇为、勇于担当的无畏精神，在危难和考验关头挺身而出；学习他们以诚待人、守信践诺的崇高品格，老老实实做人、踏踏实实做事；学习他们敬业奉献、勤勉做事的职业操守，干一行爱一行，钻一行精一行；学习他们孝老爱亲、血脉相依的至美真情，常怀感恩之心、敬爱之情。大学生要时时处处以道德模范为榜样，多做好事，多办实事，在行路驾车、外出旅游等不同的场合做到崇德守礼、遵规守法，养成良好的道德习惯。

优良的品质、高尚的人格并非一蹴而就，而是逐渐积累的结果。道德模范不仅做了普通人愿意做和能够做的事，更为可贵的是，他们主动做了许多人不想做的事，而且把大多数人能够做的事做得更好。一些人认为道德模范固然可敬可爱，但并不可学，因为他们太高大。其实，道德模范都是从自我做起，从身边事做起，从小事做起，以此实现了由现实自我向理想自我的飞跃。在我们这个社会，我们这个时代，先进人物不断涌现，他们的业绩、精神和品质是我们取之不尽、用之不竭的力量源泉。大学生应积极从道德模范身上获取前进的动力，做社会良知的守望者、积极传播者和践行者。

2013 年 9 月 26 日，习近平总书记在会见第四届全国道德模范及提名奖获得者时的讲话中强调："精神的力量是无穷的，道德的力量也是无穷的。中华文明源远流长，孕育了中华民族的宝贵精神品格，培育了中国人民的崇高价值追求。自强不息、厚德载物的思想，支撑着中华民族生生不息、薪火相传，今天依然是我们推进改革开放和社会主义现代化建设的强大精神力量。长期以来，各地区各部门按照中央要求，不断推进公民道德建设，弘扬中华传统美德，培育时代新风，中华大地涌现出一大批道德模范、最美人物。全国道德模范就是其中的优秀代表。你们或充满爱心、助人为乐，或见义勇为、舍生忘死，或诚实守信、坚守正道，或敬业奉献、虔诚勤勉，或孝老爱亲、血脉情深。你们的高尚品德，温暖了人心，感动了中国，为全社会树立了榜样。"

【课堂测试一】

以下关于道德模范的表述有误的是（　　）。

A. 道德模范是指思想和行为能够激励人们不断向善且为人们所崇敬、模仿的先进人物

B. 道德模范一般都是在社会中有举足轻重地位的大人物

C. 优良的品质、高尚的人格并非一蹴而就，而是逐渐积累的结果

D. 道德模范都是从自我做起，从身边事做起，从小事做起，以此实现了由现实自我向理想自我的飞跃

【答案及解析】

本题答案为 B。道德模范既包括在一定社会道德实践中涌现的、符合特定道德理想类型的人物，又包括人们日常生活中能够近距离感受的、具有积极道德影响的人物。

【课堂探究活动一　视频品读】

视频一　播放视频《助人为乐模范——高淑珍》

视频二　播放视频《诚实守信模范——黄大发》

视频三　播放视频《敬业奉献模范——黄旭华》

视频四　播放视频《孝老爱亲模范——周艳梅》

视频五　播放视频《见义勇为模范——李芳》

（以上视频来源：央视网，http：//tv.cctv.com/2015/10/17/VIDE1445092307035731.shtml）

【设问思考】从道德模范身上我们得到哪些启示？以上人物故事为我们展现了怎样的人性光辉？

【讨论交流】大家分组讨论，畅所欲言。

【教师总结】爱心小院创办者，农家妇女高淑珍，14 年关爱残疾孩子，用单薄而又坚强的肩膀挑起一座"炕头小课堂"，用舐犊情怀支撑起几十个残疾孩子的就学梦想，

她用平凡的服务诠释了不凡的志愿精神，从她的身上我们读懂了什么叫以诚待人、守信践诺，在关心他人、帮助他人的过程中实现人生价值。绝壁凿“天渠”，壮志凌山河的遵义老支书黄大发，为了改变村民大年三十才有米汤喝的落后现状，他带领村民奋斗了整整36年，以血肉之躯劈山修渠引来生命之水，以实干苦干带领乡亲力拔穷根，从老支书身上我们学习到他以诚待人、守信践诺的崇高品格，以及老老实实做人、踏踏实实做事的行为规范。隐姓埋名30年的中国核潜艇之父黄旭华，是中国核潜艇的奠基者和领航人，他亲自下潜300米，是世界上核潜艇总设计师亲自下水做深潜实验的第一人。他埋下头甘心做沉默的砥柱，虽无声但却有无穷的力量。从他的身上，我们学习到了敬业奉献、勤勉做事的职业操守，干一行，爱一行，钻一行，精一行。周艳梅是一名在校大学生，她在养母高位截瘫、养父因脑血栓架起了双拐的困境下，十几年来一边照顾瘫痪在床的养父母，一边上学、种地、打工，她的孝道感人肺腑，用行动谱写下一曲动人的反哺乐章。从这位大学生身上我们学到了孝老爱亲、血脉相依的至美真情，要常怀感恩之心、敬爱之情。见义勇为模范李芳，她用自己的生命守护着她的学生。在死神和灾害面前大义凛然、知险而上，把平安和生的机会留给他人，展现出了人民至上、他人至上的英雄壮举。从她的身上，我们学习到了见义勇为、勇于担当的无畏精神，在危难和考验关头要起身而出，做道德模范的践行者。自觉的道德意愿是推动大学生将正确的道德认知转化为积极道德践行，提升自身道德素养的内生动力。正所谓心既向往之，身便笃行之。我们学习了这些道德模范事迹，应该心灵有触发，并切实落实到行动上。

二、知行合一——以志愿服务引领社会风尚

【课堂视频回顾】

PPT展示并回顾“知行合一——以志愿服务引领社会风尚”的课前教学视频的讲授内容。

（一）身体力行，参与志愿活动

志愿服务是指志愿贡献个人的时间及精力，在不求任何物质报酬的情况下，为改善社会，促进社会进步而提供的服务。青年大学生通过参加志愿服务可以形成自强不息、吃苦耐劳的传统美德，助人为乐、保护环境的社会公德，服务他人、奉献社会的职业道德，为人民服务的人生观和社会主义核心价值观。

大学生志愿服务者可投身校园劳动，美化校园环境；走进养老院，给老年人送去温暖；到社区开展义诊，宣传健康理念。大学生通过这些服务性活动的开展，一方面帮助了他人、服务了社会，推动了社会道德水平的提高；另一方面，也在服务他人的过程中获得成就感和幸福感。志愿精神与雷锋精神在本质上是高度统一的，它们都是社会主义核心价值观的生动体现。明末清初思想家、教育家王夫之曾说：“知者非真知也，力行而后知之真。”作为新时代的大学生要积极投身志愿服务：一是到祖国最需要的地方去，在贫穷落后地区帮扶支教；二是帮助弱势群体，多关注空巢老人、留守儿童、农民工及其子女等社会弱势群体；三是以专业特长做力所能及的事，注重结合自身的能力、专业、特长，积极参与教育、科技、文化和卫生等帮扶行动。

列宁说道："实践高于（理论的）认识，因为它不仅具有普遍性的品格，而且还具有直接现实性的品格。"实践是认识事物的根本，我们必须身体力行，积极参与志愿服务活动，才能推动社会的进步。大学生应该学习雷锋精神，做雷锋精神的种子，把雷锋精神广播在祖国的大地上，以实际行动书写新时代的雷锋故事，为实现中国梦发一分热一分光。

（二）骨化风成，引领社会风尚

社会风尚是指好的社会风气、社会道德、社会习俗和社会气节等社会的整体风格。它偏重整个社会在精神层面的追求，与人们的物质文明和精神文明相关。中华民族传统的文化心理结构的核心是儒道互补，在当时的生产力和生产关系的条件下，古代中国的社会风尚大致包括爱国、忠孝、仁厚、勤俭、明志、知耻、善良、贵和等。现代中国是具有中国特色的社会主义的发展中国家，其社会风尚除了包含古代社会风尚中的最优秀部分，还强调多种具有先进性、时代性和现代性的精神与道德，如诚信、守法、勇敢、奉献等精神。按照马克思主义唯物史观的生产力决定生产关系，经济基础决定上层建筑，社会存在决定社会意识，环境创造人，而且人也创造环境的观点，社会风气是整个社会环境的折射，而社会环境包括自然环境、经济环境、政治环境、文化环境、道德环境等多方面，还受人的精神和价值追求、理想信念等因素影响。培育社会风尚，就要发展社会主义文化事业，为培育社会主义新风尚提供文化滋养。以文化发展举中国精神之旗，遏制不良社会风气；以文化自信筑中国精神支柱，弘扬优良社会风尚；以文化成果建中国精神家园，厚植良善社会风尚。践行社会主义核心价值观，为培育社会主义新风尚提供道德支撑，同时还要推进社会主义法治现代化，为培育社会主义新风尚提供法治保障。良好的社会风尚是人们在社会道德实践中逐渐形成起来的，大学生应积极投身崇德向善的道德实践，弘扬真善美、贬斥假恶丑，做社会主义道德的示范者和引领者，促成知荣辱、讲正气、作奉献、促和谐的社会风尚。

1. 知荣辱。荣辱观对个人的思想行为具有鲜明的动力导向和调节作用。社会风尚同荣辱观紧密相连，两者相互影响、相互作用。一个社会有什么样的荣辱观，也必然有什么样的社会风尚；反过来，一个社会有什么样的社会风尚，生活于其中的人们也就会形成什么样的荣辱观。大学生应当以正确的荣辱观为指导，坚定正确的行为导向，产生正确的价值激励，助推全社会形成知荣辱的良好道德风尚。

2. 讲正气。讲正气，就是坚持真理、坚持原则、坚持同一切歪风邪气作斗争。孟子讲"富贵不能淫、贫贱不能移、威武不能屈"的浩然正气；文天祥留下"人生自古谁无死，留取丹心照汗青"的诗句，其中表达的浩然之气流传至今并激励着后人。大学生需有一腔浩然正气，自觉远离低级趣味，抵制歪风邪气，敢于伸张正义，见义勇为，坚决同践踏社会道德风尚的一切行为作斗争。

3. 作奉献。奉献精神是社会责任感的集中体现。被评为2017年度感动中国十大人物的黄大年，用生命叩开地球之门，以身许国，这是以服务国家科学技术创新进步，以捍卫国家安全为己任的奉献精神。选择奉献，也就选择了高尚。"德厚者流光"，大学生要在奉献社会中积极发光发热，使我们的社会更加美好和幸福。

4. 促和谐。中国共产党第十六届中央委员会第四次全体会议正式提出了"构建社会主义和谐社会”的概念，成为中华民族走向复兴的战略布局。对于大学生来说，促和谐就是要促进自我身心的和谐、个人与他人的和谐、个人与社会的和谐、人与自然的和谐等。大学生要用和谐的态度对待人生实践，使崇尚和谐、维护和谐内化为自己的思想意识和行为习惯，推动人与人之间、人与社会之间融洽相处，实现人与自然之间友好共生。

【课堂测试二】

当代大学生应该成为健康社会风尚的引领者，这种健康的社会风尚是指（　　）。

A. 知荣辱　　B. 讲正气　　C. 求奉献　　D. 促和谐

【答案及解析】

本题答案为 ABCD。良好的社会风尚是人们在社会道德实践中逐渐形成起来的，大学生要积极投身崇德向善的道德实践，弘扬真善美、贬斥假恶丑，做社会主义道德的示范者和引领者，促成知荣辱、讲正气、做奉献、促和谐的社会风尚。

【课堂探究活动二　案例分析】

抗疫战线的青年志愿者

这个寒假，武汉某小学音乐教师小华因为疫情多了一个身份——青年志愿者。在几十天时间里，她一直在各个岗位忙碌着，“哪里有需要，就去哪里”。新冠肺炎疫情发生以来，从城市到农村，从大街到小巷，从线上到线下，到处可见志愿者的身影。党有号召，团有行动。团中央发出“动员令”后，一批批青年志愿者选择冲到战“疫”前线，用专业热情的志愿服务筑起了防疫青春长城。青年志愿者，这是一个火红的牌子。1993 年底，铁路青年第一次扛起“青年志愿者”的大旗。27 年来，这面旗帜在一代又一代青年志愿者手里传承。从汶川到雅安，再到玉树，每一次战役都有他们的身影。在这段抗击疫情的特殊时期，这个火红的品牌，在千千万万青年志愿者“擦拭”下，显得愈加明亮。2020 年 2 月 23 日，习近平在统筹推进新冠肺炎疫情防控和经济社会发展工作部署会议上指出：“广大志愿者等真诚奉献、不辞辛劳，为疫情防控作出了重大贡献。”据统计，截至 3 月 5 日，各省（区、市）团委共预招募志愿者 170.4 万人，上岗志愿者 137.1 万人。其中，“90 后”志愿者 58.2 万人。

（本案例改编自《抗击疫情，我们是青年志愿者!》，中国青年网，2020 年 4 月 3 日）

【设问思考】在民族危难时刻总有一群青年志愿者挺身而出，他们的行为带给我们怎样的思考?

【讨论交流】大家分组讨论，畅所欲言。

【教师总结】良好的社会风尚是人们在社会道德实践中逐渐形成起来的。大学生要积极投身崇德向善的道德实践，弘扬真善美、贬斥假恶丑，做社会主义道德的示范者和引领者，促成知荣辱、讲正气、作奉献、促和谐的社会风尚。习近平总书记在北京大学师生座谈会上也对大学生提出：“要力行，知行合一，做实干家。”我们要牢记习近平总书记的嘱托，向道德模范学习，积极投身志愿服务活动中去，做知行合一的践行者、向上向善的守护者。真正做到明大德、守公德、严私德，不断引领社会风尚，提升道德品质，为全面建成小康社会、全面建设社会主义现代化强国而贡献自己的力量，让中华民族伟大复兴在我们的奋斗中梦想成真。

【专题小结】大学生要从身边事做起、从小事做起，时时处处以道德模范为榜样，多做好事、多办实事，最终实现由现实自我向理想自我的飞跃，不断提高道德素养，做到明大德、守公德、严私德，不断影响并引领社会风尚。

【布置任务】

请大家关注我即将推送的下节课的教学视频及学习任务。

【专题作业】

请阅读材料，并结合自身实际，谈谈你如何看待道德力量。

凯文·卡特，南非摄影师，因摄影作品《饥饿的苏丹》获得 1994 年普利策新闻特写摄影奖。作品内容是一个苏丹女童，即将饿毙跪倒在地，而兀鹰正在女孩后方不远处，虎视眈眈，等候猎食女孩。拍完照片后，卡特赶走了大鹰，注视着小女孩继续蹒跚而行。他坐在树下，点起一支烟，念着上帝的名字放声恸哭。这张照片在《纽约时报》发表后激起强烈反响，不少人谴责卡特残忍，没有放下相机去救小女孩。这张照片获得普利策奖之后不久，凯文·卡特自杀。

第三部分　教学后记

【教学反思】

本专题聚焦于道德问题，必须坚持认识与实践辩证统一的原则。学习认识马克思主义道德观，道德的起源、功能、作用、本质，引出在道德的发展变化中社会主义道德和共产主义道德这个崭新的类型。通过优秀传统美德和中国革命道德，引出社会主义道德的形成和社会主义道德的本质，引导学生理解和把握社会主义道德的核心原则，注重社会公德、职业道德、家庭美德和个人品德。同时，本专题具有理论与现实联系紧密的特点，在学习和掌握相关理论后，也要清醒地认识到，在现实层面，伴随着中国特色社会主义进入新时代，一部分人的思想出现了一些新情况、新问题，需要把握时代性和针对性，引导他们自觉讲道德、尊道德、守道德，努力践行社会主义道德，向模范学习，参与志愿服务活动和引领社会风尚。理解并领悟高尚道德品格的形成重在实践，贵在坚持，大学生在投身崇德向上的道德实践之中，要强化社会责任意识、规则意识、奉献意识，养成优良的道德品质，为成为以民族复兴为己任的时代新人奠定良好的道德基础。

【教学建议】

1. 深入做好学理阐释，比如在讲解社会主义道德时，要以马克思主义的真理性、道义性，以中华文化的优秀道德，讲清楚其深刻的学理性，阐释社会主义道德的本质，彰显其魅力；在教学方法上需要阐释义理，只有理论上的坚定，才会有政治上的坚定，引导大学生在追求真理、掌握马克思主义理论方面学通悟透。

2. 教学方式上应形式多样，避免单一化，教师通过课前系列准备启发学生畅所欲言，倾听学生心声，了解学生困惑并及时引导，让学生体会到大学课堂不同于中学，改变学生上课被动的状况，尽快适应大学生活；采取案例教学，通过直观、生动的案例深入浅出地阐述深奥理论，避免纯粹的说教，让学生产生反感。

第四部分　教学参考

1. 习近平，《在纪念孔子诞辰2565周年国际学术研讨会暨国际儒学联合会第五届会员大会开幕会上的讲话》，人民网，2014年9月24日。

2. 习近平，《在知识分子、劳动模范、青年代表座谈会上的讲话》，新华网，2016年4月26日。

3. 习近平，《习近平谈治国理政（第2卷）》，外文出版社，2017年。

4. 习近平，《习近平谈治国理政（第1卷）》，外文出版社，2018年。

5. 习近平，《在纪念马克思诞辰200周年大会上的讲话》，新华网，2018年5月4日。

6. 毛泽东，《为人民服务》，《毛泽东选集（第3卷）》，人民出版社，1991年。

7. 马克思，《青年在选择职业时的考虑》，《马克思恩格斯全集（第1卷）》，人民出版社，2014年。

8. 中共中央宣传部，《习近平总书记系列重要讲话读本》，学习出版社、人民出版社，2014年。

9. 中共中央宣传部，《习近平新时代中国特色社会主义思想学习纲要》，学习出版社、人民出版社，2019年。

10. 中共中央宣传部、中央广播电视总台，《平“语”近人——习近平总书记用典》，人民出版社，2019年。

11.《公民道德建设实施纲要》，人民出版社，2001年。

12. 肖群忠，《中国道德智慧十五讲》，北京大学出版社，2008年。

13. 茅于轼，《中国人的道德前景》，第3版，暨南大学出版社，2008年。

14. 罗国杰，《中国传统道德简编本》，中国人民大学出版社，1995年。

15. 何怀宏，《新纲常——探讨中国社会的道德根基》，四川出版集团、四川人民出版社，2013年。

16. 教育部，《完善中华优秀传统文化教育指导纲要》，教育部门户网站，2014年3月26日。

17. 习近平，《在庆祝“五一”国际劳动节暨表彰全国劳动模范和先进工作者大会上的讲话》，人民出版社，2015年。

18.《新时代公民道德建设实施纲要》，人民出版社，2019年。

19.《加强新时代公民道德建设　为实现中华民族伟大复兴中国梦凝心铸魂——中央宣传部负责人就〈新时代公民道德建设实施纲要〉答记者问》，新华网，2019年10月27日。

20. 王正平，《中国传统道德智慧》，上海教育出版社，2020年。

“青”听“习”语

改革和法治如鸟之两翼、车之两轮。我们要坚持走中国特色社会主义法治道路，加快构建中国特色社会主义法治体系，建设社会主义法治国家。全面依法治国，核心是坚持党的领导、人民当家作主、依法治国有机统一，关键在于坚持党领导立法、保证执法、支持司法、带头守法。要在全社会牢固树立宪法法律权威，弘扬宪法精神，任何组织和个人都必须在宪法法律范围内活动，都不得有超越宪法法律的特权。

——《习近平在庆祝中国共产党成立 95 周年大会上的讲话》（2016 年 7 月 1 日）

党的领导是社会主义法治最根本的保证。全面依法治国决不是要削弱党的领导，而是要加强和改善党的领导，不断提高党领导依法治国的能力和水平，巩固党的执政地位。必须坚持实现党领导立法、保证执法、支持司法、带头守法，健全党领导全面依法治国的制度和工作机制，通过法定程序使党的主张成为国家意志、形成法律，通过法律保障党的政策有效实施，确保全面依法治国正确方向。

——《习近平在中央全面依法治国委员会第一次会议上的讲话》（2018 年 8 月 24 日）

各级党委和政府要全面依法履行职责，坚持运用法治思维和法治方式开展疫情防控工作，在处置重大突发事件中推进法治政府建设，提高依法执政、依法行政水平。各有关部门要明确责任分工，积极主动履职，抓好任务落实，提高疫情防控法治化水平，切实保障人民群众生命健康安全。

——《习近平在中央全面依法治国委员会第三次会议上的讲话》（2020 年 2 月 5 日）

专题七　树立法治理念　知法守法崇法

第一部分　教学概况

一、教学目的与要求

法治是现代文明的基石。法治兴则国家兴，法治衰则国家乱。建设法治中国，离不开每个公民的参与和推动。在全面依法治国、建设法治中国的进程中，大学生肩负着重要的责任。大学生要担当民族复兴大任，不仅要加强思想道德修养，而且要努力提高法治素质。这就需要进一步学习马克思主义法学理论，深刻理解社会主义法律的本质特征和运行机制，整体把握中国特色社会主义法律体系、法治体系和法治道路的精髓，培养法治思维，尊重和维护法律权威，依法行使权利和履行义务，以实际行动带动全社会崇德向善，努力做尊法、学法、守法、用法的模范。

二、教学重点与难点

1. 正确理解法律的一般含义，以及社会主义法律的精神和本质。

2. 了解中国特色社会主义法律体系，掌握宪法的特征和原则、宪法确立的各种制度，以及我国的实体法律部门、程序法律部门。

3. 正确理解社会主义法治观念，理解中国特色社会主义法治道路的核心要义。

4. 正确理解法治思维。

5. 懂得法律权利和法律义务的基本内涵及相互关系，懂得如何依法行使权利与履行义务。

6. 懂得如何维护法律的权威和尊严。

三、教学方法与手段

（一）教学方法

1. 讲授法：坚持马克思主义的立场、观点，运用逻辑论证、事实论证、比较分析、阶级分析等方法，注重论证的逻辑性和严密性，做到以理服人。同时注意联系中国特色社会主义法治建设的生动实践，增强教学的说服力和感染力。教学中可以组织学生进行讨论和辩论，发现并及时澄清一些糊涂和错误认识。教学中还应当结合党的十八届四中全会通过的《中共中央关于全面推进依法治国若干重大问题的决定》的相关内容、党的十九大精神和习近平新时代中国特色社会主义思想，增强教学内容的思想性、理论性、政治性、针对性和时代感。阐释相关概念、原则、制度，深刻领会、精准把握中国特色社会主义法治体系的丰富内涵。通过课堂面授，学生获得丰富的感性材料，引起他们学习兴趣，集中他们的注意力，激发他们的思维，扩大课堂教学的容量。

2. 讨论法：创设大学生普遍关注的社会现实问题引导大学生参与讨论，让他们在严肃活泼的氛围中探讨、学习与交流，更好激发他们对社会与人生问题的深入思考，培养他们的思维能力、口头表达能力，促进他们灵活地运用理论知识。

3. 案例分析法：选取随着时代发展大学生所关心的社会热点问题和大学生生活实际的鲜活案例，通过对直观、生动的典型案例进行分析，切实让学生感知生活，明辨是非，从而对理论知识有进一步的思考。促进思想政治教育理论联系实际，将“注入式”教学变为“参与式”教学，能培养学生独立的分析能力和判断能力。

（二）教学手段

1. 新媒体运用：运用智慧教学工具与课堂，加强师生互动，积极探索线上线下融合发展的教学新模式，综合运用图像、音频、视频等信息技术，利用学堂在线、爱课程（中国大学 MOOC）等在线网络平台的国家精品课程，拓宽线上学习资源。

2. 社会实践法：引导学生走出课堂，走出课本，走向生活，通过亲身实践，促使其从理论视点的被动接受者转变为主动收集信息进行“理论探讨”的钻研者，加深对理论与实践辩证关系的理解。

四、课前准备

1. 录制 5 分钟的“法律的概念”的课前教学视频供学生观看学习，并思考法律的起源。

2. 录制 5 分钟的“我国社会主义法律的本质特征”的课前教学视频供学生观看学习，并思考社会主义法律的本质特征是什么。

3. 录制 5 分钟的“我国社会主义法律的运行”的课前教学视频供学生观看学习，并思考社会主义法律运行的过程是怎样的。

4. 录制 8 分钟的“社会主义法律体系”的课前教学视频供学生观看学习，让学生了解以宪法为根本大法的我国的法律体系。

5. 录制 5 分钟的“我国宪法修正的历程”的课前教学视频供学生观看学习，让学生了解我国宪法修正的过程。

6. 录制 5 分钟的“全面依法治国体系的主要内容”的课前教学视频供学生观看学习，让学生了解我国依法治国体系的构成。

7. 录制 5 分钟的“中国特色社会主义法治道路”的课前教学视频供学生观看学习，让学生了解中国特色社会主义法治道路坚持的原则。

8. 剪辑视频《全面依法治国“新十六字方针”》供学生观看，让学生思考新旧“十六字方针”有何不同。

9. 录制 5 分钟的“法治思维”的课前教学视频供学生观看学习，让学生明白什么叫法治思维，如何养成法治思维。

10. 录制 5 分钟的“尊重社会主义法律权威”的课前教学视频供学生观看学习，让学生明白如何做到尊重社会主义法律权威。

11. 录制 5 分钟的“培养社会主义法治思维”的课前教学视频供学生观看学习，让学生明确大学生如何培养社会主义法治思维。

12. 录制 8 分钟“法律权利与义务两者关系”的课前教学视频供学生观看学习，让学生了解权利和义务的关系是什么。

13. 录制 5 分钟的“依法行使法律权利”的课前教学视频供学生观看学习，让学生了解我们享有的法律权利是什么。

14. 录制 5 分钟的“依法履行法律义务”的课前教学视频供学生观看学习，让学生了解我们应履行的法律义务是什么。

五、课时安排

理论教学 6 个课时，设问思考活动及实践教学 3 个课时。

六、课堂主题

主题一：我国社会主义法律的本质和作用。
主题二：坚持全面依法治国。
主题三：培养社会主义法治思维。
主题四：依法行使权利与履行义务。

第二部分　教学过程

主题一：我国社会主义法律的本质和作用

【课堂导问】

· 法律起源于什么？

· 我国社会主义法律的本质特征是什么？

· 我国社会主义法律是如何运行的？

一、法律及其历史发展

【课堂视频回顾】

用 PPT 展示并回顾“法律及其历史发展”课前教学视频的讲授内容。

从中国古代“法”的起源看法律的产生，《说文解字》：“灋，刑也，平之如水，从水；廌，所以触不直者去之，从去。”在现代汉语中，“法律”有广义和狭义两种用法：广义的法律指法律的整体。就我国现在的法律而论，其包括宪法、全国人民代表大会及其常务委员会制定的法律、国务院制定的行政法规、地方国家权力机关制定的地方性法规。狭义的法律仅指全国人民代表大会及其常务委员会制定的法律。

（一）法律是由国家创制并保证实施的行为规范

法律区别于道德规范、宗教规范、风俗习惯、社会礼仪、职业规范等其他社会规范的首要之处在于，它是由国家创制并保证实施的社会规范。国家创制法律规范的方式主要有两种：一是制定。国家制定的法律一般以一定的规范性文件形式表现出来，所以被称为制定法。二是认可，即国家机关赋予某些既存社会规范以法律效力，或者赋予先前的判例以法律效力。国家创制并强制力保证实施，这是法律区别其他社会规范的首要之处。国家创制法律有两种方式和途径：其一，法律制定，是指国家机关在法定的职权范围内依照法律程序，制定、补充、修改、废止规范性法律文件的活动。比如，一夫一妻、男女平等，这是国家法律制定的规则、原则。改变了在古代和旧社会，一夫多妻、男尊女卑的这一状况。又如，父债子还，这在以前是天经地义的，但现在不是，现代法律认为，每个人都是独立的个体，每一个成年人都应独立承担民事责任。其二，法律认可，是指国家机关赋予某些既存社会规范以法律效力，或者赋予先前的判例以法律效力的活动。比如，一些地方自治条例、港澳特区制定的法律也属于国家认可，另外一些被普遍接受的民俗习惯也起到法律的作用，国家强制力并不是保证法律实施的唯一力量，法律意识、道德观念、价值观念、纪律观念等在保证法律实施中也发挥着重要作用。

（二）法律不但由国家制定或认可，而且由国家保证实施

法律具有国家强制性。法律的国家强制性，既表现为国家对违法行为的否定和制裁，也表现为国家对合法行为的肯定和保护。国家强制力并不是保证法律实施的唯一力量。法律意识、道德观念、纪律观念也在保证法律的实施过程中发挥着重要作用。

（三）法律是统治阶级意志的体现

在阶级对立的社会中，法律是统治阶级意志的体现。这一命题包含着丰富的内容。首先，法律所体现的是统治阶级的阶级意志，即统治阶级的整体意志，而不是个别统治者的意志，也不是统治者个人意志的简单相加。统治阶级不仅迫使被统治阶级服从和遵守法律，而且要求统治阶级的成员也遵守法律。其次，法律所体现的统治阶级意志，并不是统治阶级意志的全部，而仅仅是上升为国家意志的那部分意志。统治阶级的意志还体现在国家政策、统治阶级的道德、最高统治者的言论等形式之中。

（四）法律是由社会物质生活条件决定的

法律不是凭空出现的，而是产生于特定时代的物质生活条件基础之上。社会物质生活条件指与人类生存相关的地理环境、人口和物质资料的生产方式等。其中，物质资料的生产方式既是决定社会面貌、性质和发展的根本因素，也是决定法律本质、内容和发展方向的根本因素。生产方式包括生产力与生产关系两个方面，其中生产关系对法律产生决定性的影响。在一个社会中，有什么样的生产关系，就有什么性质和内容的法律。奴隶制生产关系、封建制生产关系、资本主义生产关系和社会主义生产关系，相应地产生了四种历史类型的法律。同样，生产力的发展水平也制约着法律的发展程度。不能设想，在生产力水平较低的奴隶社会，会制定出保护科技、发明创造的知识产权法；在大工业时代之前的社会，会制定出保护自然环境的环境法。法决定于社会物质生活条件表现在两方面：一方面，社会物质生活条件的各个侧面，如物质生产方式、地理环境、人口状况等，对法都具有作用，其中物质生活方式还具有决定性作用；另一方面，法的诸多侧面，如法的产生、特征、本质、作用、价值、发展等许多环节，都决定于社会物质生活条件，此外，历史传统、国家形式、道德、宗教、政治观念、风俗习惯以至国际环境也都能对法产生重大影响。

【课堂测试一】

“法是体现统治阶级意志的社会规范。”对这句话理解正确的是（　　）。

A. 统治阶级的所有意志都体现为法

B. 法是统治阶级中掌握国家权力的那部分成员的意志的综合

C. 法所体现的统治阶级的意志是通过国家意志的形式表现出来

D. 法是国家最高统治者意志的体现

【答案与解析】

本题答案为C。法体现的是统治阶级的意志，但并不是统治阶级的意志都能成为法。统治阶级的意志有多种表现形式，可以表现为法这种行为规则，也可以表现为宗教、道德等，因此A项错误。法体现的是统治阶级的整体意志，即国家整体的意志，维护的是统治阶级的共同利益，而不是少数人，更不是个别人的利益，因此B项错误。

统治阶级掌握了国家政权后，通过国家政权把自己的阶级意志以国家意志表现出来的那部分统治阶级意志，才上升为法律，因此D项错误。

【课堂探究活动一　案例分析】

波茨坦的磨坊

19世纪，德国的威廉一世皇帝在波茨坦市近郊盖了一座占地面积很大的豪华行宫。可是，他发现行宫不远处的一间磨坊十分碍眼，刚好把前面的风景给挡住了。威廉一世十分不高兴，找来内务大臣，让他去给磨坊主一些钱，把它拆了。内务大臣找到了磨坊主，可磨坊主说："那是祖宗传下来的财产，我的任务就是维护下来，一代一代传下去，是无价之宝，我自己无法决定。"威廉一世以为磨坊主嫌钱太少，于是决定提高补偿金额。内务大臣再次转告磨坊主。可磨坊主还是不买账，表示这磨坊坚决不卖。威廉一世很生气，派出宫廷卫队把房子强行拆了。拆房子的时候，磨坊主说："皇帝当然权高势重，但德国尚有法院在!"第二天，磨坊主就将一纸诉状送到德国地方法院，状告皇帝。不久，法院作出判决，皇帝败诉，而且必须将磨坊"恢复原状"。威廉一世只得派人把已拆毁的磨坊重新建了起来。几十年后，威廉一世去世了，磨坊主也去世了。磨坊主的儿子因为经济拮据，准备将磨坊出售给威廉二世，他认为这是一件两全其美的事情，既可以给行宫以更开阔的视野，又可以销毁威廉一世在世时官司失败的物证。但威廉二世却给磨坊主的儿子6000马克，并亲笔写了信，嘱咐他这磨坊是德意志国家司法独立和裁判公正的纪念，也是他们家族的光荣所在，要求把这磨坊世世代代传下去。现在波茨坦市那座古旧的磨坊仍在，每年都有不少观光者。特别是一些法律专业毕业的大学生，他们以观摩磨坊为自己从业的必经程序。

（本案例改编自《从波茨坦磨坊的故事看德国物权法》，新浪网，2005年7月27日）

【设问思考】你认为什么是法律？法律是怎样产生的？原始社会有没有法律？

【讨论交流】大家分组讨论，畅所欲言。

【教师总结】法律不是从来就有的，也不是永恒存在的，它是随着私有制、阶级和国家的产生而产生的，也将随着私有制、阶级和国家的消亡而消亡。

法律产生的原因：经济原因，生产力发展、社会分工的出现、产品交换、私有制产生；第一次社会大分工——畜牧业从农业中分离出来，第二次社会大分工——手工业与农业分离，第三次社会大分工——商人的出现。阶级原因，奴隶主与奴隶两大对立阶级的出现，阶级关系取代血缘关系。文化原因，文字的出现及其广泛使用。

人类历史上有四种类型的法律制度，即奴隶制法律、封建制法律、资本主义法律、社会主义法律。奴隶制法律、封建制法律和资本主义法律都是建立在私有制经济基础上的剥削阶级类型法律，而社会主义法律是人类历史上唯一以公有制为基础、体现最广大人民群众意志的新型法律制度。

二、我国社会主义法律的本质特征

【课堂视频回顾】

用PPT展示并回顾"我国社会主义法律的本质特征"的课前教学视频的讲授内容。

从法律所体现的意志来看，我国社会主义法律体现了党的主张和人民意志的统一。我国社会主义法律既具有鲜明的阶级性，又具有广泛的人民性，体现了阶级性与人民性的统一。中国共产党领导人民制定和实施宪法法律，党自身又必须在宪法法律范围内活动，成为我国社会主义法律本质特征的一个重要表现。

从法律的实质内容来看，我国社会主义法律是社会历史发展规律、自然规律的反映，是科学性和先进性的统一。我国社会主义法律冲破了少数人狭隘利益的局限，反映了全体人民的共同意志和利益，这与历史唯物主义所揭示的人类社会发展规律和发展方向是一致的，与法律自身的发展规律和发展方向也是一致的，因而较其他类型的法律制度更具科学性和先进性。

从法律的社会作用来看，我国社会主义法律是中国特色社会主义建设的重要保障。我国的经济建设、政治建设、文化建设、社会建设和生态文明建设，以及其他各项事业的发展，都离不开社会主义法律的引领、规范和保障。

【课堂测试二】

下列关于我国社会主义法律本质和特征的说法中，正确的有（　　）。

A. 我国社会主义法律具有先进性和科学性的统一

B. 我国社会主义法律是阶级性和人民性的统一

C. 我国社会主义法律体现了党的主张和人民意志的统一

D. 我国社会主义法律是中国特色社会主义建设的重要保障

【答案及解析】

本题答案为 ABCD。以上选项均正确表述我国社会主义法律的本质特征。

【课堂探究活动二　问题思考】

法律面前人人平等

恩格斯指出："无产阶级抓住了资产阶级的话柄：平等应当不仅是表面的，不仅在国家的领域中实行，它还应当是实际的，还应当在社会的、经济的领域中实行。""无产阶级平等要求的实际内容都是消灭阶级的要求。任何超出这个范围的平等要求，都必然要流于荒谬。"（《马克思恩格斯选集》第 3 卷，第 146 页）在社会主义社会中，法律面前人人平等的原则是建立在以生产资料公有制为基础的经济制度之上的；社会主义公有制消灭人剥削人的制度，实行各尽所能、按劳分配原则。所以社会主义法律中所体现的平等性原则是真实的，具有实质性的内容。中国的法律，就是工人阶级领导全国人民制定的，是广大人民的意志和利益的集中表现。在这样的法律面前，在它的实施上，所有公民都是平等的，任何公民都不允许有超越宪法和法律的特权。1982 年通过的《中华人民共和国宪法》明确规定"中华人民共和国公民在法律面前一律平等"，并具体规定了公民的各种基本权利，包括民主权利、人身权利和其他各项自由权利。

（本案例改编自《法律面前人人平等》，360 百科）

【设问思考】资本主义与社会主义的"法律面前人人平等"有何本质的不同？如何理解我国社会主义法律体现了党的主张和人民意志的统一？

【讨论交流】大家分组讨论，畅所欲言。

【教师总结】“法律面前人人平等”的制度性差异：资本主义社会的“法律面前人人平等”，是在占社会人口比重少于工人阶级的资产阶级占有社会大量财富的前提下的“平等”，其实质是保护资产阶级的利益，即少数人的利益。而社会主义的“法律面前人人平等”的经济前提是“生产资料公有制”，从而使得“法律面前人人平等”具有实质性意义。党的主张和人民意志的统一是理解我国社会主义法律本质的关键。我国是工人阶级领导的、以工农联盟为基础的人民民主专政的社会主义国家。我国社会主义法律既是工人阶级利益和意志的体现，同时也是广大人民利益和意志的体现，实现了阶级性与人民性的统一。但工人阶级和广大人民的共同意志并不是自发形成的，而是在作为中国工人阶级的先锋队，同时也是中国人民和中华民族的先锋队的中国共产党的领导下，通过一定的方式和程序，集中广大人民的共同意愿而形成的。党领导人民制定和实施宪法法律，党自身又必须在宪法法律范围内活动，这是我国社会主义法律本质特征的一个具体表现。因此，我国社会主义法律充分体现了党的主张和人民意志的统一。其中我国宪法的作用是社会主义法律作用的集中体现，需要将第六章第二节宪法有关内容整合到本专题之中。我国宪法确立了中国共产党的领导地位，确立了我国的国体、政体和社会主义制度，确立了我国的基本政治制度和基本经济制度，规定了我国公民享有的基本权利和承担的基本义务，是治国安邦的总章程和人民权利的保障书，在中国特色社会主义法律体系中居于核心和统帅地位，具有最高的法律权威和法律效力，在中国特色社会主义建设中发挥着更为根本、更为基础的作用，因此，依法治国首先是依宪治国。

三、我国社会主义法律的运行

【课堂视频回顾】

用 PPT 展示并回顾“我国社会主义法律的运行”的课前教学视频的讲授内容。

法律的运行是一个从创制、实施到实现的过程。这个过程主要包括法律制定、法律执行、法律适用、法律遵守等环节。法律制定是国家对权利和义务，即社会利益和负担进行的权威性分配；法律的执行、适用、遵守则是把法律规范转化为法律实践，把法定的权利和义务转化为现实的权利和义务。我国社会主义法律的运行具有鲜明的中国特色。

（一）法律制定

法律制定是指有立法权的国家机关，依照法定职权和程序制定规范性法律文件的活动，是法律运行的起始性和关键性环节。根据宪法规定，全国人民代表大会及其常务委员会行使国家立法权，负责宪法和法律的制定、修改、废止和解释工作。国务院有权根据宪法和法律制定行政法规。中央军委有权根据宪法和法律制定军事法规。国务院各部门可以根据宪法、法律和行政法规，在本部门的权限范围内，制定部门规章。省、自治区、直辖市的人民代表大会及其常委会根据本行政区域的具体情况和实际需要，在不与宪法、法律和行政法规相抵触的前提下，可以制定地方性法规。设区的市的人民代表大会及其常委会根据本市的具体情况和实际需要，在不与宪法、法律、行政法规和本省、自治区的地方性法规相抵触的前提下，可以制定地方性法规，报省、自治区的人民代表大会常委会批准后施行。省、自治区、直辖市、设区的市的人民政府可以根据法律、行政法规和本省、自治区、直辖市的地方性法规，制定地方政府规章。自治区、自治州、自治县的人民代表大会可以根据当地民族的具体情况制定自治条例和单行条例。特别行政区立法机关有权根据特别行政区基本法自主地制定本行政区的法律。我国立法贯穿公正、公平、公开原则，坚持科学立法、民主立法、依法立法，表达人民的共同意志和诉求。立法活动必须遵循法定程序，就全国人民代表大会的立法程序而言，大体包括法律案的提出、法律案的审议、法律案的表决和法律案的公布四个环节。

（二）法律执行

在广义上，法律执行是指国家机关及其公职人员，在国家和公共事务管理中依照法定职权和程序，贯彻和实施法律的活动。在狭义上，法律执行则是指国家行政机关执行法律的活动，同时也被称为行政执法。行政执法是法律实施和实现的重要环节，必须坚持合法性、合理性、信赖保护、效率等基本原则。我国大部分的法律法规都是由行政机关执行的，行政执法的主体通常是国家行政机关及其公职人员。我国行政执法的主体大体分为两类：一是中央和地方各级政府，包括国务院和地方各级人民政府；二是各级政府中享有执法权的下属行政机构。此外，法律授权的社会组织、行政机关依法委托的社会组织也可以在一定范围内执行法律。

（三）法律适用

法律适用是指国家司法机关及其公职人员依照法定职权和程序适用法律处理案件的专门活动。在我国，司法机关是指国家审判机关和检察机关。人民法院代表国家行使审判权，人民检察院代表国家行使法律监督权。其他任何国家机关、社会组织和个人，不得行使国家司法权。人民法院和人民检察院根据法律法规公正司法，保护自然人、法人和其他组织的合法权利，解决法律纠纷，惩治违法犯罪行为，维护法律秩序。司法的基本要求是正确、合法、合理、及时。司法原则主要有：司法公正；公民在法律面前一律平等；以事实为依据，以法律为准绳；司法机关依法独立公正行使司法权等。

（四）法律遵守

法律遵守是指国家机关、社会组织和公民个人依照法律规定行使权力和权利以及履行职责和义务的活动。人们通常把守法仅仅理解为履行法律义务。其实，守法意味着一切组织和个人严格依法办事的活动和状态。依法办事，就是依法享有并行使权利、依法承担并履行义务。守法是法律实施和实现的基本途径。一切组织和个人都必须遵守宪法和法律，任何公民都享有宪法和法律规定的权利，同时也必须履行宪法和法律规定的义务。

【课堂测试三】

我国社会主义法律的运行包括（　　　）。

A. 法律制定　　B. 法律执行　　C. 法律适用　　D. 法律遵守

【答案及解析】

本题答案为ABCD。社会主义法律的运行是一个从创制、实施到实现的过程。这个过程主要包括法律制定（立法）、法律执行（执法）、法律适用（司法）、法律遵守（守法）等环节。

【课堂探究活动三　案例分析】

疫情期间不文明行为涉嫌违法

在全国各地防控新冠肺炎疫情的非常时期，一些可能增加疫情隐患的不文明行为时有发生。2020 年 2 月 4 日，广西横县一小区电梯内的一段监控视频引发网友关注，视频中，一成年男子用唾液将防疫用的一次性纸巾弄脏并涂抹电梯按键。当地公安局接到举报，经调查发现，该名男子事发时为醉酒状态，且不是新冠肺炎的疑似或确诊患者。该男子被当地公安局处以行政拘留 10 日，同乘三人也均予以训诫和教育。无独有偶，同日，重庆市也发生了类似事件，一成年男子在重庆市渝北区新南路附近朝多名路人吐口水“寻刺激”，当地警方当日将其抓获，并经卫生部门确认排除感染新冠肺炎后，依法对该男子以涉嫌寻衅滋事罪予以刑事拘留。2 月 11 日，渝北区检察院以涉嫌寻衅滋事罪对其批准逮捕。

（本案例改编自《【“疫”案释法】疫情期间向路人吐口水等行为如何认定》，澎湃新闻·澎湃号·政务，2020 年 2 月 16 日）

【设问思考】该案例带给我们什么启示？

【讨论交流】大家分组讨论，畅所欲言。

【教师总结】如此种种乱象，增加了病毒传播的隐患，加剧了公众的恐慌情绪，不仅扰乱防疫工作的正常开展，破坏社会公共秩序，而且触碰到了道义底线和法律红线。那么对这类行为是否需要认定为刑事犯罪，又该如何进行定罪处罚呢？我国刑法第 114 条规定：“放火、决水、爆炸、投毒或者以其他危险方法破坏工厂、矿场、油田、港口、河流、水源、仓库、住宅、森林、农场、谷场、牧场、重要管道、公共建筑物或者其他公私财产，危害公共安全，尚未造成严重后果的，处三年以上十年以下有期徒刑。”由此可见，以危险方法危害公共安全罪不需要以发生严重后果作为定罪标准，也就是常说的危险犯。此类不文明行为，不仅缺乏公共意识和公德心，更有可能因此涉嫌违法犯罪。在这个特殊时期，提高国民素质也是控制疫情的必要手段，在全国人民众志成城抗击疫情的特殊日子里，别让极个别的不文明行为伤害了社会大众的善意。

【课后思考】谈谈“见死不救”行为是属于法律问题还是道德问题。

主题二：坚持全面依法治国

【课堂导问】

- 宪法在中国特色社会主义法律体系中有着怎样的地位？
- 什么是中国特色社会主义法律体系？大家所熟知的法律部门有哪些？
- 实体法律部门和程序法律部门有什么区别？
- 如何走中国特色社会主义法治道路？

一、良法：以宪法为中心的中国特色社会主义法律体系

【课堂视频回顾】

用 PPT 展示并回顾“良法：以宪法为中心的中国特色社会主义法律体系”的课前教学视频的讲授内容。

（一）宪法是国家的根本法

宪法是治国安邦的总章程，是党和人民意志的集中体现，是中国特色社会主义法律体系的核心，在全面依法治国中具有突出地位和重要作用。我国宪法确认了党领导人民长期奋斗取得的辉煌成果，规定了人民民主专政国家政权的性质和根本制度，明确了国家未来建设发展的根本任务和总的目标，是党的指导思想、中心工作、基本原则、重大方针、重要政策在国家法制上的最高体现。决胜全面建成小康社会、开启全面建设社会主义现代化国家新征程、实现中华民族伟大复兴的中国梦、推进国家治理体系和治理能力现代化、提高党长期执政能力，必须更加注重发挥宪法的重要作用。要坚持党的领导、人民当家作主、依法治国有机统一，加强宪法实施和监督，把国家各项事业和各项工作全面纳入依法治国、依宪治国的轨道，把实施宪法提高到新的水平。

1. 我国宪法的形成和发展。1982 年 12 月 4 日，第五届全国人大五次会议通过了《中华人民共和国宪法》。我国现行宪法公布施行至今已有 30 余年。回顾我国宪法制度发展历程，我国宪法同党和人民进行的艰苦奋斗和创造的辉煌成就紧密相连，同党和人民开辟的前进道路和积累的宝贵经验紧密相连。

2. 我国宪法的地位。我国宪法实现了党的主张和人民意志的高度统一，具有显著优势、坚实基础、强大生命力。我国宪法确立了中国特色社会主义道路、中国特色社会主义理论体系、中国特色社会主义制度、中国特色社会主义文化的发展成果，反映了我国各族人民的共同意志和根本利益，成为党和国家的指导思想、中心工作、基本原则、重大方针、重要政策在国家法制上的最高体现。宪法至上地位主要体现在其特有的作用、效力和内容等方面。我国宪法是国家的根本法，是治国安邦的总章程，是党和人民意志的集中体现。我国现行宪法颁布以来，在坚持中国共产党领导，保障人民当家作主，促进改革开放和社会主义现代化建设，推动社会主义法治国家建设进程，维护国家统一、民族团结、社会稳定等方面发挥了有力的推动作用。

3. 我国宪法的基本原则。宪法的基本原则是贯穿于宪法规范始终，对宪法的制定、修改、实施、遵守等环节起指导作用的基本准则。我国宪法的基本原则集中反映了规范权力运行、保障公民权利的基本精神，体现了社会主义法治的根本性质。

4. 我国宪法确立的制度。坚定中国特色社会主义道路自信、理论自信、制度自信、文化自信，要对我国宪法确立的国家指导思想、发展道路、奋斗目标充满自信，对我国宪法确认的中国共产党领导和我国社会主义制度充满自信。

【课堂测试一】

以下关于宪法的表述正确的是（　　）。

A. 宪法是中国特色社会主义法律体系的核心

B. 我国宪法实现了党的主张和人民意志的高度统一，具有显著优势、坚实基础、强大生命力

C. 我国宪法的基本原则有人民主权原则、尊重和保障人权原则、社会主义法治原则、民主集中制原则

D. 我国宪法规定了人民代表大会制度这项根本政治制度

【答案及解析】

本题答案为 ABCD。所有选项均为宪法的正确表述。

【课堂探究活动一　课堂讨论】

【设问思考】为什么说良法是善治之前提?

【讨论交流】分组讨论，畅所欲言。

【教师总结】良法是善治之前提，全面依法治国，完备的法律规范体系是首要前提，这就是以宪法为统帅，以法律为主干，以行政法规、地方性法规为重要组成部分，由宪法相关法、民法商法、行政法、经济法、社会法、刑法、诉讼与非诉讼程序法等多个法律部门组成的中国特色社会主义法律体系。它是中国特色社会主义永葆本色的法制根基，是中国特色社会主义创新实践的法制体现，是中国特色社会主义兴旺发达的保障。经过几代人的艰苦努力，2011 年形成了中国特色社会主义法律体系，这让依法治国有了现实的制度基础。但是，这并不意味着立法的终结，相反，作为一个动态开放的法律体系，以此为转折点，中国迎来了一个新的立法时代。这一时期中国的立法工作突出体现三大特点。完善法律体系——社会实践是法律的基础，法律是实践经验的总结。永无止境的社会实践为法律的立改废提供了无限可能，只有真正体现时代要求和人民意志的法律才是良法。助力改革创新——凡属重大改革都要于法有据。改革是这个时代的主旋律，立法要发挥引领和推动作用，以法治思维和法治方式确保改革在法治轨道上稳妥有序推进。民主科学立法——身处利益多元、矛盾多发的社会转型期，立法要通过扩大公众有序参与，为社会不同利益群体提供平等对话、公平博弈的平台，最广泛地听取社会各方的意见，更好地协调社会利益关系。提高立法质量，发挥立法的引领和推动作用，是新的立法时代的特点，更是党对新时期立法工作的新要求。

（二）我国的法律部门

1. 我国的实体法律部门。国家根据现行法律规范所调整的社会关系及其调整方法不同，将其分为不同的法律部门。目前，我国现行有效法律已有 260 多部，中国特色社会主义法律体系已经形成并不断发展。这一法律体系是以宪法为统帅，以法律为主干，以行政法规、地方性法规为重要组成部分，由多个法律部门共同组成的有机统一整体。其中，实体法律部门包括宪法相关法、民法商法、行政法、经济法、社会法、刑法等。

（1）宪法相关法。宪法相关法是与宪法相配套、直接保障宪法实施和国家政权运作等方面的法律规范，主要包括国家机构的产生、组织、职权和基本工作原则方面的法律，民族区域自治制度、特别行政区制度、基层群众自治制度方面的法律，维护国家主权、领土完整、国家安全、国家标志象征方面的法律，保障公民基本政治权利方面的

法律。

（2）民法商法。民法是调整平等主体的自然人、法人和非法人组织之间的人身关系和财产关系的法律规范，遵循民事主体地位平等、自愿、公平、诚信、公序良俗、有利于节约资源和保护生态环境等基本原则。商法是调整平等主体之间商事关系的法律规范，是与民法并列并互为补充的部门法。商法遵循民法的基本原则，同时秉承保障商事交易自由、等价有偿、便捷安全等原则。

（3）行政法。行政法是关于行政权的授予、行政权的行使及对行政权的监督的法律规范，调整的是行政机关与行政管理相对人之间因行政管理活动而发生的关系，遵循职权法定、程序法定、公正公开、有效监督等原则，既保障行政机关依法行使职权，又注重保障公民、法人和其他组织的权利。

（4）经济法。经济法是国家从社会整体利益出发，对经济活动实行干预、管理或者调控的法律规范。与民法商法调整平等主体之间的民事商事关系不同，经济法是国家对市场经济进行适度干预和宏观调控的法律手段和制度框架，旨在防止由市场经济的自发性和盲目性所导致的弊端。

（5）社会法。社会法是调整劳动关系、社会保障、社会福利和特殊群体权益保障等方面的法律规范，遵循公平和谐与国家适度干预原则，通过国家和社会积极履行责任，对劳动者、失业者、丧失劳动能力的人群及其他需要扶助的特殊人群的权益提供必要的保障，维护社会公平正义。

（6）刑法。刑法是规定犯罪与刑罚的法律规范。它通过规范国家刑罚权，惩罚犯罪，保护人民，维护社会秩序和公共安全，保障国家安全。

我国刑法规定了罪刑法定、法律面前人人平等、罪刑相适应等基本原则。罪刑法定原则是指法律明文规定为犯罪行为的，依照法律定罪处刑；法律没有明文规定为犯罪行为的，不得定罪处刑。法律面前人人平等原则是指面对任何人犯罪，在适用法律上一律平等，不允许任何人有超越法律的特权。罪刑相适应原则是指刑罚的轻重，应当与犯罪分子所犯罪行和承担的刑事责任相适应。

2. 我国的程序法律部门。我国的程序法律部门包括诉讼法与非诉讼程序法。诉讼与非诉讼程序法是规范解决社会纠纷的诉讼活动与非诉讼活动的法律规范。诉讼法律制度是规范国家司法活动解决社会纠纷的法律规范，非诉讼程序法律制度是规范仲裁机构或者人民调解组织解决社会纠纷的法律规范。

（1）诉讼法。我国制定了刑事诉讼法，规定一切公民在适用法律上一律平等，尊重和保障人权，人民法院、人民检察院依法独立公正行使审判权、检察权，人民法院、人民检察院、公安机关分工负责、互相配合、互相制约，保证犯罪嫌疑人、被告人获得辩护，未经人民法院依法判决，对任何人不得确定有罪等刑事诉讼的基本原则和制度，并规定了管辖、回避、辩护、证据、强制措施、侦查、起诉、审判、执行等制度和程序，有效保证了刑法的正确实施，保护了公民的人身权利、财产权利、民主权利和其他权利，保障了社会主义建设事业的顺利进行。

（2）非诉讼程序法。我国制定了仲裁法，规范了国内仲裁与涉外仲裁机构的设立，明确规定仲裁委员会独立于行政机关，从机构设置上保证了仲裁委员会的独立性，明确将自愿、仲裁独立、一裁终局等原则作为仲裁的基本原则，系统规定了仲裁程序。我国制定了人民调解法，完善人民调解制度，规范人民调解的组织和程序，及时解决民间纠纷，维护社会和谐稳定，明确规定了在当事人自愿、平等的基础上进行调解；不违背法律、法规和国家政策；尊重当事人的权利，不得因调解而阻止当事人依法通过仲裁、行政、司法等途径维护自己的权利等原则。此外，我国还制定了引渡法、海事诉讼特别程序法、劳动争议调解仲裁法、农村土地承包经营纠纷调解仲裁法等法律，建立健全了非诉讼程序法律制度。

【课堂测试二】

以下关于我国法律部门的表述正确的是（　　）。

A. 我国的法律部分有实体法律部门与程序法律部门之分

B. 我国法律体系是以宪法为统帅，以法律为主干，以行政法规、地方性法规为重要组成部分，由多个法律部门组成的有机统一整体

C. 我国实体法律部门包括宪法相关法、民法商法、行政法、经济法、社会法、刑法等

D. 我国的程序法律部门包括诉讼法与非诉讼程序法

【答案及解析】

本题答案为 ABCD。所有选项均正确表述了我国法律部门。

【课堂探究活动二　课堂讨论】

【设问思考】什么是中国特色社会主义法律体系？

【讨论交流】大家分组讨论，畅所欲言。

【教师总结】简而言之，中国特色社会主义法律体系是以宪法为统帅，以法律为主干，以行政法规、地方性法规为重要组成部分，由宪法相关法、民法商法、行政法、经济法、社会法、刑法、诉讼与非诉讼程序法等多个法律部门组成的有机统一整体。

（三）我国宪法修正的历程

【课堂视频回顾】

用 PPT 展示并回顾“我国宪法修正的历程”的课前教学视频的讲授内容。

第十三届全国人民代表大会第一次会议高票通过了宪法修正案，完成了宪法修改的重大历史任务，实现了我国宪法的又一次与时俱进。修改后的宪法，更好地体现了全党和全体人民的意志，更好地展示了中国特色社会主义制度的优势，更好地适应了推进国家治理体系和治理能力现代化的要求，为动员和组织全国各族人民夺取新时代中国特色社会主义伟大胜利提供有力的宪法保障。

宪法是国家的根本法，是治国安邦的总章程，是党和人民意志的集中体现。毛泽东同志曾经指出：“一个团体要有一个章程，一个国家也要有一个章程，宪法就是一个总章程，是根本大法。用宪法这样一个根本大法的形式，把人民民主和社会主义原则固定下来，使全国人民有一条清楚的轨道，使全国人民感到有一条清楚的明确的和正确的道路可走，就可以提高全国人民的积极性”。习近平总书记强调：“宪法是国家的根本法，坚持依法治国首先要坚持依宪治国，坚持依法执政首先要坚持依宪执政。我们必须坚持

把依法治国作为党领导人民治理国家的基本方略、把法治作为治国理政的基本方式，不断把法治中国建设推向前进。”

“治国无其法则乱，守法而不变则衰。”宪法作为治国安邦的总章程，必须随着时代的发展而发展。我国现行宪法自 1982 年通过后开始实施。这次宪法修改之前，根据我国改革开放和社会主义现代化建设的实践和发展，于 1988 年、1993 年、1999 年、2004 年先后四次对个别条款和部分内容做了必要的也是十分重要的修改，共通过 31 条修正案。本次宪法修改距上一次宪法修改已经过去了 14 年。在这 14 年中，中国特色社会主义事业有了长足发展，特别是党的十八大以来，以习近平同志为核心的党中央团结带领全国各族人民，统筹推进“五位一体”总体布局、协调推进“四个全面”战略布局，推进党的建设新的伟大工程，形成了一系列治国理政新理念、新思想、新战略，推动党和国家事业取得历史性成就、发生历史性变革，中国特色社会主义进入新时代。党的十九大在新的历史起点上对新时代坚持和发展中国特色社会主义作出重大战略部署，提出了一系列重大政治论断，确立了习近平新时代中国特色社会主义思想在全党的指导地位，确定了新的奋斗目标。在新的历史条件下，面对新的历史任务，对宪法进行必要的修改，对党和国家事业发展具有重大指导和引领意义。

宪法修正案共 21 条，包括 12 个方面：确立科学发展观、习近平新时代中国特色社会主义思想在国家政治和社会生活中的指导地位，调整充实中国特色社会主义事业总体布局和第二个百年奋斗目标的内容，完善依法治国和宪法实施举措，充实完善我国革命和建设发展历程的内容，充实完善爱国统一战线和民族关系的内容，充实和平外交政策方面的内容，充实坚持和加强中国共产党全面领导的内容，增加倡导社会主义核心价值观的内容，修改国家主席任职方面的有关规定，增加设区的市制定地方性法规的规定，增加有关监察委员会的各项规定，修改全国人大专门委员会的有关规定。

宪法修正案是一个整体，它全面体现了自上一次修宪以来党和人民在中国特色社会主义建设和改革实践中所取得的重大理论创新、实践创新、制度创新的成果，体现了我们党依宪执政、依宪治国的理念。

【课堂测试三】

下列关于宪法修正案的内容表述正确的是（　　）。

A. 宪法修正案具有历史性的意义，对于我国社会的发展具有重要的指导意义

B. 宪法的修改对于我国政府的职能进行了完善，完善了国务院监察部门的职能

C. 宪法修正案对于总理的任期进行了修改

D. 宪法的修改不会引起其他法律的修改

【答案及解析】

本题答案为 A。宪法的修改不能直接完善政府职能，因此 B 项有误；宪法修正案未涉及总理任期的修改，因此 C 项有误；宪法作为根本大法，宪法的修改定会影响其他法律的修改，因此 D 项有误。

【课堂探究活动三　案例分析】

青岛考生诉教育部案

山东青岛三名应届高中毕业生的代理律师向最高人民法院递交行政诉讼状，起诉教育部侵犯了公民的平等受教育权。青岛市三名考生由于未能达到山东省当年的重点大学的分数线，而不能就读重点大学。从当年全国各省的重点分数线来看，山东省的重点分数线明显高于全国绝大多数省份，不仅高于西部等经济、教育水平相对较低的省、自治区，也明显高于北京、上海等教育水平高的地区。考生以教育部划定的各地分数线不统一，所为行政行为不能平等对待考生为由，向最高人民法院起诉教育部。

（本案例改编自《青岛考生诉教育部案》，中国宪治网，2007 年 12 月 24 日）

【设问思考】思考新时代宪法修改的重点内容及其重大历史意义，此案例反映了怎样的法律问题？

【讨论交流】分组讨论，畅所欲言。

【教师总结】2018 年，我国对现行宪法进行了第五次修改。把党的十九大确定的重大理论观点和重大方针政策，特别是将习近平新时代中国特色社会主义思想载入国家根本大法，实现了指导思想的与时俱进，对全面推进依法治国有重大意义。本次宪法修改体现了党和国家事业发展的新成就、新经验，在总体保持我国宪法连续性、稳定性、权威性基础上推动了宪法与时俱进、完善发展，为新时代坚持和发展中国特色社会主义、实现“两个一百年”奋斗目标和中华民族伟大复兴的中国梦提供了有力的宪法保障。回顾党领导的宪法建设史，可以得出这样四点结论：一是制定和实施宪法，推进依法治国，建设法治国家，是实现国家富强、民族振兴、社会进步、人民幸福的必然要求。二是我国现行宪法是在深刻总结我国社会主义革命、建设、改革的成功经验基础上制定和不断完善的，是党领导人民长期奋斗的历史逻辑、理论逻辑、实践逻辑的必然结果。三是只有中国共产党才能坚持立党为公、执政为民，充分发扬民主，领导人民制定出体现人民意志的宪法，领导人民实施宪法。四是党高度重视发挥宪法在治国理政中的重要作用，坚定维护宪法尊严和权威，推动宪法完善和发展，这是我国宪法保持生机活力的根本原因所在。宪法作为上层建筑，一定要适应经济基础的变化而变化。

本案反映了宪法司法化有着充分的必要性和可能性，宪法司法化与违宪审查、宪法解释是不同的概念。宪法司法化是指宪法在具体案件中的适用，是宪法作为法的效力的当然体现。宪法应用于司法实践，主要是审理那些涉及侵犯公民及各种组织宪法基本权利，而在普通法律中没有具体规定或采用普通诉讼方式无法救济的案件。因此，应当赋予各级人民法院宪法诉讼案件的管辖权。

二、善治：中国特色社会主义法治体系

【课堂视频回顾】

用 PPT 展示并回顾“善治：中国特色社会主义法治体系”的课前教学视频的讲授内容。

全面推进依法治国的总目标就是建设中国特色社会主义法治体系，建设社会主义法

治国家。建设中国特色社会主义法治体系，是全面依法治国的重要内容和奋斗目标，是建设社会主义法治国家的总抓手。建设中国特色社会主义法治体系，就是在中国共产党的领导下，坚持中国特色社会主义制度，贯彻中国特色社会主义法治理论，形成完备的法律规范体系、高效的法治实施体系、严密的法治监督体系、有力的法治保障体系和完善的党内法规体系。建设中国特色社会主义法治体系的主要内容包括以下几方面。

（一）完备的法律规范体系

完备的法律规范体系，是中国特色社会主义法治体系的前提，是法治国家、法治政府、法治社会的制度基础。完备的法律规范体系，是以宪法为核心，由部门齐全、结构严谨、内部协调、体例科学、调整有效的法律及其配套法规所构成的法律规范系统。完善法律规范体系的基本要求包括：坚持立法先行，发挥立法在改革开放和经济社会发展中的引领和推动作用，加快完善法律、行政法规、地方性法规体系，为全面依法治国提供基本遵循；科学立法、民主立法、依法立法，坚持上下有序、内外协调、科学规范、运行有效的原则，立改废释并举，实现从粗放立法向精细立法转变，提高立法质量和效率；实现立法和改革决策相衔接，做到重大改革于法有据、立法主动适应改革和经济社会发展需要。

（二）高效的法治实施体系

建设高效的法治实施体系，是建设中国特色社会主义法治体系的重点。高效的法治实施体系，是指执法、司法、守法等各个环节有效衔接、协调高效运转、持续共同发力，实现效果最大化的法治实施系统。完善法治实施体系的重点内容包括：健全宪法实施制度，把树立宪法权威作为全面推进依法治国的重大事项抓紧抓好；加快建设职能科学、权责法定、执法严明、公开公正、廉洁高效、守法诚信的法治政府，依法全面履行政府职能，完善行政组织和行政程序法律制度，健全依法决策机制，深化行政执法体制改革，坚持严格规范公正文明执法；深化司法体制综合配套改革，规范司法行为，提高司法公信力，努力让人民群众在每一个司法案件中都能感受到公平正义；着力培育公民和社会组织自觉守法的意识和责任感，充分调动全社会自觉守法的积极性、主动性，营造全社会共同守法的良好氛围。

（三）严密的法治监督体系

严密的法治监督体系，是指以规范和约束公权力为重点建立的有效的法治化权力监督网络。它以有权必有责、用权受监督、违法必追究，坚决纠正有法不依、执法不严、违法不究行为等为主要任务，是宪法法律有效实施的重要保障，是加强对权力运行制约和监督的迫切要求。完善法治监督体系的重点内容包括：健全宪法实施和监督制度；强化对行政权力的制约和监督；加强对司法活动的监督；发挥党内监督、人大监督、民主监督、行政监督、司法监督、审计监督、社会监督、舆论监督的合力，推进法治监督工作规范化、程序化、制度化，形成对法治运行全过程、全方位的监督；深化国家监察体制改革，依法建立党统一领导的反腐败工作机构，构建集中统一、权威高效的国家监察体系，实现对所有行使公权力的公职人员监察全覆盖。

（四）有力的法治保障体系

有力的法治保障体系，是全面依法治国的重要依托。有力的法治保障体系，是指在法律制定、实施和监督过程中形成的结构完整、机制健全、资源充分、富有成效的保障系统，包括政治和组织保障、人才和物质条件保障、法治意识和法治精神保障等。完善法治保障体系的重点内容包括：切实加强和改进党对全面依法治国的领导，提高依法执政能力和水平，为全面依法治国提供有力的政治和组织保障；加强高素质法治专门队伍和法律服务队伍建设，提高法治工作队伍和法律服务队伍思想政治素质，为全面依法治国提供坚实的人才和物质保障；努力推动形成办事依法、遇事找法、解决问题用法、化解矛盾靠法的良好的守法社会氛围，为全面依法治国提供丰厚法治文化保障。

（五）完善的党内法规体系

建设完善的党内法规体系，是中国特色社会主义法治体系的本质要求和重要内容。完善的党内法规体系，是指形成科学、程序严密、配套完备、运行有效的党内制度及其运行、保障体系。完善党内法规体系的总目标是到建党 100 周年时形成比较完善的党内法规制度体系、高效的党内法规制度实施体系、有力的党内法规制度建设保障体系，党依据党内法规管党治党的能力和水平显著提高。完善党内法规体系的重点内容包括在党章之下分为党的组织法规制度、党的领导法规制度、党的自身建设法规制度、党的监督保障法规制度。

【课堂测试四】

下列关于全面依法治国体系表述正确的是（　　）。

A. 全面依法治国的总目标就是建设中国特色社会主义法治体系、建设社会主义法治国家

B. 中国特色社会主义法治体系本质上是中国特色社会主义制度的法律表现形式

C. 建设中国特色社会主义法治体系必须从依法治国、依法执政、依法行政共同推进和法治国家、法治政府、法治社会一体建设方面，对法治中国建设作出战略部署和总体安排

D. 建设中国特色社会主义法治体系，就是在中国共产党的领导下，坚持中国特色社会主义制度，贯彻中国特色社会主义法治理论，形成完备的法律规范体系、高效的法治实施体系、严密的法治监督体系、有力的法治保障体系和完善的党内法规体系

【答案及解析】

本题答案为 ABCD。以上选项均正确表述了全面依法治国体系。

【课堂探究活动四　问题思考】

从“法律体系”到“法治体系”的一字之变

党的十八届四中全会明确提出，全面推进依法治国，是建设中国特色社会主义法治体系，建设社会主义法治国家。从党的十五大提出建设中国特色社会主义法律体系目标，到党的十八届四中全会提出建设中国特色社会主义法治体系目标，虽然只是一字之变，但却充分折射出全面推进依法治国的战略思考，表明法治体系已经超越法律范畴，体现了对中国法治规律、法治实践的深刻认识，体现了科学的世界观和方法论，为推进

依法治国进程、实现依法治国的历史性跨越提供了指引、奠定了基础。

从“法律体系”到“法治体系”，是对法治理论的重大突破。从构建静态的中国特色社会主义法律体系到构建动态的中国特色社会主义法治体系，实质上是从法制现代化向法治现代化的转变。法制现代化致力于法律价值——规范体系的变革，法治现代化则注重法律实施——治理体系的变革。中国特色社会主义法律体系的基本形成是依法治国的新起点，而全面推进依法治国则必须建设中国特色社会主义法治体系。从构建法律制度层面上升到推动法律实施层面，让宪法法律全方位介入国家治理和社会生活，表明法律制度的创设如果不能与法治精神、法治权威、法治信仰的建构同步，就会造成法律制度与法律运作、法律理性与治理智慧、法律体系与法治文化的脱节。

从“法律体系”到“法治体系”，是对法治内容的重大拓展。法律体系是静态的制度体系，主要着眼于法律制度的建设，而法治体系是一个立体的、动态的、有机完整的体系，把立法、执法、司法、守法等多个环节都纳入其中，同时也强调法治工作队伍建设，体现了法治的整体要求。党的十八届四中全会强调社会主义法治体系是一个科学完整的有机体系，包括形成完备的法律规范体系、高效的法治实施体系、严密的法治监督体系、有力的法治保障体系和完善的党内法规体系共五个方面。法律体系的形成，仅仅只是解决了无法可依的问题，法律能否得到有效实施还必须取决于多重条件，包括法律必须公正而且有权威性，得到人们的信赖，得到人们的崇尚信仰；法律必须是严密的，而且具有很强的针对性和操作性；执法的机构必须权责清晰，执法人员素质必须良好，能够严格公正规范文明执法；要有一套确保法律实施的激励机制和责任追究机制；要有一套完善的监督救济机制，其中司法监督和舆论监督至关重要。在法律体系已经形成之后，法治体系的提出，才能更好地解决有法必依、执法必严、违法必究的问题。从这个意义上看，“法律体系”只是“法治体系”的重要元素之一，是“法治体系”中的立法环节，是“法治体系”的前提和基础；“法治体系”则是基于“法律体系”的拓展和提升。

从“法律体系”到“法治体系”，是对法治实践的重大深化。法治作为治国理政的基本方式，不仅要通过建立完善的法律规范，将国家活动和社会生活纳入法治轨道，而且要提升运用宪法法律治理国家的有效性。法治不仅仅是立法者和司法者的法治，而且也是广大人民群众的法治。人民群众是社会生活的主体，他们以什么样的形式参与法治决定法治的性质和方向。党的十八届四中全会在法治目标下，提出不少促进人民群众全方位参与法治建设的务实创新举措，如拓宽公民有序参与立法途径、保障人民群众参与司法、完善人民陪审员制度、全面推进政务公开等。这些措施极大地增强了国家与公民、权力与权利、司法与民意的良性互动。在法治目标下，法律是基本的社会共识，也是多元价值的契合点，是各种社会利益的平衡器。党的十八届四中全会强调从社会精神层面、社会价值层面、社会风尚层面推动依法治国，触及法治建设的核心，抓到了法治建设的实质。“法律体系”是手段，“法治体系”才是目的，完善的法律体系是为建设法治体系和法治国家服务的。

（本案例改编自《从“法律体系”到“法治体系”的一字之变》，《广西日报》，2014年11月4日）

【设问思考】法治、人治、法制是否一样？

【讨论交流】大家分组讨论，畅所欲言。

【教师总结】法治与人治的区别：其一，两者基础不同。人治建立在个人专断与独裁的基础上，而法治则是建立在民主的基础之上。其二，两者特点不同。人治呈现出随意性、多变性的弊端，造成社会的不稳定；而法治具有统一性、稳定性、权威性的特点，以国家强制力为后盾，能有效地制裁违法行为，保证社会的稳定和有序发展。其三，二者体现的原则不同。人治体现不平等的原则，而法治体现平等的原则。

法制与法治的区别：法制是以法为核心的某国、某地区法律上层建筑的整个系统，包括现行法及与现行法相适应的法律意识、法律实践。法治是运用法律这样的实体工具管理社会和治理国家。法制与国家并存，有国家就有法，就有一定的法律制度。但是有国家、有法制却不一定实行法治。也就是说，有国家就有法制，但有法制不一定有法治。国家法治的主要标志包括：完备的法律体系，严格的行政执法制度和公正的司法制度，健全的民主制度和监督制度，高素质的执法队伍，较高的全民法律意识，发达的法律服务业。

三、原则：坚持走中国特色社会主义法治道路

【课堂视频回顾】

用PPT展示并回顾“原则：坚持走中国特色社会主义法治道路”的课前教学视频的讲授内容。

中国特色社会主义法治道路，明确了建设社会主义法治国家的性质和方向，是社会主义法治建设成就和经验的集中体现，是中国特色社会主义道路在法治领域的具体体现，是建设社会主义法治国家的正确道路。走中国特色社会主义法治道路，必须坚持中国共产党的领导，坚持人民主体地位，坚持法律面前人人平等，坚持依法治国和以德治国相结合，坚持从中国实际出发。

（一）坚持中国共产党的领导

中国共产党的领导是中国特色社会主义最本质的特征，是社会主义法治最根本的保证。社会主义法治必须坚持中国共产党的领导，中国共产党的领导必须依靠社会主义法治。法是党的主张和人民意愿的统一体现，党和法、党的领导和依法治国是高度统一的。全面依法治国，方向要正确，政治保证要坚定，不能把党的领导和依法治国二者对立起来。

（二）坚持人民主体地位

在社会主义法治国家，人民是依法治国的主体和力量源泉，坚持人民主体地位是依法治国的基本原则。必须把人民当家作主贯彻依法治国的全过程之中，保证人民的广泛参与。人民代表大会制度是保证人民当家作主的根本政治制度，保证了人民依法民主选举、民主协调、民主决策、民主管理、民主监督，维护了国家法制统一、尊严权威。协商民主保证了人民在日常政治生活中有广泛持续深入参与的权利，具有广泛、多层、制

度化的特点，包括了政党协商、人大协商、政府协商、政协协商、人民团体协商、基层协商、社会组织协商，其中人民政协协商是社会主义协商民主的重要渠道和专门协商机构。

（三）坚持法律面前人人平等

平等是社会主义法律的基本属性，是社会主义法治的基本要求。坚持法律面前人人平等，对于坚持走社会主义法治道路具有十分重要的意义。第一，它可以充分显示中国特色社会主义制度的优越性，使人民在依法治国中的主体地位得到尊重和保障，从而有利于增强人民群众的主人翁意识和责任感。第二，它鲜明地反对法外特权，对掌握公权力的人形成制约，从而有利于预防特权思想和各种潜规则的侵蚀。第三，它鲜明地反对法律适用上的各种歧视，有利于贯彻执行“以事实为依据、以法律为准绳”的司法原则。第四，它要求人人都严格依法办事，既充分享有法律规定的各项权利，又切实履行法律规定的各项义务，有利于维护法律权威、健全社会主义法治，确保实现全面依法治国的总目标。

（四）坚持依法治国和以德治国相结合

法治和德治，是治国理政不可或缺的两种方式，如车之两轮或鸟之两翼，忽视其中任何一个，都将难以实现国家的长治久安。只有让法治和德治共同发挥作用，才能使法律与道德相辅相成，法治与德治相得益彰，做到法安天下，德润人心。

（五）坚持从中国实际出发

“为国也，观俗立法则治，察国事本则宜。不观时俗，不察国本，则其法立而民乱，事剧而功寡。”走什么样的法治道路、建设什么样的法治体系，是由一个国家的基本国情决定的。当前，中国特色社会主义进入新时代，社会主要矛盾已经转化为人民日益增长的美好生活需要和不平衡不充分的发展之间的矛盾。建设法治中国，必须从我国实际出发，同完善和发展中国特色社会主义制度、推进国家治理体系和治理能力现代化相适应，既不能罔顾国情、超越阶段，也不能因循守旧、墨守成规。

【课堂测试五】

下列关于中国特色社会主义法治道路表述正确的是（　　）。

A. 中国特色社会主义法治道路，明确了建设社会主义法治国家的性质和方向

B. 走中国特色社会主义法治道路，必须坚持中国共产党的领导，坚持人民主体地位，坚持法律面前人人平等，坚持依法治国和以德治国相结合，坚持从中国实际出发

C. 坚持中国共产党的领导是中国特色社会主义最本质的特征，是社会主义法治最根本的保证

D. 坚持人民主体地位是依法治国的基本原则

【答案及解析】

本题答案为ABCD。以上选项均正确表述了中国特色社会主义法治道路。

【课堂探究活动五　课堂讨论】

中国特色社会主义法治道路

2014年10月23日，中共十八届四中全会审议通过《中共中央关于全面推进依法治国若干重大问题的决定》(以下简称《决定》)。《决定》提出全面推进依法治国必须坚持走中国特色社会主义法治道路，进一步明确了建设社会主义法治国家的性质和方向，具有重大现实意义和深远历史意义。中共十八届四中全会明确提出“加快建设社会主义法治国家”，把“全面推进依法治国”作为政治改革和政治发展的重要目标和任务，描绘了全面推进依法治国的路线图，指明了全面推进依法治国的方向，即依法治国必须“坚定不移走中国特色社会主义法治道路”。

【设问思考】如何走中国特色社会主义法治道路?

【讨论交流】大家分组讨论，畅所欲言。

【教师总结】中国特色社会主义法治道路的核心要义包括三个方面：一是坚持中国共产党的领导，二是坚持中国特色社会主义制度，三是贯彻中国特色社会主义法治理论。中国共产党的领导是中国特色社会主义最本质的特征，是社会主义法治最根本的保证；中国特色社会主义制度是中国特色社会主义法治体系的根本制度基础，是全面推进依法治国的根本制度保障；中国特色社会主义法治理论是中国特色社会主义法治体系的理论指导和学理支撑，是全面推进依法治国的行动指南。只有牢牢把握住这三个方面，才能确保中国特色社会主义法治体系的制度属性和前进方向，才能立足中国实际建设好社会主义法治国家。中国特色社会主义法治道路是根据中国发展的实际需要，能够解决中国在发展建设过程遇到的社会问题的法律治理的途径和模式，是不照搬照抄但却可以学习借鉴任何国家法治经验的中国法治模式。这条法治道路的具体标志是“五个坚持”：坚持中国共产党的领导、坚持人民主体地位、坚持法律面前人人平等、坚持依法治国和以德治国相结合、坚持从中国实际出发。

四、要求：落实全面依法治国的基本格局

【课堂视频回顾】

用PPT展示并回顾“要求：落实全面依法治国的基本格局”的课前教学视频的讲授内容。

“科学立法、严格执法、公正司法、全民守法”十六字方针，展现了全面依法治国的基本格局。推进全面依法治国，必须从立法、执法、司法、守法四个方面统筹推进。

（一）科学立法

“立善法于天下，则天下治；立善法于一国，则一国治。”法律是治国之重器，立法是法治的龙头环节。科学立法以完善以宪法为核心的中国特色社会主义法律体系，加强宪法实施为目标。要坚持以民为本、立法为民理念，使每一项立法都符合宪法精神，反映人民意志，得到人民拥护。要把公正、公平、公开原则贯穿立法全过程，完善立法体制机制，增强法律法规的及时性、系统性、针对性和有效性。加强党对立法工作的领

导，完善党对立法工作中重大问题决策的程序，健全有立法权的人民代表大会主导立法工作的体制机制，依法赋予设区的市以地方立法权。

（二）严格执法

“天下之事，不难于立法，而难于法之必行。”法律的生命力在于实施，法律的权威也在于实施。严格执法以深入推进依法行政，加快建设法治政府为目标。要加快建设职能科学、权责法定、执法严明、公开公正、廉洁高效、守法诚信的法治政府，推进各级政府机构、职能、权限、程序、责任法定化，推行政府权力清单制度。健全依法决策机制，把公众参与、专家论证、风险评估、合法性审查、集体讨论决定确定为重大行政决策法定程序，建立行政机关内部重大决策合法性审查机制，建立重大决策终身责任追究制度及责任倒查机制。深化行政执法体制改革，坚持严格规范公正文明执法，依法惩处各类违法行为，加大关系群众切身利益的重点领域执法力度，建立健全行政裁量权基准制度，全面落实行政执法责任制。全面推进政务公开，推进决策公开、执行公开、管理公开、服务公开、结果公开。

（三）公正司法

“理国要道，在于公平正直。”公正是法治的生命线，是司法活动最高的价值追求。公正司法是维护社会公平正义的最后一道防线。要保证公正司法，提高司法公信力，努力让人民群众在每一个司法案件中都能感受到公平正义。要完善确保依法独立公正行使审判权和检察权的制度，建立领导干部干预司法活动、插手具体案件处理的记录、通报和责任追究制度，建立健全司法人员履行法定职责保护机制。要优化司法职权配置，推动实行审判权和执行权相分离的体制改革试点，最高人民法院设立巡回法庭，探索设立跨行政区划的人民法院和人民检察院，探索建立检察机关提起公益诉讼制度。要坚持严格司法，推进以审判为中心的诉讼制度改革，确保侦查、审查起诉的案件证据经得起法庭的检验，保证庭审在查明事实、认定证据、保护诉权、公正裁判中发挥决定性作用。要保障人民群众参与司法，完善人民陪审员制度，构建开放、动态、透明、便民的阳光司法机制。

（四）全民守法

“邦国虽有良法，要是人民不能全部遵循，仍然不能实现法治。”法律的权威源自人民的内心拥护和真诚信仰。全民守法以增强全民法治观念，推进法治社会建设为目标。要弘扬社会主义法治精神，建设社会主义法治文化，增强全社会厉行法治的积极性和主动性，形成守法光荣、违法可耻的社会氛围。推动全社会树立法治意识，深入开展法治宣传教育，把法治教育纳入国民教育体系和精神文明创建内容。要推进多层次多领域依法治理，坚持系统治理、依法治理、综合治理、源头治理，深化基层组织和部门、行业依法治理，支持各类社会主体自我约束、自我管理，发挥市民公约、乡规民约、行业规章、团体章程等社会规范在社会治理中的积极作用。要建设完备的法律服务体系，推进覆盖城乡居民的公共法律服务体系建设，完善法律援助制度，健全司法救助体系。要健全依法维权和化解纠纷机制，建立健全社会矛盾预警机制、利益表达机制、协商沟通机制、救济救助机制，畅通群众利益协调、权益保障的法律渠道。要完善立体化社会治安防控体系，保障人民生命财产安全。

【课堂测试六】

党的十八大报告中提出，依法治国的“新十六字方针”是（　　）。

A. 科学立法　　B. 严格执法　　C. 公正司法　　D. 全民守法

【答案及解析】

本题答案为 ABCD。依法治国的“新十六字方针”科学立法、严格执法、公正司法、全民守法是相对于“老十六字方针”有法可依、有法必依、执法必严、违法必究而言的。

【课堂探究活动六　案例分析】

《中华人民共和国民法典》历经五次编纂

2020 年 5 月 28 日，十三届全国人大三次会议经表决通过了《中华人民共和国民法典》，这部法律自 2021 年 1 月 1 日起施行。这是新中国第一部以“法典”命名的法律、是新中国截至目前体量最为庞大的法律，被誉为社会生活的百科全书。编纂一部符合我国国情的民法典，是几代中国人的夙愿。新中国成立以来，民法典的编纂一直受到党和国家的高度重视，从 20 世纪 50 年代至今先后启动过五次民法典编纂的工作。

第一次编纂：1954 年，全国人大常委会组织力量起草民法典。

第二次编纂：1962 年，民法典起草工作再次被提上议程，并于 1964 年完成了草案（试拟稿）。

第三次编纂：1979 年 11 月，全国人大常委会第三次组织民法典起草工作，至 1982 年形成民法草案第四稿。虽然草案并未正式通过成为法律，但后来制定的《中华人民共和国民法通则》都是以该草案为基础。

第四次编纂：2002 年 12 月，第九届全国人大常委会第三十一次会议审议民法草案。

第五次编纂：2014 年 10 月 23 日，党的十八届四中全会审议通过《中共中央关于全面推进依法治国若干重大问题的决定》，明确提出了“加强市场法律制度建设，编纂民法典”的目标。

2016 年 6 月，民法总则草案提请全国人大常委会初次审议，标志着民法典编纂工作正式进入立法程序。此前，我国已修改婚姻法，出台了继承法、民法通则、担保法、合同法、物权法、侵权责任法等一系列民事法律，为民法典编纂工作打下了坚实基础。

2017 年 3 月，作为中国民法典开篇之作的民法总则，获十二届全国人大五次会议表决通过。民法典编纂完成了关键的“第一步”。

2018 年 8 月，各分编草案首次提请十三届全国人大常委会第五次会议审议，其中包括 6 编，即物权编、合同编、人格权编、婚姻家庭编、继承编、侵权责任编，共 1034 条。民法典编纂迈出“第二步”。

2018 年 12 月、2019 年 4 月、2019 年 6 月、2019 年 8 月、2019 年 10 月，十三届全国人大常委会第七次、第十次、第十一次、第十二次、第十四次会议对各分编草案进行了拆分审议。

2019年12月23日，十三届全国人大常委会第十五次会议现场，一本本《中华人民共和国民法典（草案）》摆放在与会人员面前，“完整版”中国民法典草案首次亮相。

2019年12月28日，十三届全国人大常委会第十五次会议表决通过了全国人大常委会关于提请审议《中华人民共和国民法典（草案）》的议案，决定将民法典草案提请十三届全国人大三次会议审议。

2019年12月28日至2020年1月26日，民法典草案在中国人大网公布，公开征求意见。民法典草案共收到13718位网民提出的114574条意见。

2020年5月，民法典草案提请十三届全国人大三次会议审议并表决通过。中国民法典——中国特色社会主义法律体系这座“大厦”的重要支柱，必将为法治中国建设筑牢根基，为实现“两个一百年”奋斗目标提供坚强法治保障。

（本案例改编自《历经五次编纂，民法典正在走来！》，求是网，2020年5月23日）

【设问思考】《中华人民共和国民法典》的问世如何反映了科学立法的问题？

【讨论交流】大家分组讨论，畅所欲言。

【教师总结】伟大的时代，催生伟大的法典。党的十八届四中全会提出编纂民法典，立法机关坚持以习近平新时代中国特色社会主义思想为指导，坚持党的领导、人民当家作主、依法治国有机统一，坚持科学立法、民主立法、依法立法，召开座谈会、组织调研、10次公布草案，广泛听取各方面意见建议。听民声、汇民智，使民法典编纂具有中国特色、体现时代特点、反映人民意愿。编纂一部符合我国国情和实际，体例科学、结构严谨、规范合理、内容完整并协调一致的民法典，离不开坚强的领导核心和科学的思想指引。民为邦本，法系根基。这是一部有效反映人民意愿的民法典。编纂民法典是坚持和完善中国特色社会主义制度的现实需要，是推进全面依法治国、推进国家治理体系和治理能力现代化的重大举措，是坚持和完善社会主义基本经济制度、推动经济高质量发展的客观要求，是增进人民福祉、维护最广大人民根本利益的必然要求。从民法典立法方案的提出，到十八届四中全会习近平总书记的发言，都明确了科学立法、民主立法、依法立法。

【课后作业】回顾“中国特色社会主义法律体系”相关内容，谈一谈“如何科学立法”。

主题三：培养社会主义法治思维

【课堂导问】

· 什么是法治思维？为什么必须具备法治思维？
· 尊重和维护法律权威有何重要意义？如何维护法律权威？
· 大学生如何自觉培养社会主义法治思维？

一、法治思维及其内涵

【课堂视频回顾】

用 PPT 展示并回顾“法治思维及其内涵”的课前教学视频的讲授内容。

法治思维内涵丰富、外延宽广，它将法律作为判断是非和处理事务的准绳，要求崇尚法治、尊重法律，善于运用法律手段协调关系和解决问题。

（一）法治思维的含义与特征

法治思维是指以法治价值和法治精神为导向，运用法律原则、法律规则、法律方法思考和处理问题的思维模式。法治思维包含以下几层含义：第一，法治思维以法治价值和法治精神为指导，蕴含着公正、平等、民主、人权等法治理念，是一种正当性思维；第二，法治思维以法律原则和法律规则为依据来指导人们的社会行为，是一种规范性思维；第三，法治思维以法律手段与法律方法为依托分析问题、处理问题、解决纠纷，是一种可靠的逻辑思维；第四，法治思维是一种符合规律、尊重事实的科学思维。因此，法治思维是一种融法律的价值属性和工具理性于一体的特殊的高级法律意识。

（二）法治思维的基本内容

法治思维主要表现为价值取向和规则意识两个方面。价值取向是指如何看待和对待法律，规则意识是指如何用法律看待和对待自身。一般来讲，法治思维主要包括法律至上、权力制约、公平正义、权利保障、正当程序等内容。

1. 法律至上。法律至上是指在国家或社会的所有规范中，法律是地位最高、效力最广、强制力最大的规范。现代国家有很多规范，如宗教规范、道德规范、团体规范和行业规范等。法律至上要求这些规范都不得超越法律规范，不得与法律规范相抵触。

2. 权力制约。权力制约是指国家机关的权力必须受到法律的规制和约束。在我国，国家权力是人民的，即一切权力为民所有；国家权力是为人民服务的，即一切权力为民所用。因此，只有依法对权力的配置和运行进行有效制约和监督，才能防止权力私用、权力滥用和权力腐败。国家工作人员就职时应当按照法律规定公开进行宪法宣誓。

3. 公平正义。公平正义是指社会的政治利益、经济利益和其他利益在全体社会成员之间合理、公平分配和占有。一般来讲，公平正义主要包括权利公平、机会公平、规则公平和救济公平。权利公平包括三重含义：一是权利主体平等，国家对每个权利主体“不偏袒”“非歧视”；二是享有的权利特别是基本权利平等；三是权利保护和权利救济平等。

4. 权利保障。权利保障主要是指对公民权利的法律保障，具体包括公民权利的宪法保障、立法保障、行政保护和司法保障。宪法保障是权利保障的前提和基础。宪法表明尊重和保障人权的鲜明态度，确立保障权利的有效机制，明确列出宪法保障的公民基本权利，能够推动整个国家和法律体系加强权利保障。

5. 正当程序。做一件事情，往往需要按照一定的程序，只有按照程序做，才能防止主观任性、无序混乱。只有严格按照法律程序办事办案，处理结果才可能公正并具有公信力和权威性。程序的正当，表现在程序的合法性、中立性、参与性、公开性、时限性等方面。

【课堂测试一】

1. 我国社会主义法治理念具有丰富的内涵，其中具体体现中国共产党全心全意为人民服务根本宗旨的是（　　）。

A. 依法治国　　B. 服务大局　　C. 公平正义　　D. 执法为民

【答案及解析】

本题答案为D。弘扬社会主义法治精神中“社会主义法治理念的内涵”有依法治国、执法为民、公平正义、服务大局、党的领导五项，其中“执法为民”为根本宗旨和本质要求。

2. 法治思维是按照法律原理、原则和立法精神，分析、解决法律问题的习惯和思想取向。下列选项中，符合我国社会主义法治思维的是（　　）。

A. 重权利轻义务　　B. 重证据讲程序

C. 重实体轻程序　　D. 重程序轻实体

【答案及解析】

本题答案为B。“培养社会主义法治思维”包括权利与义务相统一，重证据讲程序。

【课堂探究活动一　案例分析】

疫情期间故意隐瞒病情

2020年3月4日，廖某君、廖某海等两家一行8人自意大利乘机抵达北京首都国际机场。其中，廖某君、廖某海等4人被本市确诊为新冠肺炎病例。经查，廖某君和廖某海系姐弟关系，与其家人长期在意大利经商。2月下旬以来，廖某君、廖某海相继出现发热、干咳等症状，在登机前使用药物退烧降温。家庭成员中存在不如实填写“中华人民共和国出/入境健康申明卡”的情形，给同机人员造成传染风险。3月6日，顺义公安分局以廖某君等人涉嫌妨害传染病防治罪，依法开展立案侦查。

（本案例改编自《8人自意大利返京，4人确诊！登机前服药退烧，不如实填报信息》，中国经济网，2020年3月7日）

【设问思考】此案中的当事人的做法是什么样的思维模式？什么是法治思维？法治思维有怎样的特征？

【讨论交流】大家分组讨论，畅所欲言。

【教师总结】本案中当事人的思维模式是：认为“我”仅仅隐瞒自己的病情出行，因此并不算犯罪。根据刑法的规定，构成妨害传染病防治罪，将会判处三年以下有期徒刑或者拘役；对于后果特别严重的，将会判处三年以上七年以下有期徒刑。如果几名涉案人员最终被认定犯罪，法院将根据行为人的主观态度、认罪悔罪表现、行为导致的结果是否严重等综合考虑确定刑期。新型冠状病毒感染肺炎疫情防控期间，拒不如实提供旅行史、居住史及接触史；曾在重点疫区工作或停留，隐瞒病情故意与他人接触；拒不配合当地政府疫情防控相关工作，导致新型冠状病毒传播扩散，危害不特定多数人的生命安全和身体健康等行为可能涉嫌以危险方法危害公共安全类犯罪。

法治思维是指以法治价值和法治精神为导向，运用法律原则、法律规则、法律方法思考和处理问题的思维模式。我们讲的法治思维是基于法治的固有特性和对法治的信念，认识事物、判断是非、解决问题的思维方式。法治思维内涵丰富、外延宽广，它将法律作为判断是非和处理事务的准绳，要求崇尚法治、尊重法律，善于运用法律手段协调关系和解决问题。它是以规则为中心，合法性判断为优先，限制权力保障权利，坚持正当程序的思维方式。法治实质上就是一种思维模式，这种思维模式表现为人们自觉地、经常地按照法治的理念来思考问题，并采取与法治理念相一致的普遍行为方式。

法治思维包含以下几个特征：第一，法治思维以法治价值精神为指导，蕴含着公正、平等、民主、人权等法治理念，是一种正当性思维；第二，法治思维以法律原则和法律规则为依据来指导人们的社会行为，是一种规范性思维；第三，法治思维以法律手段与法律方法为依托分析问题、处理问题、解决纠纷，是一种可靠的逻辑思维；第四，法治思维是一种符合规律、尊重事实的科学思维。因此，法治思维是一种融法律的价值属性和工具理性于一体的特殊的高级法律意识。

二、尊重社会主义法律权威

【课堂视频回顾】

用 PPT 展示并回顾“尊重社会主义法律权威”的课前教学视频的讲授内容。

尊重法律权威，既要尊重一般法律的权威，更要尊重宪法至上的权威。大学生要培养法治思维，关键是要深刻认识尊重社会主义法律权威的重要意义，并以实际行动维护社会主义法律权威。

（一）法律权威的含义

法律权威是指法律在社会生活中的作用力、影响力和公信力，是法律应有的尊严和生命。法律是否具有权威，取决于四个基本要素：一是法律在国家和社会治理体系中的地位和作用，只有法律占主导地位和起决定作用，法律才具有权威；二是法律本身的科学程度，只有法律反映客观规律和人类理性，法律才具有权威；三是法律在实践中的实施程度，只有法律在实践中得到严格实施和遵循，法律才具有权威；四是法律被社会成员尊崇或信仰的程度，只有法律反映人民共同意愿且为人民真诚信仰，法律才具有权威。

（二）尊重和维护法律权威的重要意义

全体社会成员尊重社会主义法律权威，不仅是保证法律发挥作用的基本前提和要求，也是保障个人平安幸福的底线和红线。尊重和维护法律权威，对全面依法治国至关重要。

尊重和维护法律权威是社会主义法治观念的核心要求和建设社会主义法治国家的前提条件。法律与国家前途、人民命运息息相关。树立法律权威，就是树立党和人民共同意志的权威；捍卫法律尊严，就是捍卫党和人民共同意志的尊严。只有切实尊重和有效实施法律，人民当家作主才有保证，党和国家的事业才能顺利发展；反之，如果法律受到漠视、削弱甚至破坏，人民的权利和自由就无法保证，党和国家的事业就会遭受挫折。

（三）尊重和维护法律权威的基本要求

人民是国家的主人翁，是法治国家的建设者和捍卫者，尊重法律权威是其法定义务和必备素质。就大学生而言，作为一个公民，要在尊重法律权威方面加强砥砺，在学习和生活中积极作为，养成敬畏法律的良好品质，努力成为尊重法律权威、信仰法律的先锋。

1. 信仰法律。一切法律中最重要的法律，既不是刻在大理石上的，也不是刻在铜表上的，而是铭刻在公民的内心里的。我们应当相信法律、信奉法律，树立崇尚法律、信仰法律的牢固观念，增强对法律的信任感、认同感。对法律常怀敬畏之心，常思敬重之情。

2. 遵守法律。遵守法律就是要用实际行动捍卫法律尊严，保障法律实施。参与社会活动，实施个人行为，都要以法律为依据，不得违反法律规范。处理问题、作出决定时，要先问问在法律上“是什么”和“为什么”，是否合法可行。在处理守法与违法的关系时，要防微杜渐，防止因小失大。在面临选择的重大关头，要依法冷静权衡，防止头脑发热或心存侥幸而铸成大错。在创新创业活动中，要树立法治意识，学习和掌握工商企业法律规范、知识产权法律规范等，运用法律推进创新、转化成果、保护产权。在处理矛盾和冲突时，要法字当头，依法化解，谨防采取非法方式导致关系的紧张与事态的恶化。

3. 服从法律。服从法律就应当拥护法律的规定，接受法律的约束，履行法定的义务，服从依法进行的管理，承担相应的法律责任。对一切依据法律和事实作出的决定，真心接受与认可，自觉执行。比如，因违法受到行政处罚或者被依法采取行政强制措施的，要认真履行；对人民法院依法公正作出的生效裁判，要主动履行；对学校依据法律和校纪校规作出的各种奖惩决定，要严格执行，在日常生活中逐步培养尊重法律权威的习惯。

4. 维护法律。维护法律就是面对违法犯罪行为，要敢于揭露、勇于抵制，消除袖手旁观、畏缩不前的恐惧心理，抵制遇事回避的惧法现象。比如，帮扶弱者、见义勇为，不仅是一种道德要求，也是一种法律规范，为我国法律所规定和保护，已经成为具有法律性质的社会行为，体现在我国的民法总则、残疾人保障法、老年人权益保障法、未成年人保护法等法律中，以及不少地方制定的见义勇为人员奖励和保护条例等地方性法规中。所以，大学生要遵法守规、抑恶扬善，争当法律权威的守望者、公平正义的守护者、具有良知的护法者。

【课堂测试二】

下列属于尊重和维护法律权威的基本要求的是（　　）。

A. 信仰法律　　B. 遵守法律　　C. 服从法律　　D. 维护法律

【答案及解析】

本题答案为 ABCD。以上选项均属于尊重和维护法律权威的基本要求。

【课堂探究活动二　案例分析】

王某某案

28岁的打工者王某某，至今未婚，不过，他再也没有这个机会了。5月11日晚，这个来自甘肃省某县一个偏僻小山村的年轻人，激愤之下一连捅死4个人。这本是一起简单的凶杀案件，但又不是一起简单的凶杀案件。它折射出，在王某某的背后，还有许许多多的农民工，有着相似的困惑与挣扎。

只上过小学四年级的王某某没有什么文化与技能，为此，他只能靠出卖苦力维生。在外出打工的八九年，他总是在屈辱中挣扎，最终也因无法承受屈辱而成了杀人犯。“我杀了他们，是被他们逼的。”那个夜晚王某某并没有想杀人。5月11日晚，因为没有要来工资，他和弟弟又被拒绝住到宿舍，他们便到外面找个住所。就在这时，王某某又遇到了白天没有给自己工资的吴某某、苏某某、吴某等人。“我就是想问他们要点生活费。”据警方事后调查，王某某兄弟两人来到吴某某位于惠农区河滨工业园区的住处后，再次向吴某某索要工资，但吴某某没有开门，于是双方发生争执。之后，苏某某、吴某等人先后到来，也和王某某兄弟争吵了起来。提起那天的事，王某某有点激动：“苏某某说我告他的状，可我从来没有。苏某某的父亲还打了我弟弟一个耳光。我告诉他们，我们只是来要工钱，并不是来打架的，可是他们父子俩又来打我。”也许正是苏某某的父亲打了王某某弟弟一个耳光，让王某某长期压抑在心中的愤怒爆发了，“为什么我们活着总是让人欺负”？王某某的愤怒变成了疯狂，他掏出身上的一把折叠刀，将苏某某、吴某某等人相继捅倒在地。“他们这样欺压民工，却受不到法律的制裁，我就是要杀了他们。我杀了他们，并不是我想的，这是命运的安排吧。”对于自己的所为，王某某没有后悔，“反正我也不想活了，我这样活着太累了”！王某某杀了人后没有逃跑，而是到惠农区公安分局自首，“我是被他们逼得没法活了”。在王某某一案的司法审判中，至关重要的是以事实为依据，以法律为准绳，正确履行司法职责，维护法律的权威。

（本案例改编自《农民工王某某的生死挣扎》，新浪新闻，2005年8月12日）

【设问思考】王某某案带给我们什么启示？

【交流讨论】分组讨论，畅所欲言。

【教师总结】对王某某杀人案的司法审判引发了社会各界关注和讨论。应当注意的是，王某某杀人前的遭遇与他杀人的行为虽有一定的关联，但我们没有理由得出王某某除了杀人别无选择的结论。更值得注意的是，许多议论把王某某看作是全国上亿农民工处境的缩影，从改善所有农民工境遇的善良愿望出发谈论对王某某如何定罪量刑，这显然隐含着情绪化的危险。如果以不适当方式影响未决案件的司法裁判，是不可取的，也是与法治原则相悖的。王某某案件是一个惨痛的悲剧。王某某在杀人犯罪之前，并不是一个罪大恶极之人，犯杀人重罪有深刻而又复杂的原因，但被王某某杀死、杀伤的人也同样不是十恶不赦之徒，对公民的生命权，我们都应当给予足够的尊重和依法保护。进城务工人员是工人阶级的新鲜血液和重要组成部分，是社会财富的创造者和国家的建设者。各级党委和政府要把进城务工人员问题列入重要议事日程，完善相关的法律法规和政策措施，加大劳动执法检查力度，切实保障进城务工群体的合法权益。广大进城务工人员要努力做到自信、自立、自强、自律，争做学习的模范、创业的先锋、守法的公民、致富的骨干。全社会要尊重、理解、关心和帮助进城务工群体，努力形成平等友爱、团结互助的社会主义新型人际关系。国家通过司法审判有效地捍卫社会公平和正义，必须建立在维护法律权威的基础之上。因为无论何种原因和形式的有法不依、执法不严，都是现代社会管理的大忌。落实依法治国的基本方略，不仅包括司法、行政机关在实践中逐步改进工作，也包括全体国民对于法律权威的尊重和维护。

三、如何培养社会主义法治思维?

【课堂视频回顾】

用 PPT 展示并回顾"如何培养社会主义法治思维"的课前教学视频的讲授内容。

在日常生活中，大学生可以通过各种途径学习法律知识、掌握法律方法、参与法律实践、养成守法习惯、守住法律底线等，在学习和生活中逐渐提高法治思维能力，培养法治思维方式。

（一）学习法律知识

学习和掌握基本的法律知识，是培养法治思维的前提。一个对法律知识一无所知的人，不可能形成法治思维。学习法律知识，就要求清楚明白享有哪些权利和应当履行哪些义务，什么事能干、什么事不能干，心中高悬法律的明镜，手中紧握法律的戒尺。法律知识通常包括法律法规条文方面的知识和法律法治基本原理方面的知识，这两部分法律知识对于培养法治思维很重要。只有既了解法律法规在某个问题上的具体规定，又了解法律的原理、原则，才能更好地领会法律精神，养成法治思维。大学生除了从书本上获取法律知识，还可以通过收听收看法制广播电视节目、阅读法律类报纸杂志，尤其是运用网络等途径学习法律知识。

（二）掌握法律方法

法治思维的过程，就是运用法律方法思考、分析和解决法律问题的过程。法律方法主要包括两个方面：一是正确理解法律的方法，包括理解法律条文的含义、内容和精神等；二是正确运用法律的方法。

（三）参与法律实践

法治思维是在丰富的法律实践中训练、培养和应用的思维方式。脱离法治建设的生动实践，难以养成法治思维方式。只有通过参与各种法律活动，在法律实践中运用法律知识和方法思考、分析、解决法律问题，才能养成自觉的法治思维习惯。

（四）养成守法习惯

法治思维是一种习惯性思维，与长期自觉养成的生活习惯有很大关系。办事遇事习惯找"关系"，有问题习惯找政府，指望行政化手段干涉等，都是缺乏法治思维的具体表现；相反，在生产生活中养成遇到纠纷去查找法律的习惯，就是具备法治思维的具体表现。公民只有自觉遵守宪法和法律，坚持从具体事情做起，才能养成守法的习惯和法治思维。

（五）守住法律底线

法律红线不可逾越、法律底线不可触碰。法律不能成为“橡皮泥”“稻草人”，触犯法律底线就要受到追究。比如，国家公职人员以权谋私、徇私枉法，是触犯法律底线的具体表现；公民应当依法纳税，偷税漏税也是触犯法律底线的具体表现。大学生应当坚持从我做起，从身边做起，形成底线思维，严守法律底线，带头遵守法律。

【课堂测试三】

大学生在学习和生活中如何逐渐提高法治思维能力，培养法治思维方式？（　　）

A. 学习法律知识　　B. 掌握法律方法

C. 参与法律实践　　D. 养成守法习惯

E. 守住法律底线

【答案及解析】

本题答案为 ABCDE。以上选项均是大学生培养法治思维的重要途径。

【课堂探究活动三　案例分析】

最高法最严手段惩戒老赖

失信被执行人俗称老赖，是指被执行人具有履行能力而不履行生效法律文书确定的义务的人。“老赖现象”已经成为当今经济社会的一种痼疾，严重影响着社会的和谐稳定。最高人民法院陆续出台了 12 种规定和措施解决执行难问题，如凡因有偿还能力但拒不偿还全部或部分到期债务，被全国各级人民法院列入失信被执行人名单并受到信用惩戒，唯一住房法院可拍卖，银行账户可直接扣划，查封、冻结支付宝账户，车辆不可上高速，冻结财产，水陆空阻止出行，禁止高消费，子女不允许上重点私立学校，子女名下房产被强制执行，限制炒股、买房、出境等，甚至最高可判 7 年有期徒刑的严酷惩罚。

（本案例改编自《最高法最严手段惩戒老赖》，人民网，2019 年 2 月 13 日）

【设问思考】债务人迟延履行债务，该怎么处理？

【讨论交流】大家分组讨论，畅所欲言。

【教师总结】债务人迟延履行，是指双方在合同中确定了履行期限，规定在履行期限届满后，债权人可以不再接受履行。在此情况下，期限条款已成为合同最重要的条款，因此，债务人一旦迟延，债权人有权解除合同。迟延履行致使合同违约处理，依合同法第一百二十条的规定，违约各方分别按各自具体违约形态的法律后果分别向对方承担相应责任，亦即不适用过失相抵原则。所谓过失相抵，是指对损害的发生或扩大权利人亦有过失时，法官可按过失比例将损害在权利与义务人之间进行分摊，以减轻或免除义务人赔偿责任的一种制度，过失相抵最先适用于侵权法领域，而近现代大陆法系及美英法系国家的民法大都将该制度扩展到合同法领域。合同法第九十四条有下列情形之一的，当事人可以解除合同：（一）因不可抗力致使不能实现合同目的；（二）在履行期限届满之前，当事人一方明确表示或者以自己的行为表明不履行主要债务；（三）当事人一方迟延履行主要债务，经催告后在合理期限内仍未履行；（四）当事人一方迟延履行债务或者有其他违约行为致使不能实现合同目的；（五）法律规定的其他情形。

【课堂探究活动四　案例分析】

疫情期间违反传染病防治法规定

被告人苟某2020年1月16日乘坐火车从武汉返回西宁，1月17日19时到达西宁，乘同村村民私家车返回湟中县李家山镇家中，1月18日傍晚至西宁市城东区探望其弟并留宿，1月19日到李家山镇所住村卫生室以自己感冒为由就诊，村医询问其返宁时间时，苟某谎称已返宁40余天。其间，苟某不主动居家隔离，随意走亲访友。1月23日，所住村村委根据省、市、县疫情防控要求，对武汉返宁人员进行排查登记，苟某未按要求登记，1月25日晚上，镇、村医护人员及村干部前往苟某家中开展疫情排查，苟某仍谎称自己回家已40余天，返回车票已撕毁。1月27日，苟某感觉身体不适，在其妹等亲属陪同至青海红十字医院就诊，诊断为新冠肺炎疑似病例。1月30日，被确诊感染新型冠状病毒，造成村民在内的共900余人整体隔离，密切接触人员中，有3人被确诊感染新型冠状病毒并住院治疗。被告人苟某违反传染病防治法规定，在国家卫生健康委员会宣布对新冠肺炎采取甲类传染病预防、控制措施后，拒绝执行预防、控制措施，引起病毒传播危险，其行为已构成妨害传染病防治罪。鉴于被告人苟某归案后如实供述所犯罪行，认罪认罚，并签署认罪认罚具结书，可依法从轻处罚，遂依法作出上述判决。宣判后，被告人苟某当庭表示服判不上诉。

（本案例改编自《青海高院发布四起涉疫典型案例》，青海法院网，2020年4月13日）

【设问思考】怎样看待苟某的行为?

【讨论交流】大家分组讨论，畅所欲言。

【教师总结】妨害传染病防治罪，是指违反传染病防治法规定，引起甲类传染病传播或者有传播严重危险的行为。《中华人民共和国刑法》第三十七条规定，有本法第三十五条所列行为之一，引起甲类传染病传播或者有传播严重危险的，比照刑法第一百七十八条的规定追究刑事责任。被告人苟某违反传染病防治法规定，在国家卫生健康委员会宣布对新冠肺炎采取甲类传染病预防、控制措施后，拒绝执行预防、控制措施，引起病毒传播危险，其行为已构成妨害传染病防治罪。

【课后思考】请大家阅读中华人民共和国最高人民法院官网（www. court. gov. cn）最高人民法院《关于依法妥善审理涉新冠肺炎疫情民事案件若干问题的指导意见（一）》和《关于依法妥善审理涉新冠肺炎疫情民事案件若干问题的指导意见（一）》相关材料，思考如何维护法律权威，大学生又应当如何自觉培养社会主义法治思维。

主题四：依法行使权利与履行义务

【课堂导问】

- 大学对你意味着什么?
- 新时代给我们带来了哪些发展机遇?
- 如何才能实现自己的梦想?
- 我们的个人梦和中国梦有什么联系?

一、如何理解法律权利与法律义务及二者的关系？

【课堂视频回顾】

用 PPT 展示并回顾“如何理解法律权利与法律义务及二者关系”的课前教学视频的讲授内容。

自觉尊法学法守法用法，要落实到依法行使权利与履行义务上。什么是法律权利和法律义务，公民应该如何理解法律权利和法律义务的关系，如何依法行使法律权利和法律义务，以及滥用法律权利和违反法律义务后要承担什么法律责任等，是我们日常生活中经常会遇到的法律问题。

（一）法律权利和法律义务的含义

法律权利是指反映一定的社会物质生活条件所制约的行为自由，是法律所允许的权利人为了满足自己的利益而采取的、由其他人的法律义务所保证的法律手段，可以概括为权利主体依法要求义务主体作出某种行为或者不作出某种行为的资格。权利的产生、发展和实现，都必须以一定的社会经济条件为基础，即“权利决不能超出社会的经济结构及由经济结构制约的社会的文化发展”。法律权利是各种权利中十分重要的权利，它具有以下四个方面的特征：其一，法律权利的内容、种类和实现程度受社会物质生活条件的制约。其二，法律权利的内容、分配和实现方式因社会制度和国家法律的不同而存在差异。其三，法律权利不仅由法律规定或认可，而且受法律维护或保障，具有不可侵犯性。其四，法律权利必须依法行使，不能不择手段地行使法律权利。

法律义务是指反映一定的社会物质生活条件所制约的社会责任，是保障法律所规定的义务人应该按照权利人要求从事一定行为或不行为以满足权利人利益的法律手段。法律义务具有以下四个特点：第一，法律义务是历史的。法律义务的内容和履行方式是随着经济社会的发展和人权保障的进步而不断调整和变化的。例如，随着我国经济社会的发展，国家免除了农民缴纳土地税的义务；随着国民收入的提高，国家逐步调整个人所得税的起征标准，收入在起征点以下人群缴纳所得税的义务也随之被免除；随着信息社会和汽车时代的到来，人们维护信息安全和遵守交通规则的义务则相应增多。第二，法律义务源于现实需要。一个国家或地区的制度性质、历史传统、文化背景、宗教信仰和安全形势等因素，会对法律义务的设定发生重要影响。例如，有些国家出于安全的考虑，法律规定每个身体健康的成年男子必须服兵役若干年，否则就要受到法律惩罚；在有些信仰宗教的国家，规定宗教义务也是法律义务，违反宗教义务的公民要受到法律惩罚。第三，法律义务必须依法设定。法律义务必须由具有法律职权的国家机关依照法律程序设定，其他国家机关不得对公民违法设定法律义务。坚持义务法定，是法治国家和保障人权的重要方面。第四，法律义务可能发生变化。法律义务可能因一些情形的出现而变更、消灭，或产生新的法律义务。

（二）法律权利和法律义务的关系

法律权利和法律义务的关系是社会关系的核心部分。法律权利和法律义务的关系，就像一枚硬币的两面，密不可分，相互依存。没有权利，义务的设定就失去了目的和根据；没有义务，权利的实现也就成为空话。正确理解二者之间的关系，对于依法行使权利和履行义务具有十分重要的意义。马克思说“没有无义务的权利，也没有无权利的义务”，这是对法律权利与义务关系的阐释。正确理解法律权利与义务的关系要把握五个要点：一是公民享有权利和应尽义务是统一的平等的。“任何公民享有宪法和法律规定的权利，同时必须履行宪法和法律规定的义务”，说明了权利和义务的不可分割性，法律权利的实现必须以相应法律义务的履行为条件。二是权利和义务互相依存，义务的履行，就是权利的实现。一方如果不履行义务，另一方的权利也就无法得到保障。三是权利和义务的彼此结合，具有复合性，即一个行为可以同时是权利和义务。四是权利和义务是目的与手段的关系。五是权利和义务互相促进、相辅相成。例如，公民只有认真履行了其对国家的义务，促进了国家经济文化的发展，国家才能更好地保障公民实现其各项权利，并进一步扩大公民享受权利的范围；反之亦然。

【课堂测试一】

法律权利和法律义务的关系，就像一枚硬币的两面，密不可分。二者之间关系的正确表述是（　　）。

A. 法律权利与法律义务是相互依存的关系

B. 法律权利与法律义务是目的与手段的关系

C. 法律权利与法律义务具有顺序性

D. 法律权利与法律义务具有二重性

【答案及解析】

本题答案为 ABD。法律权利和法律义务是辩证统一的关系，没有法律权利，也就无所谓法律义务，反之也一样，因此选项 A 正确。法律义务是实现法律权利的条件，履行法律义务也是为了享受法律权利，反过来说则不对。所以，法律义务是手段，法律权利才是目的。因此，选项 B 正确。法律义务是条件但并不意味着它就在法律权利前面，法律权利和法律义务说不上谁在先、谁在后，二者是同时存在的，没有先后顺序，因此选项 C 错误。同一个行为既可以是法律权利，也可以是法律义务。比如教师给学生上课，既是一种法律权利，也是一种法律义务。所以，法律权利和法律义务具有二重性，因此选项 D 正确。

【课堂探究活动一 案例分析】

学生受处分由谁说了算

“大学生状告母校”的事件近年来时有发生。一些大学生触犯校规后，认为学校的处罚太重，于是将母校告上法庭。据《中国青年报》5 月 19 日报道，福州大学开始改变以往的学生违纪处理办法，各学院成立由行政干部、任课老师、学生代表三方组成的学生违纪处理委员会，透明处理学生违纪问题。被处分的学生可以参加会议申辩，其他同学也可旁听并提出意见，最后由学生违纪处理委员会投票决定处分结果。

（本案例改编自《学生受处分由谁说了算?》，人民网，2004 年 5 月 24 日）

【设问思考一】福州大学对学生违纪处理办法带给我们什么启示?

【讨论交流】大家分组讨论，畅所欲言。

【教师总结】众所周知，以往各高校处理违纪学生，大多由学校领导、院系领导说了算，甚至由班主任、辅导员说了算，不管处理决定是否合情合理，受处分学生都只能被动接受而无处申诉。这种“家长式”管理的弊端显而易见：一方面，缺少申诉和复议的处理决定，往往很难保证其公正性、合理性；另一方面，这种自上而下的单方面处罚方式，有违现代民主与法治精神，不利于大学生民主与法制观念的养成。一些大学生的民主与法制观念较为淡薄，令许多有识之士忧心忡忡。事实上，问题并非主要出在学生身上，而在于我们的教育环境、校园环境还缺少一种浓厚的民主与法治氛围，大学生缺少民主与法治精神的熏陶。正因为如此，福州大学成立学生违纪处理委员会、建立处分申诉制度的意义，绝不仅限于给了违纪学生以申诉的机会，有效维护学生的个人权益，更在于以一种“润物细无声”的方式，在点点滴滴、潜移默化之中培养大学生的民主意识，强化他们的法制观念。民主意识和法制观念是生活在现代社会的每个人，尤其是大学生必不可少的最基本素质，同时也是推进我国民主与法制建设的巨大原动力。

【设问思考二】当前一些大学生常存在违纪行为，说明一些大学生的法纪意识不强。作为当代大学生，在享受受教育权利的同时还应履行哪些义务？

【讨论交流】大家分组讨论，畅所欲言。

【教师总结】大学生作为中国公民，首先必须履行公民的基本义务，如维护国家统一和民族团结，遵守宪法和法律，维护国家安全、荣誉和利益等。作为一名在校大学生，还应履行完成教学计划内的学习作业任务，遵守作息时间，按时上下课；遵守各级各类法律法规和学校的各项管理规章制度；维护学校的稳定、团结和利益；缴纳规定的学费、住宿费及其他费用；承担因自己的过错、失误而造成的直接或间接责任、损失；尊重他人的人身自由、尊严、安全、隐私及财产；爱护学校公共财产安全；保守学校保密、机密及绝密的文件、图文信息及谈话内容不外传等义务。可见，大学生学法不单是或者主要不是为了预防和减少犯罪，更重要的是为了明确公民的权利，依法维护和行使自己的权利并懂得自觉履行相应的法律义务。大学生只有了解相关的法律知识，才能树立正确的权利观和义务观，妥善处理学习、生活中遇到的法律问题和各种矛盾。

【设问思考三】当前大学生可以通过哪些途径提高法治思维能力，培养法治思维方式？

【讨论交流】大家分组讨论，畅所欲言。

【教师总结】在日常学习和生活中，大学生可以通过学习法律知识、参与法律实践等途径提高法治思维能力，培养法治思维方式。其一，学习法律知识。从书本中获得法律条文知识和法律法治基本原理。其二，参与法律实践。如参加立法讨论、行使监督权、旁听司法审判等方式，亦可参与模拟法庭、法律诊所、法律辩论等活动。法治思维培养并非与生俱来，其包含的法治观念和法律精神需要通过后天的培育才能逐渐养成。

【课后作业】请自行设计并完成有关大学生权利义务观念调查，并得出相应结论。

二、依法行使法律权利

【课堂视频回顾】

用 PPT 展示并回顾“依法行使法律权利”的课前教学视频的讲授内容。

（一）了解公民享有的法律权利的种类

1. 基本权利和普通权利。基本权利是指宪法及宪法性法律规定的权利，如选举权和被选举权、宗教信仰自由、人身自由、受教育权等；普通权利是指宪法及宪法性法律以外的其他法律所规定的权利，如民法规定的物权、债权，婚姻法规定的婚姻自由权等。

2. 政治权利、人身权利、财产权利、社会经济权利、宗教信仰自由及文化权利。政治权利包括选举权、表达权、民主管理权、监督权等。人身权利包括人身自由权、生命权和人格尊严权等。财产权利包括财产所有权、继承权等。社会经济权包括劳动权、休息权等。宗教信仰自由权利包括信仰宗教的自由、从事宗教活动的自由、举行或参加宗教仪式的自由等。文化权利包括从事教育、科学研究、文学艺术创作和其他文化活动的权利。

3. 一般主体享有的权利和特定主体享有的权利。一般主体享有的权利是指全体公民普遍享有的权利，特定主体享有的权利是指妇女、儿童、老人、残疾人等特定人群专门享有的权利。

（二）遵守权利行使的原则

公民在行使自己权利的时候必须做到以下几点：必须遵守宪法和法律的规定，不得超越法律许可的范围；不得损害国家、社会、集体的利益和其他公民的合法权益；要尊重他人的权利；不能在合法权利之外谋取非法利益；公民的合法权益受到非法侵害时，有权运用法律保护自己所拥有的权利，但必须用合法的方式，按照法定程序进行，而不能采取非法手段。

（三）明确行使法律权利的界限

1. 符合权力行使的目的。公民在行使法律权利时，不仅要在形式上符合相关法律的规定，也要符合立法意图和精神，不得违反宪法法律确定的基本原则，保障权利行使的正当性。此外，行使权利不得破坏公序良俗，妨碍法律的社会功能和法律价值的实现。

2. 把握权力行使的限度。任何权利的行使都不是绝对的，都有其相应的限度，必须依照法律规定法人限度来行使权力。如果因行使自己的权利而损害了国家、集体的利益或他人的利益，超出了国家法律所许可和保障的范围与界限，则不再是行使权利，而是侵权，会受到法律追究。

3. 明了权利行使的方式。权利行使的方式分为口头方式、书面方式和行为方式，有时口头方式和书面方式可以兼用。例如，根据我国民事诉讼法规定，起诉应当向人民法院递交起诉状，但书写起诉状确有困难的，可以口头起诉，由人民法院记入笔录，并告知对方当事人。

4. 遵守权利行使的程序。由于一个人行使权利的过程可能就是另一个人履行义务的过程，所以程序正当原则同样适用于权利行驶过程。通常情况下，行使权利的程序是法律规定的。例如，我国选举法对选举程序做了规定，包括确定选民资格、选民登记、发放选民证、推荐候选人、选举投票、确定当选人等流程。

【课堂测试二】

下列表述正确的有（　　）。

A. 依法办事包括依法享有权利、依法行使权利、依法承担义务、依法履行义务

B. 法律权利可分为以下几类：基本权利和普通权利，政治权利、人身权利、财产权利、社会经济权利、文化权利，一般主体享有的权利和特定主体享有的权利，实体性权利和程序性权利

C. 当今社会，网络已越来越多地进入人们的生活，利用网络散布小道消息，揭露他人隐私，对他人进行人身攻击的事件时有发生。这表明我国公民享有的权利和自由是真实的

D. 我国最高人民法院、最高人民检察院司法解释规定，利用信息网络诽谤他人，同一诽谤信息实际被点击、浏览次数达到 5000 次以上，或者被转发次数达到 500 次以上的，应当认定为犯罪。这一规定旨在提醒网民应当正确行使自己的合法权利

【答案及解析】

本题答案为 ABD。网民利用网络散布小道消息，揭露他人隐私，对他人进行人身攻击的做法不正确，因为公民在行使任何权利的时候都需要注意，要在道德和法律允许的范围内，不得损害国家、社会、集体的利益和他人的合法权利，题干中的做法侵犯了他人的合法权利，是违法行为，因此 C 项有误。

【课堂探究活动二　案例分析】

案例一：操场埋尸案终审判决

2001 年，新晃县下岗职工杜某某采取不正当手段，违规承建了新晃一中操场土建工程，并聘请罗某某等人管理。在施工过程中，杜某某对代表校方监督工程质量和安全的邓某某产生不满，怀恨在心，于 2003 年 1 月 22 日伙同罗某某将邓某某杀害，将尸体掩埋于新晃一中操场一土坑内。2019 年 6 月 20 日凌晨，湖南新晃县公安局在新晃县某学校跑道内挖出一具尸体，16 年前的命案浮出水面。12 月 17 日至 18 日，湖南省怀化市中级人民法院一审对被告人杜某某等人故意杀人案及其恶势力犯罪集团案件进行公开审理并当庭宣判。被告人杜某某犯故意杀人等罪，数罪并罚，决定执行死刑，剥夺政治权利终身。

案例二：花季少女被毁容案

安徽合肥一中学 16 岁的女孩周某被追求她不成的男同学陶某某泼油纵火烧成重伤，其头面部、颈部、胸部等严重烧伤，一只耳朵也烧掉了，烧伤面积超过 30%，烧伤深度达二度、三度，整个人面目全非。肇事者最终也受到法律严惩。

案例三：偷盗败露被示众

武昌岳家嘴夜市旁，一男子偷盗电线败露后，被人戴白帽示众并强制其下跪。

案例四：限制人身自由

消费者工某在某超市购物付款后，由于该超市收银员的疏忽，未将工某所购物品消磁，以致工某在离店时电子报警装置响铃。该超市安保人员随即将工某的包及电脑结账单索至总服务台进行检查，值班经理在未查明事实真相的情况下，将工某带到公室，强制滞留了一个小时，并造成群众围观。在总服务台核实其所购物品与电脑结账单相符的情况下，才将工某放走。工某认为其身心受到伤害，随后向市消委投诉，要求该超市公开赔礼道歉并赔偿身心健康损失费。经市消委两次调解，超市同意向工某公开道歉，并赔偿工某精神损失费500元。

案例五：非法侵入他人住宅

贾某为了要债，全家出动到欠债人家里索要欠款，因欠债人暂时无力偿还，贾某夫妇便强行住进了欠债人家里，民警经过多日的劝解，贾某夫妇仍拒绝离开。因贾某夫妇涉嫌非法侵入他人住宅，公安机关依法对其取保候审强制措施。

案例六：通信自由被限制

2016年3月初，沧州市第一中学12名高中生因在校携带或使用手机陆续被劝退。3月27日，沧州一中官方微信公众号就此事件发布声明称，维持对12名违纪学生的处理决定，“严肃执行校规，体现了学校为大多数学生负责的担当”。声明还称，此次处理12名违纪学生，学校并非“不教而诛”的突然之举，而是在多次告知、教育无效的情况下，为维护大多数学生利益而作出的无奈之举。沧州市教育局相关负责人表示教育局已介入调查。

（以上案例均改编自搜狐网）

【设问思考】这些案例反映了公民的哪些权利被侵犯?

【讨论交流】大家分组讨论，畅所欲言。

【教师总结】生命权是指维持生命存在的权利。拥有生命是人最基本、最原始的权利，享有生命权是人享有其他权利的前提，所谓“皮之不存，毛将焉附”。生命权包括生命安全维护权、防止生命危害权、改变生命危险环境权等。案例一中，杜某某等人以非法手段剥夺他人生命，侵害了他人生命权。健康权是在公民享有生命权的前提下确保自身肉体健全和精神健全、不受任何伤害的权利。案例二中，陶某某用纵火的方式，导致受害人严重毁容，侵犯了他人的健康权。人格尊严权是指与人身有密切联系的名誉、姓名、肖像等不容侵犯的权利。人格尊严的基本内容包括姓名权、肖像权、名誉权、荣誉权、隐私权，我国宪法明确规定“中华人民共和国公民的人格尊严不受侵犯”。即使是小偷，其人格尊严也受法律保护，不容侵犯。案例三中，强令小偷下跪、戴白帽子的行为侵犯了小偷的人格权，是违法的。人身自由权利是指公民的人身自由不受非法搜查、拘禁、逮捕等行为侵犯的权利。人身自由，首先是指人的身体不受拘束，其次是指人的行动自由。案例四中，强制控制他人，非法剥夺其人身自由，则涉嫌非法拘禁。住宅安全权也称住宅不受侵犯权，是指公民居住、生活、休息的场所不受非法侵入或搜查的权利。住宅安全包括以下内容：任何公民的住宅不得非法侵入，任何公民的住宅不得随意搜查，任何公民的住宅不得随意查封。案例五中，贾某夫妇为讨债强行住进了欠债人家里，涉嫌非法侵入他人住宅。当然，为了维护公共利益，必要时可以对住宅安全权进行限制。例如，国家机关为侦查犯罪的需要，可依法对公民住宅进行搜查；国家机关可依法查封公民的住宅；在紧急状态下，特定国家机关和人员可在事先没有办理必要手续的情况下，强行进入公民住宅，但事后须办理必要手续。通信自由和通信秘密，是指公民通过书信、电报、传真、电话及其他通信手段，根据自己的意愿进行通信，不受他人干涉的自由。通信自由的基本内容是公民何时何地、采取何种方式、与何人通信不受非法干涉，其所保护的利益是私生活秘密和表达行为的自由。案例六中，校方劝退带手机入校的学生涉嫌侵犯学生的通信自由权。

三、依法履行法律义务

【课堂视频回顾】

用 PPT 展示并回顾“依法履行法律义务”的课前教学视频的讲授内容。

（一）公民应履行的基本法律义务

法律义务是指社会主体根据法律规定必须承担的作为或不作为的责任。法律权利的行使，必须伴随着法律义务的履行，但法律义务更需要由法律加以规定。义务法定，一方面是说义务的设定必须有法律依据，另一方面是说法定的义务应当履行，否则会承担不利的法律后果。公民应履行的基本法律义务包括以下几方面。

1. 维护国家统一和民族团结。它是整个社会共同体存在和发展的基础，也是以宪法为核心的整个法律制度存在的基础。同时，国家统一也是公民实现法律权利与自由的前提。

2. 遵守宪法和法律。保守国家秘密、爱护公共财产、遵守劳动纪律、遵守公共秩序、尊重社会公德。

3. 维护祖国安全、荣誉和利益。祖国安全是指国家的领土完整和主权不受侵犯，国家政权不受威胁。祖国利益通常分为对外和对内两个方面：对外主要是指民族的政治、经济、文化等方面的权利和利益，对内主要是指公共利益。

4. 依法服兵役。我国实行义务兵与志愿兵相结合、民兵与预备役相结合的兵役制度。我国公民都有义务依法服兵役。我国兵役法规定，每年 12 月 31 日以前年满 18 周岁的男性公民，应当被征集服现役。

5. 依法纳税。根据我国个人所得税法的规定，在中国境内有住所，或者无住所而在境内居住满一年的个人，从中国境内和境外取得的所得，依法缴纳个人所得税。

（二）法律义务的四个特征

第一，法定性。没有法律明确的规定的社会义务，不能成为法律义务。义务的法定性表现在法律义务的形成方式上。第二，国家强制性。任何义务都有一定的强制性。法律义务不同于其他义务，法律义务的强制来源于国家，法律义务的强制力量来自国家的强制力，不履行义务将受国家强制性制裁，如剥夺生命、自由、金钱等。第三，从属性。法律义务总是从属于法律权利而存在，体现在两方面：其一，义务人履行义务的内容由权利人的权利内容决定；其二，义务的履行方式和程度由与它相对应的权利所决定。第四，必为性。义务主体必须认真如实完成对法律义务的履行，或以作为或以不作为方式作出。这与权利的行为自由不同。

（三）违反法定义务应当承担的法律责任

法律义务的履行表现为两种形式：一种是作为，是指义务人实施积极的行为；另一种是不作为，是指义务人不得实施某种行为。法律义务具有法定的强制性，违反法律义务必须承担法律责任。法律对于公民的法定义务及违反其义务所需承担的法律责任有明确的规定。那么，违反法定义务应承担什么样的法律责任？不同领域、不同地位的公民违反不同法律规定的义务所需要承担的法律责任有所不同，法律对此是有着明确规定的。根据违法行为所违反的法律的性质，可以把法律责任分为民事责任、刑事责任、行政责任、违宪责任和国家赔偿责任。民事责任是指由于违反民事法律、违约或者由于民法规定所应承担的一种法律责任。其包括 10 种惩罚方式：停止侵害、排除妨碍、消除危险、返还财产、恢复原状、修理、重作、更换、赔偿损失、支付违约金、消除影响、恢复名誉、赔礼道歉等。刑事责任是指行为人因其犯罪行为所必须承受的，由司法机关代表国家所确定的否定性法律后果。其包括主刑和附加刑。其中，主刑包括管制、拘役、有期徒刑、无期徒刑、死刑。附加刑包括罚金、剥夺政治权利、没收财产、驱逐出境。行政责任是指因违反行政法规定或因行政法规定而应承担的法律责任。其分为行政处分（内部制裁措施）、行政处罚两种。其中行政处分包括警告、记过、记大过、降级、撤职、开除。行政处罚包括警告、罚款、没收违法所得、没收非法财物、责令停产停业、暂扣或吊销许可证、暂扣或者吊销执照、行政拘留，法律、行政法规规定的其他行政处罚。违宪责任是指由于有关国家机关制定的某种法律和法规、规章，或有关国家机关、社会组织或公民从事了与宪法规定相抵触的活动而产生的法律责任。国家赔偿责任是指在国家机关行使公权力时由于国家机关及其工作人员违法行使职权所引起的由国家作为承担主体的赔偿责任。根据主观过错在法律责任中的地位，可以把法律分为过错责任、无过错责任和公平责任。根据行为主体的名义，分为职务责任和个人责任。根据责任承担的内容可以分为财产责任和非财产责任。

【课堂测试三】

下列表述正确的有（　　）。

A. 某种行为是否应当承担法律责任，应当以法律为标准作出判断

B. 近年来，有的企业和个人为牟利，公然在网络上兜售公民个人电子信息，这种出售公民个人电子信息的做法是合法的经营行为

C. 法律权利与法律义务相对应，是指法律规定的、以作为或者不作为的方式履行的对他人的责任

D. 一般说来，我们可以把法律权利与法律义务的关系，概括为结构上的相关关系、数量上的等值关系、功能上的互补关系等三个方面

【答案及解析】

本题答案为 ACD。在网络上兜售公民个人电子信息的做法侵犯了公民的隐私权。

【课堂探究活动三　案例分析】

案例一：邻里纠纷案

原告阿秋与被告小羽夫妇两家是邻居，原、被告家的户门方向呈直角，两门的门框的直线距离约 92 厘米，两户公共走道宽度约 120 厘米。小羽夫妇在装修其房屋时，将开发商安装的门拆除，自行安装了一扇朝内开启的门和一扇朝外开启的防盗门。朝外开启的门宽度约 90 厘米，当其被开启 90 度时，离原告户门最近处约 10 厘米。由于小羽家安装的防盗门给阿秋家带来不便，经多次协商未果，最终，阿秋将小羽家告上法庭。法院认为：被告小羽夫妇加装的朝外开启的防盗门被开启时，造成公共走道空间狭小，对原告的通行造成不便，在该门的开关过程中，由于距离原告户门近，且公共走道宽度小，对进出原告家中的人造成不必要的人身安全隐患。

（本案例改编自《加装防盗门遭邻居起诉》，《法制时报》，2015 年 7 月 17 日）

案例二：噪音扰民赔偿案

北京一位老人因楼上邻居装修数月，电钻等发出的强烈噪音导致他突发急性心肌梗死。在此期间，陈大爷为阻止噪声污染，多次通知对方要求停止侵权但无果，致陈大爷因突发疾病住院治疗。陈大爷起诉对方赔偿急救费、门诊费、精神损害等 10 多万元。最终，法院经过审理，认定老人突发急性心梗与被告的装修环境噪音存在一定的因果关系，遂判决被告赔偿老人急救、医疗等费用共 1 万多元。

（本案例改编自《邻里纠纷频频对簿公堂　法官：邻里之间也有容忍义务》，《北京晚报》，2017 年 3 月 27 日）

案例三：考试作弊被处案

被告人杜某某、马某某在预谋后，组织参加云南省 2017 年度公务员录用考试的考生作弊。杜某某向考生提供接收器、耳机等作弊器材，口头约定考试通过后每名考生支付 6 万元至 8 万元不等的费用。马某某向考生提供了接收器、耳机等作弊器材，书面约定考试通过后每名考生支付 6 万元的费用。2017 年 4 月 21 日下午，杜某某、马某某对考生进行作弊器材的测试和运用培训。次日 8 时许，杜某某、马某某安装发射器，准备通过语音传输方式向考生提供答案，9 时许，考生携带接收器、耳机参加考试被查获。最终判决认为：被告人杜某某、马某某出于牟利的目的，利用作弊器材组织多人在公务员录用考试中作弊，构成组织考试作弊罪，且属“情节严重”。综合考虑被告人的累犯、认罪、退赃等情节，以组织考试作弊罪判处被告人杜某某有期徒刑三年六个月，并处罚金人民币二万元；被告人马某某有期徒刑一年，并处罚金人民币一万元。

（本案例改编自《中华人民共和国最高法院：考试作弊犯罪典型案例》，2019 年 9 月 3 日）

【设问思考】以上三个案例中都出现了怎样的法律责任？

【讨论交流】大家分组讨论，畅所欲言。

【教师总结】案例一中的行为属于违反民事法律规定、违约或者由于民法规定所应承担的一种法律责任，需要承担民事责任。民事责任主要是财产责任，也可以是以人身、行为、人格等为责任承担内容的非财产责任，民事责任主要是补偿性的。案例二中的行为属于违反行政法或因行政法规定而应承担的行政责任。行政责任包括行政处罚和行政处分，行政处罚是由国家行政机关对违反行政法律规定的行政相对人所实施的法律制裁。行政处分是指国家行政机关对违反法律规定的行政人员所实施的法律制裁。案例三中的行为属于行为人因其犯罪行为所必须承担的由国家司法机关代表国家依法所确定的否定性法律后果的刑事责任。刑事处罚包括主刑和附加刑两部分。主刑包括管制、拘役、有期徒刑、无期徒刑和死刑，附加刑包括罚金、剥夺政治权利和没收财产。

【专题小结】作为当代大学生，我们只有了解相关的法律知识，树立正确的权利观和义务观，妥善处理学习、生活中遇到的法律问题和各种矛盾，不断提高自己的法律素质和个人修养，才能更好地完善自我，成为建设中国特色社会主义的“四有”青年。

【寒假实践】

1. 请大家拍摄 10 分钟左右的道德情景剧。剧中人物扮演者可以是同学、家人、亲戚朋友等，其中学生必须亲自扮演一角色。

2. 请大家寒假深入社区、乡镇、田间地头，了解社会真实情况，开展各种形式的考察、调研、支教、普法等活动。学生以个体或小组开展实践活动，拍摄 10 分钟左右的活动视频，并提交一份调研报告。

第三部分　教学后记

【教学反思】

在有限的时间内，落实法治观教育的任务，建议采用专题化的翻转课堂教学模式，可以有效延展课堂时间，力求教师在“基础”课中形成这样的共识：专题教学，不要贪多求全，不要面面俱到，要突出重点，要有针对性，要解决问题。每一专题包括两部分，一是基本理论和基础知识概述（系统讲授式），二是重点、难点、热点、疑点问题论述（专题讲座式）。第一部分是“面”，要照顾到理论知识的科学性和系统性，其取舍以“够用”为度；第二部分是“点”，要联系社会实际和学生思想实际，要有针对性，其取舍以“管用”为度。

【教学建议】

每一部分都有重点难点，诸如社会主义法律的本质特征，我国宪法的地位和作用，中国特色社会主义法律体系的完善，法制体系的内容构成全面依法治国的基本格局，法治道路的基本特征，培养法治思维及依法行使权利与履行义务的意义等，当前要着力宣传好宪法修正案，讲清楚全面依法治国的基本格局。在培养大学生的社会主义法治思维途径和方法上，既要引导学生学习和思考，还要讲如何优化学校教育，在改进课堂教学的同时，在环境营造、观念转变和程序保障等方面寻找着力点，引导学生在参与学校管理实践中得到锻炼。一是优化法治文化环境。优化法治文化环境的当务之急是加快建立现代大学制度，逐步形成领导带头、全员参与、师生互动的自觉尊法学法守法用法的良好法治文化环境，让大学生身临其境，激活他们的社会主义法治思维细胞，形成“润物细无声”的育人氛围。二是端正权利义务观念。高等教育关系主体要不断平衡权利义务关系，学生要依法行使权利并履行义务，管理者要注重保障处于相对弱势方的学生权利，让学生感受到法治的庇荫，感悟自身的责任，从实体上认识法律的本质，在潜移默化中培养社会主义法治思维。三是注重办事程序公正。学生要养成按规定程序办事的习惯，而管理者作决策、办事情的过程、步骤、方式、时限等应符合法律、法规和规章的要求，注重程序公正，并为学生权利救济提供法律援助，让学生感受到法律的价值。

第四部分　教学参考

1. 习近平，《加快建设社会主义法治国家》，求是，2015 年第 1 期。

2. 习近平，《全面提高依法防控依法治理能力，健全国家公共卫生应急管理体系》，求是，2020 年第 5 期。

3. 习近平，《习近平谈治国理政》，外文出版社，2014 年。

4.《中共中央关于全面推进依法治国若干重大问题的决定》，人民网，2014 年 10 月 28 日。

5.《中华人民共和国宪法》，法律出版社，2018 年。

6. 刘平，《法治与法治思维》，上海人民出版社，2013 年。

7. 凌斌，《法治的中国道路》，北京大学出版社，2013 年。

8. 中共中央文献研究室，《习近平关于全面依法治国论述摘编》，中央文献出版社，2015 年。

9. 张荣臣、韩宇、谢英芬，《“四个全面”新思想　新观点　新论断》，北京联合出版公司，2015 年。

10. 王利明，《法治：良法与善治》，北京大学出版社，2015 年。

11. 柳正权，《法治类型与中国法治》，武汉大学出版社，2015 年。

12. 中共中央文献研究室，《十八大以来重要文献选编（中）》，中央文献出版社，2016 年。

13. 中共中央宣传部，《习近平总书记系列重要讲话读本》，学习出版社、人民出版社，2014 年。

14. 王利明，《迈向法治——从法律体系到法治体系》，中国人民大学出版社，2015 年。

15. 江必新，《全面推进依法治国战略研究》，人民法院出版社、商务印书馆，2017 年。

16. 中共中央文献研究室，《习近平关于社会主义政治建设论述摘编》，中央文献出版社，2017 年。

17. 中共中央文献研究室，《习近平关于社会主义社会建设论述摘编》，中央文献出版社，2017 年。

18. 周杰，《中国特色社会主义全面推进依法治国建设问题研究》，人民日报出版社，2017 年。

19.《全面依法治国文献资料选编》，人民出版社，2017 年。

20. 孙国华，《公平正义与中国特色社会主义法治》，中国人民大学出版社，2018 年。

21. 中共中央宣传部，《习近平新时代中国特色社会主义思想学习纲要》，学习出版社、人民出版社，2019 年。

22. 李林、莫纪宏，《全面依法治国　建设法治中国》，中国社会科学出版社，2019 年。

23. 北京大学法治研究中心，《全面依法治国新战略——中国法治动态（2012—2017)》，中信出版集团，2019 年。

后　记

党的十八大以来，以习近平同志为核心的党中央高度重视思想政治理论课建设，多次召开工作会议并作出一系列重大决策部署，多次强调要推进高校思想政治理论课教学改革。2015 年 7 月 27 日，中央宣传部、教育部印发《普通高校思想政治理论课建设体系创新计划》的通知，强调改革教学方法，创新教学艺术，不断培育和推广优秀教学方法。2016 年 12 月 7 日，习近平总书记在全国高校思想政治工作会议上对做好新形势下高校思想政治工作作出了重大部署，提出要用好课堂教学这个主渠道，思想政治理论课要坚持在改进中加强，运用新媒体新技术使工作活起来等要求。2018 年 4 月 12 日，教育部印发《新时代高校思想政治理论课教学工作基本要求》通知，鼓励思想政治理论课教师结合教学实际、针对学生思想和认知特点，积极探索行之有效的教学方法，努力实现思想政治理论课教学“配方”先进、“工艺”精湛、“包装”时尚。要加大对优秀教学方法的推广力度。课堂教学方法创新要加强师生互动，注重调动学生积极性主动性。要深入研究网络教学的内容设计和功能发挥，不断创新网络教学形式，推动传统教学方式与现代信息技术有机融合。2019 年 3 月 18 日，习近平总书记主持召开学校思想政治理论课教师座谈会，强调党和国家高度重视学校思想政治理论课，今后只能加强不能削弱，而且必须提高水平。思想政治理论课是落实立德树人根本任务的关键课程。我们办中国特色社会主义教育，就是要理直气壮开好思想政治理论课，推动思想政治理论课改革创新，要不断增强思想政治理论课的思想性、理论性和亲和力、针对性。

近年来，各地高校纷纷打响思想政治理论课质量提升攻坚战。推动教学方法改革创新，引导大学生深度参与思想政治理论课教学，使思想政治理论课有了全新的“打开方式”，攻坚战取得明显效果。诸如，被教育部部长点赞的清华大学的“翻转课堂与混合式教学模式”，使思想政治理论课活了起来，成为全国高校思想政治理论课教学改革的典范。青海师范大学马克思主义学院在院长方立江的带领下，深入领悟党中央的相关会议及文件精神并结合自身的省情、校情、学情等实际，不断探索思想政治理论课教学改革，涌现出一大批教学改革成果。翻转课堂作为一种基于构建主义理论的教学理念和教学模式，迎合了大数据的时代特征，契合了“以生为本”的教学认知法则，改变了“课本、师本、教本”的传统教学模式，带来教育理念、教育体制、教学方式、人才培养过程等方面的深刻变革。将“翻转课堂”教学模式运用于思想政治理论课教学，有助提高思想政治理论课的思想性、理论性和亲和力、针对性，增强思想政治理论课对学生的吸引力和获得感。学院鼓励教师适应新时代发展的需要，积极探索线上、线下教学相结合的混合式教学模式，邀请了“全国教育改革创新先锋教师奖”获得者清华大学马克思主义学院冯务中教授为全院教师做“翻转课堂与混合式教学模式”经验交流与指导，同时各教研室相继派出多名教师外出交流培训和学习，经过全院教师几年的不懈努力，在立足自身的教学实践基础上并借鉴兄弟院校经验形成了系列丰硕教学改革成果。思想道德修养与法律基础教研室在高莉苹老师牵头，教研室主任金培玲老师多方协调下，集教研室的骨干力量获得丰硕教学改革成果，多项教改课题获批：“翻转课堂背景下‘思修课’教学吸引力提升研究”获青海省教育厅立项（课题号：QHJGWPYJH－201809），“青海省高校思政课坚持统一性与多样性相统一的内涵、价值与路径研究”获青海省社科办立项（课题号：19054），随后在教学实践中深入展开相关课题实践研究并形成系列阶段性成果，本书亦是这些课题研究重要的阶段性成果之一。

本书是教研室同仁集体心血和智慧的结晶。本书由方立江策划和审阅，高莉苹、金培玲负责书稿的构架设计、修改、统稿定稿及撰写课程纲要。参加编写人员的具体分工：高莉苹（专题一、专题二）、金培玲（专题三、专题四）、刘静琼（专题五、专题六）、李荣（专题七）。

本书的撰写参考了许多国内同行的科研教学成果，改编使用了大量案例和新闻素材，在此表示真诚感谢！对所引用的材料，作者尽量注明出处，但由于资料搜索范围较大，注释中难免有遗漏，敬请原作者谅解。

由于编者水平有限，加之思想政治理论课教学改革还处于不断的探索中，书中难免有诸多不足之处，敬请广大读者批评指正。

高莉苹

2020 年 9 月 24 日